学术著作

抗战八年广播纪

张小航●著

重庆出版集团 重庆出版社

图书在版编目(CIP)数据

抗战八年广播纪 / 张小航著.—重庆: 重庆出版社, 2015.11
(中国抗战大后方历史文化丛书)
ISBN 978-7-229-10290-6

Ⅰ.①抗… Ⅱ.①张… Ⅲ.①广播事业—新闻事业史—中国—1937~1945 Ⅳ.①G229.29

中国版本图书馆CIP数据核字(2015)第186344号

抗战八年广播纪
KANGZHAN BA NIAN GUANGBO JI
张小航 著

责任编辑：林　郁
责任校对：何建云
装帧设计：重庆出版集团艺术设计有限公司　吴庆渝　陈　永

重庆出版集团
重庆出版社 出版

重庆市南岸区南滨路162号1幢　邮政编码：400061　http://www.cqph.com
重庆出版集团艺术设计有限公司制版
自贡兴华印务有限公司印刷
重庆出版集团图书发行有限公司发行
E-MAIL: fxchu@cqph.com　邮购电话：023-61520646
全国新华书店经销

开本：740mm×1030mm　1/16　印张：21　字数：329千
2015年11月第1版　2015年11月第1次印刷
ISBN 978-7-229-10290-6
定价：42.00元

如有印装质量问题，请向本集团图书发行有限公司调换：023-61520678

版权所有　侵权必究

《中国抗战大后方历史文化丛书》

编纂委员会

总 主 编： 章开沅
副总主编： 周 勇

编　　委：（以姓氏笔画为序）
山田辰雄 日本庆应义塾大学教授
马 振 犊 中国第二历史档案馆副馆长、研究馆员
王 川 平 重庆中国三峡博物馆名誉馆长、研究员
王 建 朗 中国社科院近代史研究所副所长、研究员
方 德 万 英国剑桥大学东亚研究中心主任、教授
巴 斯 蒂 法国国家科学研究中心教授
西村成雄 日本放送大学教授
朱 汉 国 北京师范大学历史学院教授
任　　竞 重庆图书馆馆长、研究馆员
任 贵 祥 中共中央党史研究室研究员、《中共党史研究》主编
齐 世 荣 首都师范大学历史学院教授
刘 庭 华 中国人民解放军军事科学院研究员
汤 重 南 中国社科院世界历史研究所研究员
步　　平 中国社科院近代史研究所所长、研究员
何　　理 中国抗日战争史学会会长、国防大学教授
麦 金 农 美国亚利桑那州立大学教授
玛玛耶娃 俄罗斯科学院东方研究所教授

陆　大　钺	重庆市档案馆原馆长、中国档案学会常务理事
李　红　岩	中国社会科学杂志社研究员、《历史研究》副主编
李　忠　杰	中共中央党史研究室副主任、研究员
李　学　通	中国社会科学院近代史研究所研究员、《近代史资料》主编
杨　天　石	中国社科院学部委员、近代史研究所研究员
杨　天　宏	四川大学历史文化学院教授
杨　奎　松	华东师范大学历史系教授
杨　瑞　广	中共中央文献研究室研究员
吴　景　平	复旦大学历史系教授
汪　朝　光	中国社科院近代史研究所副所长、研究员
张　国　祚	国家社科基金规划办公室原主任、教授
张　宪　文	南京大学中华民国史研究中心主任、教授
张　海　鹏	中国史学会会长，中国社科院学部委员、近代史研究所研究员
陈　　晋	中共中央文献研究室副主任、研究员
陈　廷　湘	四川大学历史文化学院教授
陈　兴　芜	重庆出版集团总编辑、编审
陈　谦　平	南京大学中华民国史研究中心副主任、教授
陈　鹏　仁	台湾中正文教基金会董事长、中国文化大学教授
邵　铭　煌	中国国民党文化传播委员会党史馆主任
罗　小　卫	重庆出版集团董事长、编审
周　永　林	重庆市政协原副秘书长、重庆市地方史研究会名誉会长
金　冲　及	中共中央文献研究室原常务副主任、研究员
荣　维　木	《抗日战争研究》主编、中国社科院近代史研究所研究员
徐　　勇	北京大学历史系教授
徐　秀　丽	《近代史研究》主编、中国社科院近代史研究所研究员
郭　德　宏	中国现代史学会会长、中共中央党校教授
章　百　家	中共中央党史研究室副主任、研究员
彭　南　生	华中师范大学历史文化学院教授
傅　高　义	美国哈佛大学费正清东亚研究中心前主任、教授

温贤美　四川省社科院研究员
谢本书　云南民族大学人文学院教授
简笙簧　台湾国史馆纂修
廖心文　中共中央文献研究室研究员
熊宗仁　贵州省社科院研究员
潘　洵　西南大学历史文化学院教授
魏宏运　南开大学历史学院教授

编辑部成员（按姓氏笔画为序）

朱高建　刘志平　吴　畏　别必亮　何　林　黄晓东　曾海龙　曾维伦

总　序

章开沅

　　我对四川、对重庆常怀感恩之心,那里是我的第二故乡。因为从1937年冬到1946年夏前后将近9年的时间里,我在重庆江津国立九中学习5年,在铜梁201师603团当兵一年半,其间曾在川江木船上打工,最远到过今天四川的泸州,而起程与陆上栖息地则是重庆的朝天门码头。

　　回想在那国破家亡之际,是当地老百姓满腔热情接纳了我们这批流离失所的小难民,他们把最尊贵的宗祠建筑提供给我们作为校舍,他们从来没有与沦陷区学生争夺升学机会,并且把最优秀的教学骨干稳定在国立中学。这是多么宽阔的胸怀,多么真挚的爱心! 2006年暮春,我在57年后重访江津德感坝国立九中旧址,附近居民闻风聚集,纷纷前来看望我这个"安徽学生"(当年民间昵称),执手畅叙半个世纪以前往事情缘。我也是在川江的水、巴蜀的粮和四川、重庆老百姓大爱的哺育下长大的啊! 这是我终生难忘的回忆。

　　当然,这八九年更为重要的回忆是抗战,抗战是这个历史时期出现频率最高的词语。抗战涵盖一切,渗透到社会生活的各个层面。记得在重庆大轰炸最频繁的那些岁月,连许多餐馆都不失"川味幽默",推出一道"炸弹汤",即榨菜鸡蛋汤。……历史是记忆组成的,个人的记忆会聚成为群体的记忆,群体的记忆汇聚成为民族的乃至人类的记忆。记忆不仅由文字语言承载,也保存于各种有形的与无形的、物质的与非物质的文化遗产之中。历史学者应该是文化遗产的守望者,但这绝非是历史学者单独承担的责任,而应是全社会的共同责任。因此,我对《中国抗战大后方历史文化丛书》编纂出版寄予厚望。

抗日战争是整个中华民族（包括海外侨胞与华人）反抗日本侵略的正义战争。自从19世纪30年代以来，中国历次反侵略战争都是政府主导的片面战争，由于反动统治者的软弱媚外，不敢也不能充分发动广大人民群众，所以每次都惨遭失败的结局。只有1937年到1945年的抗日战争，由于在抗日民族统一战线的旗帜下，长期内战的国共两大政党终于经由反复协商达成第二次合作，这才能够实现史无前例的全民抗战，既有正面战场的坚守严拒，又有敌后抗日根据地的英勇杀敌，经过长达8年艰苦卓绝的壮烈抗争，终于赢得近代中国第一次胜利的民族解放战争。我完全同意《中国抗战大后方历史文化丛书》的评价："抗日战争的胜利成为了中华民族由衰败走向振兴的重大转折点，为国家的独立、民族的解放奠定了基础。"

中国的抗战，不仅是反抗日本侵华战争，而且还是世界反法西斯战争的重要组成部分。

日本明治维新以后，在"脱亚入欧"方针的误导下，逐步走上军国主义侵略道路，而首当其冲的便是中国。经过甲午战争，日本首先占领中国的台湾省，随后又于1931年根据其既定国策，侵占中国东北三省，野心勃勃地以"满蒙"为政治军事基地妄图灭亡中国，独霸亚洲，并且与德、意法西斯共同征服世界。日本是法西斯国家中最早在亚洲发起大规模侵略战争的国家，而中国则是最早投入到反法西斯战争的先驱。及至1935年日本军国主义者通过政变使日本正式成为法西斯国家，两年以后更疯狂发动全面侵华战争。由于日本已经与德、意法西斯建立"柏林—罗马—东京"轴心，所以中国的全面抗战实际上揭开了世界反法西斯战争（第二次世界大战）的序幕，并且曾经是亚洲主战场的唯一主力军。正如1938年7月中共中央《致西班牙人民电》所说："我们与你们都是站在全世界反法西斯的最前线上。"即使在"二战"全面爆发以后，反法西斯战争延展形成东西两大战场，中国依然是亚洲的主要战场，依然是长期有效抗击日本侵略的主力军之一，并且为世界反法西斯战争的胜利做出了极其重要的贡献。2002年夏天，我在巴黎凯旋门正好碰见"二战"老兵举行盛大游行庆祝法国光复。经过接待人员介绍，他们知道我也曾在1944年志愿从军，便热情邀请我与他们合影，因为大家都曾是反法西斯的战士。我虽感光荣，但却受之有愧,因为作为现役军人,未能决胜于疆场,日本就宣布投降了。但是法国老兵非常尊重中国,这是由于他们曾经投降并且亡国,而中国则始终坚持英勇抗战,并主要依靠自己的力量赢得最后胜利。尽管都是"二战"的主要战胜国,毕竟分量与地位有所区别,我们千万不可低估自己的抗战。

重庆在抗战期间是中国的战时首都,也是中共中央南方局与第二次国共合作的所在地,"二战"全面爆发以后更成为世界反法西斯战争远东指挥中心,因而具有多方面的重要贡献与历史地位。然而由于大家都能理解的原因,对于抗战期间重庆与大后方的历史研究长期存在许多不足之处,至少是难以客观公正地反映当时完整的社会历史原貌。现在经由重庆学术界倡议,全国各地学者密切合作,同时还有日本、美国、英国、法国、俄罗斯等外国学者的关怀与支持,共同编辑出版《中国抗战大后方历史文化丛书》,这堪称学术研究与图书出版的盛事壮举。我为此感到极大欣慰,并且期望有更多中外学者投入此项大型文化工程,以求无愧于当年的历史辉煌,也无愧于后世对于我们这代人的期盼。

在民族自卫战争期间,作为现役军人而未能亲赴战场,是我的终生遗憾,因此一直不好意思说曾经是抗战老兵。然而,我毕竟是这段历史的参与者、亲历者、见证者,仍愿追随众多中外才俊之士,为《中国抗战大后方历史文化丛书》的编纂略尽绵薄并乐观其成。如果说当年守土有责未能如愿,而晚年却能躬逢抗战修史大成,岂非塞翁失马,未必非福?

2010年已经是抗战胜利65周年,我仍然难忘1945年8月15日山城狂欢之夜,数十万人涌上街头,那鞭炮焰火,那欢声笑语,还有许多人心头默诵的杜老夫子那首著名的诗:"剑外忽传收蓟北,初闻涕泪满衣裳!却看妻子愁何在?漫卷诗书喜欲狂。白日放歌须纵酒,青春做伴好还乡。即从巴峡穿巫峡,便下襄阳向洛阳。"

即以此为序。

庚寅盛暑于实斋

(章开沅,著名历史学家、教育家,现任华中师范大学东西方文化交流研究中心主任)

自　序

《抗战八年广播纪》是一本记录抗战时期中国大后方利用广播同日本进行宣传战的书。

第二次世界大战各交战国的广播都在政治、军事、外交中扮演特殊角色，并以两大阵营为基础分别组成广泛的联合阵线。中国抗战时期的大后方广播以中央广播电台、国际广播电台为主体，加上没有陷敌的国民政府交通部和省政府属下的少部分广播电台，代表"政府和祖国的声音"，代表"中国的声音"，在反对投降、坚持抗战和争取国际支援中发挥了重要作用。

电波没有国界，所谓大后方只是电台所在的地理位置和政治所属。用新闻和传播的视野看抗战，探讨大后方"中央台"、"国际台"在抗日战争时期纷繁复杂的关系中的表现和作用，把各种势力和各国的声音放在一架收音机里来收听，厘清事实，能够帮助我们全面回顾抗战经历。

至今，大陆和台湾地区记录研究抗战时期中日两国在宣传阵线交锋的文献不多，对广播的研究更是凤毛麟角。大陆涉及此主题的书籍主要有1943年彭乐善先生所著的《广播战》，汪学起、是翰生先生于1988年编著的《第四阵线——国民党中央广播电台掇实》等。

除了政治因素外，对广播的研究也受到历史跨越和客观条件的限制，广播依靠电波传递声音，在有限条件下广播却无法有效保存自己说过的话，以致绝大部分内容只能消失在历史的天空中，无法找回，而仅存的部分要在文字记载中去寻找也十分困难。《抗战八年广播纪》同样面临这样的问题，其资料主要来源于重庆档案馆、中国第二历史档案馆、重庆图书馆馆藏，以及其他有规范出处的档案和书刊。

由国民党中央广播管理处办的刊物《广播周报》从1932年到1941年间，登载记录了"九一八"事变以后众多广播事件、演讲稿件等，是研究抗战时期广播的重要依据，但在1941年的大轰炸和纸张困难中，《广播周报》被迫停刊。虽然还继续出版了多期内部发行的《广播通讯》，但从内容到保存数量较《广播周报》都相距甚远，一些重要事件无从反映。

还有一种方法就是找寻同时期的报纸来进行研究。在与同属国民党中央广播电台、《中央日报》及中央通讯社的"三中央"中，从唯一纸质媒体的《中央日报》里尚能读到一些"中央台"、"国际台"广播的内容。虽然《中央日报》受意识形态影响较大，容易片面，但这个"三中央"在政治上同为一家，稿件观点更为一致，特别是在抗战宣传上更接近于"原文原译"。《中央日报》是因除《广播周报》外内容上与两台最为接近的媒体而被选择，再有《新华日报》、《新蜀报》、《大公报》等有联系的报纸和后期台湾地区相关文献也成为本书的重要参考。这些报纸登载的抗战时期重要人物发表的广播演讲词十分珍贵。在敌、我、友三方博弈的叙述中，还参考了抗战时期日本方面《朝日新闻》、《大阪新闻》等，以及在北平和南京出版发行的《中央周报》、《中央导报》等刊物刊登的内容。这可让我们今天的认识尽量避免"失之于主观"。

随着存封下来的档案被不断披露和对历史文献的深入研究，在文字上重现抗战时期大后方广播以及广播所联系的更广泛领域的细节，甚至重读那些消失了的声音成为部分可能。《抗战八年广播纪》便是做的这方面阶段性的努力。

这本书里有一些内容是通过逐年人物访问的方式补充完成的。听过最多的内容依然是面对日本人轰炸的惨烈和艰难。抗战结束后留在重庆又继续工作了数十年的两台员工以技术和普通职员为主，战争给这些大场面下为广播工作的人们留下深刻记忆。年代越来越久远，老人们越来越少，在参加他们的告别仪式上常能反复听到这样一句话：

他是抢修大轰炸中断线路的参加者,在从上清寺到小龙坎的每一根电杆上,都有他爬过的痕迹!

这只是集体回忆中的一个片段,对经历过大后方广播岁月的所有人来说何尝没有这样的回忆?我每次参加完这样的仪式都会涌动出一种感动,祈愿老人福祉,祈愿逝者躺在属于他们的荣光里。

作者
2015年3月

目 录

总序 ································· 章开沅　1

自序 ·· 1

第一章　开战和撤退
一、整军备战 ····································· 1
二、警告日本人：这是一场有抵抗的战争！············· 4
三、南京倒计时和牺牲者 ···························· 6
四、汉口广播的突破与川江恶水 ······················ 12

第二章　重庆与大后方广播建设
一、选址征地 ···································· 17
二、马可尼发射机和防空建设 ······················· 23
三、重建广播网 ·································· 28
四、"中央台"、"国际台"在大后方的覆盖效果 ········· 30

第三章　日伪广播的包围
一、起步晚发展快的日本广播 ······················· 32
二、对朝鲜和中国的覆盖 ··························· 35
三、战争中产生的超大电台 ························· 39
四、对殖民地和占领区施行"豪华节目" ·············· 41

第四章　对"二期作战"的宣传
一、抗敌宣传的策略 ······························ 46

二、动员民众　坚持抗战 …………………………………… 50
三、中共的声音 ………………………………………………… 56

第五章　上海广播战

一、沦陷的中国广播发源地 …………………………………… 61
二、租界里的抗战声音 ………………………………………… 64
三、难以完成的任务 …………………………………………… 65

第六章　反击投降路线

一、汪精卫在南京广播"还都宣言" …………………………… 68
二、重庆掀起讨伐汉奸声浪 …………………………………… 76
三、南京伪政权对与日本、"满洲"共同宣言的解释 ………… 84
四、广播唱片成为陈公博的"死证" …………………………… 89

第七章　汇集精英办广播

一、为政治服务的"中广处"人和事 …………………………… 91
二、技术和技术人员立台 ……………………………………… 97
三、"南京之莺"与"重庆之莺" ………………………………… 100
四、工友和驻军 ………………………………………………… 105

第八章　大后方"中国之声"

一、国际广播电台诞生 ………………………………………… 108
二、日本人仇恨的"蛙声" ……………………………………… 111
三、孤独求援 …………………………………………………… 118
四、中外同事 …………………………………………………… 121
五、新年 ………………………………………………………… 127

第九章　收音、侦听与干扰

一、收音台和中央广播事业指导委员会下的侦听组 ……………… 132

二、"找到"江西台和"指导"成都台 ………………………………… 136

三、记录南京广播与东京广播 ……………………………………… 138

四、"对付"延安新华广播 …………………………………………… 142

五、有多少个美军电台？ …………………………………………… 145

六、张家口伪"中央台" ……………………………………………… 147

第十章　沉默的收听者

一、各国收音机数量和发展 ………………………………………… 149

二、日伪禁止收听"敌台" …………………………………………… 154

三、重庆的收音机 …………………………………………………… 157

四、控制"公营"和取缔"民间"收音机 ……………………………… 161

第十一章　宋氏姐妹时间

一、对世界讲"中国人所要说的话" ………………………………… 165

二、同台演讲三姐妹 ………………………………………………… 170

三、"熊猫外交"和刚建成的广播大厦被轰炸 ……………………… 174

第十二章　太平洋战争爆发的转折

一、听来的消息 ……………………………………………………… 180

二、敌我对太平洋战争的态度 ……………………………………… 183

三、不利战局中的"捷音" …………………………………………… 186

四、威尔基访华和陆铿的现场报道 ………………………………… 192

五、福建台台长遇难 ………………………………………………… 195

第十三章　盟国关系中的广播

一、努力维护中苏友谊 …… 198
二、丘吉尔保证：我们正在讨论猛烈对日进攻！ …… 205
三、罗斯福让重庆人民翘首天空，飞机大炮正在运来！ …… 212
四、中国对印度说：我们同样！ …… 217

第十四章　新型国际关系演讲

一、庆祝签订新约 …… 221
二、"联合国日"广播，流亡政府代表的呼声 …… 224
三、各国对开罗会议宣言的反应 …… 227
四、日汪新约面对"炉边闲话"威胁 …… 232

第十五章　电波"驼峰航线"

一、真空管困境 …… 236
二、斯图尔特的帮助和监测员报告 …… 239
三、海外技术对策 …… 244
四、冯简的愿望 …… 248

第十六章　文艺节目中的文化现象

一、占领区的"融合"与颓唐 …… 254
二、"硬邦邦"的大后方广播音乐 …… 259
三、抗战催生广播剧创作 …… 265
四、两支乐队 …… 269

第十七章　1944年风云

一、国际媒体和记者大际会 …… 276
二、重庆消息，美机战略性轰炸日本本土 …… 281

三、新闻检查 ………………………………………………… 284
四、"中国之友"马彬和失踪 ………………………………… 286

第十八章　大国的胜利广播

一、西线报道 ………………………………………………… 290
二、蒋介石吁"以德报怨" …………………………………… 293
三、东京中央第一台的投降声音 …………………………… 302
四、向日军和沦陷区发布命令通告 ………………………… 308
五、东京降约，苏美扬言"报复" …………………………… 312

后记 ……………………………………………………………… 317

第一章 开战和撤退

一、整军备战

　　本书中所说"中央"皆为中国大陆民国时期的国民党及国民政府，"中央台"原名国民党中央党部广播电台，后来改为中央广播电台。在抗日战争时期的中国区域内至少还有四家叫"中央"的广播电台，分别在沦陷后的北平、长春、张家口和南京。本书撰述的主体为由国民党中央执行委员会所办、经中央广播事业管理处管理的"中央台"，从地理位置上讲是在抗战八年中从南京经武汉撤退到重庆的大后方"中央台"。

　　1937年7月7日星期三，重庆的主要报纸《新蜀报》的要闻是：

> 川康省整军运动昨天开始，何主任（应钦）报告我国军备近情，世界大陆军国兵力作比较，说明我国非整军即无言以国防……

　　7月7日是抗日战争全面爆发的日子，国内尚在备战中，大多数中国人一时或者好久以后都并不知道这一天发生在河北省宛平县的事情，更不清楚这一天会是一场历时八年惨烈大战、改变了中国和中国人命运的开始。前一天,时任国民革命军参谋总长的何应钦在重庆行营主持川康整军会议开幕式,因闻"七七"事变,会议于9日匆匆结束。

在开战前的6月21日,何应钦就于南京参加中央党部第81次会议时作的《从日本的废藩说到我国的整军》演讲中,对整军问题作了全面介绍,这个讲话与他后来到四川讲的大体一致,中央广播电台对此作过转播。

何应钦提出的整军的最高目的就是:要使全国的军令军政统一于中央,铲除过去私人军队和地方军队的积弊;要使全国的军队成为国家的军队,也就是所谓"全国军队国军化"。他在重庆面对川军的老军阀和弟兄们再次重复了以下几点:

> 一、过去的一个连只有几十个人,整军后要达到一百多人,减少大单位补充小单位,并不是另派官长裁士兵的意思;二、连的经理不由长官包办,可以免除侵蚀贪污;三、教育统一于中央,可以打破历来恶劣的封建思想;四是一切装备和武器由中央统筹补充。[1]

7月9日,卢沟桥事变过去两天,"中央台"传音科请来98岁的前朝老人马相伯[2]作演讲嘉宾。马老先生一生历经沧桑,恨尽中国的贫穷苦难。"九一八"事变后他多次到"中央台"作国难演讲,这次他宣传中国要致富致强就要建立大工业,而大工业就是要用大炉子炼钢铁,并呼吁大家快起来炼钢炼铁,一方面可以巩固国防,一方面可以富裕民生。

他说:

> 穷鬼中国,讲起来真可怜,要办一个钢铁厂的钱也没有,九八老人当在四十岁小伙子的时候,曾在美国纽约向银行家借款,我借到五万万元的宝贝,可是当时政府对于这偌大的借款很是害怕,以为这是卖了国,因此借款不成功,自然我想办的钢铁厂也没法开办。

---

[1] 何应钦:《从日本的废藩说到我国的整军》,载《广播周报》,1937年第143期。
[2] 马相伯,生于1840年4月17日,于1939年11月4日在越南谅山病逝。

中国人的头脑,会落伍到这样,这是什么道理?①

马老爷子认为原因是清朝政府做事没有国家、民族观念,并反问听众:

现在的德国,即是利用钢铁政策致富致强的,请问德国有多大呢?它的钢铁政策为何这样利害?中国这样大的地方,却是空空洞洞,连一个制钢铁的炉子也没有,真是愧死人,德国炼钢炼铁能致富致强,中国人难道不可能吗?请大家快起来炼钢炼铁,富强中国!②

在这一时期,"中央台"里"铁路救国"、"公路救国"、"煤炭救国"、"棉花救国"甚至"玻璃救国"的演讲声依然一片,也反映出中国对即将到来的大战的准备和对基础工业的迫切需求。马相伯老人虽然早年受的是旧式教育,却是具有"维新思想"的新型知识分子代表,他活过了咸丰、光绪、宣统年间,在光绪二十九年创办了震旦学院,后又改为复旦大学,担任了国民党的中央委员。他在"钢铁救国演讲"后几个月,随大量民众一起踏上漫漫的逃难之路。两年后,复旦的学子们为在颠沛流离中的马老"遥祝"百岁生日礼,不久又为不幸殁于越南谅山异乡的老人"遥祭"百年后事。

前方在战斗,后方在约谈,希望双方回到"七七"前的阵地上。7月17日,蒋介石在第二次庐山谈话会上发表谈话,指出卢沟桥事变已到了不能退让的最后关头,如果战端一开,就是地无分南北、人无分老幼,无论何人皆有守土抗战之责任,皆应抱定牺牲一切之决心。同时又表示"我们的态度只是应战,而不是求战,在和平根本上绝望之前一秒钟,我们还是希望和平的,希望用和平的外交方法求得卢事的解决"③。

两天后,中国外交部在复日本驻华代表的备忘录中称:"现在我国政府愿重申不扩大事态,与和平解决本事件之意,再向日本政府提议,两方协定一确定之日期,在此时期,双方同时停止军事行动,并将已派武装部队,撤

---

① 马相伯:《钢铁政策》,载《广播周报》,1937年第146期,第1页。
② 马相伯:《钢铁政策》,载《广播周报》,1937年第146期,第1页。
③ 韩信夫、姜克夫主编:《中华民国大事记》第四册,中国文史出版社1997年版,第99页。

回原地。"

二、警告日本人：这是一场有抵抗的战争！

对卢沟桥事变判断是蓄意所为还是"擦枪走火"，是准备一战还是"退回原阵地"？在这个漫长而模棱两可的7月里，反映政府声音的"中央台"连续发表多篇本台时评，介绍"七七"事变的经过，报道中国政府的态度和国外舆论的反应，表示我方虽然抱定不屈服的决心，但始终没有放弃和平解决的愿望。

"中央台"的广播时评引述的当时外国报纸文章的观点有：

7月13日英国首席经济顾问李滋罗斯对日军动作加以深刻批评，说，坦克车与军用载重汽车，都不是最好的商业推销员。14日英国《泰晤士报》说，今日日本最聪明的举动，莫如打退堂鼓，开始调查7日事变的真相，并借中国的合作，如此，日本或者还可以取得世界的尊重与感谢。同日，英国《每日导报》说，英、美两国要学会采取共同行动，阻止日本作危险的企图。

对于日本的企图，"中央台"时评引述了11日苏联《真理报》的话说："日本现在又在华北挑衅，志在截断察哈尔与南方的交通，俾得由察进窥绥远，日本军事并图消灭中国政府在华北渐增的势力，卢沟桥的挑衅，显然是近卫对华新的实现。"法国《小日报》则认为事件是"日阁决定作支解中国的第二次尝试"。

广播时评最后告诉自己的听众：

我们尽管希望和平解决，但日本总在那里扩大事态，从藉端寻找一个小兵起，到进攻卢沟桥，是第一次扩大；从进攻卢沟桥起到要求我军撤出卢沟桥，是第二次扩大之；从保安队进城驻防起，又变为冀察不应中央化问题，是第三次扩大；近又变为防止平津赤化问题，是第四次扩大；日本内阁书记官风见氏宣称，日本政府已将此次事件定名为华北事变，则又明明为第五次扩大了。但无论日本如何想法扩大，我国则始终抱定和平未至完全绝望时期，自不放弃和平，倘牺牲已到最后关头，决不惜牺牲的决心。①

屡次容忍日本扩大事端被理解为示弱，从历史角度去追寻中国对日本打的那些败仗和表现出的弱点，一直是中国思想精英和民间人士耿耿于怀的重大问题。

7月20日，"中央台"节目播送了另一篇具有"中央"精神背景的时评，播音员明确告诉日本人：这是一场有抵抗的战争！时评分析日本的企图，很明显是因为没有忘记中国过去多次表现的弱点。日本这次的行动，仍是假想中国不会有任何特殊抵抗这一前提之下而大胆举行的。如果中国在此种挑衅式的战争一经开始之时，便起来坚决地应战，并接着予以严重的打击，那是有由此挫折日本气焰之可能的。如果中国现在在对日战争中，只要"迅速地进战得到一次两次的胜利"②，虽未必就变成强国，但是没有疑义，中国民族之自信心和热情会由此抬到最高度，中国民族统一和独立的任务至少由此也会得到最大的进展和保障。

7月27日的广播时评引用了搜集到的日本特务机关长松室情报中的一段话："帝国可以欣愉者，乃中国官吏普遍地慑于恐日病，而不敢稍行违抗帝国也。倘遇当年之张作霖之说打就打，不管任何外交和国际；马占山氏明知势力悬殊，而竟硬干与强干，则我帝国为免相当损失，变非慎重行事不可。"③时评说，可见日本人所怕的是说打就打和硬干强干，我们现在所应采取的，也便是这两项。

对前面广播时评中讲到的"迅速地进战得到一次两次的胜利"以挫败敌人气焰的渲染，则可以理解为军事当局决策投入大量兵力进行的淞沪会战的战略意图之一。

---

① 民声：《卢沟桥事件之经过与外报之评论》，载《广播周报》，1937年第147期，第25页。
② 一馨：《论中日战争》，载《广播周报》，1937年第148期，第1页。
③ 驭：《最低限度》，载《广播周报》，1937年第148期，第18页。

7月30日，蒋介石更加迫切地认识到再不抗日必将遭致全国反对，其日记云："平津既陷，人民荼毒至此，虽欲不战，亦不可得，否则国内必起分崩之祸。与其国内分崩，不如抗倭作战。"①

国民党副总裁汪精卫也是"中央台"的常客，他在8月4日的广播中说：

> 兄弟的愚见，以为大家若要负责任，则必先以大家说老实话……战呢，是会打败的，就老实地承认打败仗，败了再打，打了再败，败个不已，打个不已，终于打出一个由亡而存的局面来。②

几经交涉和战斗，日本人不但没有回到原来的位置上，而是发动了全面侵华战争，大片国土迅速沦丧。随着淞沪会战的展开，"中央台"节目也进入宣传全面抗战的阶段。

三、南京倒计时和牺牲者

时局一天紧似一天，从开战到首都南京撤退只有不到五个月，中间的时间太短、太仓促！

8月2日北平被敌军占领，8月13日日军在上海由江湾闸北进犯市区，展开了南北兼进的全面战争。有大量中日精锐部队参加的淞沪会战开始后，日本飞机从航空母舰上起飞大肆轰炸南京。

"中央台"的江东门发射塔被列入特别保护单位。③发射塔外环有青砖围墙，东大门旁墙上曾嵌有"中国国民党中央党部电台"字样的汉白玉石方

---

① 《蒋介石日记》手稿本，1937年7月30日。
② 《新民报》，1937年8月5日。
③ 2015年遗址位于南京市鼓楼区汉中门大街西段江东门北街。

碑。陈果夫[①]、陈立夫兄弟坚持在碑石上加上"党部"字样,说明了这是"党产",也说明了"中央台"在党内的归属。

五年前为给75千瓦发射机找一个合适的地方还颇费了一番心思。根据技术专家意见,台址以远山近水为最宜:一方面可免电波或被山中之矿质所吸收;一方面可借水流以得电浪之畅行。于是选定了南京地势较高又靠近长江的江东门外之空地。现在它又被增加到的一连步兵保护,很快又进驻一排宪兵,设了两道警戒线。

1932年建的南京江东门广播发射塔遗址

此时,播音室仍在位于丁家桥16号的中央党部大楼。[②]蒋介石、白崇禧等国民党军政要员先后赶到"中央台"发表演讲,号召全国军民行动起来,精诚团结,共同抗击入侵之敌。

9月20日,日本第三舰队司令官利用前沿广播警告住居南京的各国官民将对南京施行轰炸的通告。通告如下:

  日本海军航空队,以南京市系中国军事活动之主要根据地,兹为消除中国军队之敌对行动,早日结束目前之敌对状况起见,将于1937年9月21日正午12时以后,对南京城内及附近之中国军队,及一切发现军事工作活动之建筑,采取轰炸或其他手段。

南京挨炸了,其程度越来越严重。"中央台"在9月26日新闻报道的军委

[①] 陈果夫(1892—1951),浙江湖州人,早年入杭州陆军小学,1911年3月加入中国同盟会。曾任国民党第二届中央监察委员、国民党中央常务委员兼组织部长、监察院副院长、江苏省政府主席。抗日战争时期除担任中央广播事业指导委员会主任委员外,还历任中央政治学校代理教育长、委员长侍从室第三处主任、中国农民银行董事等职。1951年病逝于台湾。

[②] 2015年遗址位于南京市鼓楼区湖南路10号。

会战时大事述要中,告诉人们南京以及本台被轰炸的经过:

> 昨天(9月25号)早晨9点半到下午4点半敌机96机架,分五次轰击南京,第一次来31架,第二次来32架,第三次来6架,第四次来12架,第五次来15架。第二次系午间12点半来袭,在洪武路中央通讯社投三弹,房屋全被炸毁,伤工友3人,江东门外中央广播电台亦被炸,机件被毁。敌机昨日投弹,总数当在200枚以上,所轰炸者多为文化卫生各机关与民宅,被炸死及受伤者俱为平民,敌军残酷野蛮之兽性,完全暴露,其蔑视人道与违反国际法,实为全世界人类之公敌。[①]

这仅仅是开始,进入战争状态后无论撤退到哪里,"中央台"一直为日机所追逐,从南京到汉口,从重庆到广阔的大后方,各个所属台站甚至架设线路的电杆,都成为轰炸的目标。在南京的"中央台"原打算把机房转移到中山陵灵谷寺森林中隐蔽,却因此牺牲了一位年轻工程师。9月24日凌晨1时许,敌机轰炸中山陵景区时,迁移到这里的短波电台被炸4弹,正在工作的蒋德彰身中多处弹片,直到4时解除警报才被人们发现,急送中央医院救治,因流血过多于5时30分殉难。

蒋德彰是江苏昆山人,父云翘,母戴氏,子国泰,世居(南)京沪线安亭徐公桥(现为上海市辖)。于交通大学硕士毕业后出国留学,回国后于1928年秋天到"中央台"做事,担任工程师职。蒋德彰曾经为"中央台"定购的35千瓦短波发射机赴伦敦监理,在完成任务后回到南京,不久赶上"七七"事变。他是中国广播界在抗战中遇难的第一人,也是本书人物中最早的卒者。

9月22日,"中央台"播送中央通讯社(又称"中央社")所发《中国共产党为公布国共合作宣言》;第二天,又广播了蒋介石发表的《对中国共产党宣言的谈话》,内容是承认中国共产党的合法地位。至此,第二次国共合作正式形成,两党在宣传中都强调了全国人民抗击日本侵略的"统一和团结"。

[①]《中央时事周报》,1937年第35—38期,第30页。

10月29日，蒋介石在国防最高会议上作题为《国府迁渝与抗战前途》的讲话，确定四川为抗日战争大后方，重庆为国民政府驻地，并告诉大家这个大后方基地在两年前就开始建设，表示中国将抗战到底。

11月2日，淞沪会战失败，上海沦陷，日军沿沪宁线向西进攻。仅半月，日军就进逼宜兴、无锡，南京告急。

11月20日，"中央台"奉命广播《国民政府移驻重庆宣言》，即著名的"迁都宣言"，国民党军政机关及人员大部撤离南京，移驻武汉。

这份由国民政府主席林森①在武汉签署的宣言寥寥500字，道：

> 自卢沟桥事变发生以来，平津沦陷，战事蔓延，国民政府鉴于暴日无止境之侵略，爰决定抗战自卫，全国民众敌忾同仇，全体将士忠勇奋发，被侵各省，均有剧烈之奋斗，极壮烈之牺牲。而淞沪一隅，抗战亘于三月。各地战士，闻义赴难，朝命夕至。其在前线，以血肉之躯，筑成壕堑，有死无退。暴日倾其海陆空军之力，连环攻击，阵地虽化煨烬，军心仍如金石。陷阵之勇，死事之烈，实足昭示民族独立之精神，而奠定中华复兴之基础。迩者暴日更肆贪黩，分兵西进，逼我首都。察其用意，无非欲挟其暴力，要我为城下之盟。
>
> 殊不知我国自决定抗战自卫之日，即已深知此为最后关头，为国家生命计，为民族人格计，为国际信义与世界和平计，皆已无屈服之余地。凡有血气，无不具宁为玉碎，不为瓦全之决心。
>
> 国民政府兹为适应战况，统筹全局，长期抗战起见，本日移驻重庆。此后将以最广大之规模，从事更持久之战斗，以中华人民之众，土地之广，人人本必死之决心，以其热血与土地，凝结为一，任何暴力不能使之分离，外得国际之同情，内有民众之团结，继续抗战，必能达到维护国家民族生存独立之目的。

---

① 林森(1868—1943)，福建闽侯县人，曾任国民政府主席、国民党中央政治委员会代理主席、国民政府临时参议院院长、南京临时政府参议院议长。1943年8月1日因车祸致中风在重庆逝世，葬于重庆歌乐山林园。

　　　　特此宣告，惟共勉之。①

　　以唤起国际干涉和打一场胜仗为目的的淞沪会战失败之后，上海沦陷，南京弃守。这个宣言除了表示中国政府和人民抗战的态度外，还宣布确立了战时首都重庆。1940年国民政府又决定设重庆为陪都，重庆具有战时民国首都和陪都的双重性质。

　　11月23日深夜，"中央台"为自己作了一次《告别南京书》的播出，然后停止播音，由长沙和武汉广播电台接替。

　　《告别南京书》应该是在中国广播史上值得铭记的一件事情，可惜没有录音，原稿也没能保存下来，只是有人记得大致内容："时局发展，奉中央之命，本台即日起停止播音而西迁。"②

　　"中央台"将发射机等重要而可以搬运的机器部件，日夜拆卸，装入数十只木箱，赶运下关，搭乘江轮，运往汉口。德国造的75千瓦发射机因为太大无法运走，既担心成为后患，又希望回来的时候还能使用，只好进行有限的破坏，使敌人无法在短期内修复。人员也分批撤离南京去长沙。说是撤离其实是逃亡，好不容易弄到了江南汽车公司的客票，很多人行李都未顾上带，但车上已人满为患，秩序大乱，最后是砸开玻璃爬进去的。

　　此时，外电传来另一条不好的消息说，国际上保证东亚和平的九国公约已决定无限期延缓制止日本侵略案的实施。"九一八"事变后，国际联盟虽然曾经斥责日本的侵略暴行，日本军阀不但不尊重其指示，反而竟悍然退盟以示对其的蔑视。也就是说，国民政府希望在淞沪会战的军事上打败日本人和借国际制裁制止日本人进攻的双重努力都宣告失败，蒋介石决定在南京召开记者招待会。

　　在经历了西安事变、国民党的五届三中全会、庐山会谈以及四个月的抗

---

①《国民政府移驻重庆宣言》（《内政公报》，1937年第7—12期）。从此宣言发表日期的1937年11月20日起到1945年9月2日日本向盟国签订降书暨第二次世界大战结束止，重庆为中国的战时首都；国民政府于1940年9月6日发布《国民政府令》，又明定重庆为国民政府陪都，但陪都的实际作用应在抗战胜利国民政府还都南京后到1949年11月30日国民政府结束对重庆的统治期间为止。

② 汪学起、是翰生编著：《第四战线——国民党中央广播电台掇实》，中国文史出版社1988年版，第98页。

战后,这一天蒋介石偕夫人宋美龄在南京举行茶话会招待记者。在战事紧要时,他已经多次招见中外记者。看人已到齐,蒋介石正要发言,日本轰炸机忽然盘旋上空并在附近投弹,大家赶紧躲避。待敌机离去后人们重新坐定下来,蒋介石才开始宣读南京军事撤退的宣言,表示了要抗战到底的决心。大意是:

敌人打到南京,我们守南京;即令敌人打到四川,我们还要守四川。侵略不停,抵抗不止。中国是一个亡不了和毁不掉的国家。[①]

这段讲话由美国记者窦奠安(Tillman Durdin)发表在《纽约时报》上。茶话会结束时,蒋介石举目望去,他的面前只有寥寥几位外国记者,没有国内记者,更没有"中央台"的直播话筒,不禁顿生感慨。他参加过1928年8月1日"中央台"的成立仪式并发表了即席广播演讲,从此便是这家电台的常客和主讲人,以对内"唤起民众",对外"联合世界上以平等待我之民族"而作"共同奋斗"[②]。现在南京尚在苦战,岂能没有鼓舞军民的声音,他即刻下令,要求"中央台"回到南京。

此时,"中央台"最后一批人员在中央广播事业管理处(又称"中广处")副处长吴道一[③]的率领下已登上撤往长江上游武汉的船。到达汉口上岸,吴道一在中央党部得到军事委员会转来的蒋介石指令,意思是说首都地位重要,"中央台"虽然随中枢撤离,仍应有个南京电台,以资报道战火中的首都消息。

回到兵临城下南京去重新建台谈何容易! 但党国首脑的亲谕必须执行,于是新任的南京台台长叶桂馨临危受命,他是南京人,一旦有意外好周旋。但是得先派人打前站,范本中应声站了出来,表示愿意先期前往,同时站出来的还有陈驭六、钱瑶章、张伯勤三人。范本中是江苏常熟人,出生于1900年,原毕业于上海交通大学,后在加拿大麦琪尔大学留学获得电机硕士学位,

---

[①] 董显光著,曾虚白译,蔡登山主编:《董显光自传》,独立作家2014年版,第126页。
[②] 彭乐善:《宣传技术》,载《宣传通讯》,1943年109期,第16页。
[③] 吴道一(1894—2003),1936年后,历任国民党中央广播事业管理处副处长、处长等职,著有《无线电通读与广播事业》、《中广四十年》等书。吴道一于2003年1月13日在台北逝世,享年110岁,被称为中国广播界长寿之人。

回国到"中央台"工作后先任工程师,后来成为理工科出身的传音科科长。他用欧美方式全面改革了"中央台"的节目,促进其向正规化、系统化方向发展。

他们都是"中央台"建设的骨干。吴道一同意后,四人于11月29日搭船东下,三天后到达南京。此时的南京已经和他们离开时完全不一样了,满城尽是军队和伤兵,老百姓纷纷逃离,水和电都无法保证,南京卫戍司令长官唐生智发表谈话,决心与南京共存亡。

无法和南京的军事当局建立有效联系,见没有条件恢复办台,范本中等人开始继续拆卸江东门的设备。此时,人们并不知道日本人进入南京会是什么样子,还有不打算走的朋友请他们去家里吃饭,可就在朋友家吃饭的时候,收到武汉一个电报,原来预定来接应的轮船不来了!

大家慌了,没有船不光机件运不走,人也没法撤离。几个人沿着长江找船,最后花重金雇来两条柏木船,赶紧装货启帆,冒险溯江西行。

12月8日清晨,吴道一和叶桂馨亲征小火轮在芜湖下游的茫茫江面上终于找到了那两条缓慢上行的木船和船上的人,把它们拴上缆绳,一口气拖到了汉口的码头。

四、汉口广播的突破与川江恶水

国军在军事上的两个作为曾经使撤离到武汉的人们产生了守住这座中部大城市的愿望。这两个作为:一是台儿庄战役的胜利;二是武汉保卫战措施之一的扒开花园口黄河堤坝后一时阻碍了日军从北面的进攻。

这也成为撤到武汉的各大机关一度进退维谷的原因。但"中央台"依然按原定方针,将由南京拆运到的广播机件除留用武汉部分外,分批经宜昌继续转运重庆,并用仅仅三个月的时间在重庆恢复了播出,频率1450千赫,呼号仍为XGOA——这是"中央台"在南京的呼号,用来转播汉口台和长沙台的声音,但"总功率已从战前的75千瓦锐减至10千瓦,损失十分庞大"①。与此同时,台里派员分驻香港、广州、汉口、宜昌,将由英国运来的35千瓦短波发射机机件,装轮西上,也运往重庆。在这场被称为"中国敦克尔刻"的大撤退中,又一位抢运设备的"中央台"员工在潼关江道上遇敌机轰炸丧生。

1938年2月19日,蒋介石为新生活运动四周年纪念在汉口作广播演讲,发动国人为国家民族尽忠尽孝

汉口原有一座发射功率2千瓦的汉口市广播电台,设在中山公园②。"中央台"来到后建立了一座300瓦的短波发射机,由范本中负责,与汉口电台并机播出,作为"中央喉舌",与汉口台"行政仍各则分,业务则相辅而行"。这时,"中央台"虽然在重庆已经恢复播音,但中枢机关还在武汉,重要消息和领导人的指示,都由这个台发送,"中央台"与长沙、贵州等台进行收转。

1938年4月6日,台儿庄大捷的消息传到汉口,全城狂欢,士气民心为之大振,但日本东京广播的宣传则坚持说他们还守着台儿庄。直到1939年2月,重庆的35千瓦短波电台安装成功,有人还撰文遗憾我们的机器要是早一点建成,就会即时把消息传达给全世界了。

1938年"七七"周年纪念日期间,由国民党中宣部组织的领袖演讲在汉口短波广播电台和汉口市广播电台进行,并作了事先预告,每天晚上8点播出,5日为代理中宣部部长周佛海,6日是汪精卫,7日是蒋介石,同时宋美龄作英语广播,8日由外交部部长王宠惠作英语广播。王宠惠宣布:

在此一年,日本变本加厉,恣意侵略,其军人之暴行,亦有加无减,中国为正义和文明而抗战,虽蒙重大牺牲,然其抗战决心与抵抗

---

① 赵玉明:《中国现代广播简史》,中国广播电视出版社1987年版,第16页。
② 武汉中山公园始建于1914年,前身为一私家花园名曰"西园",1927年收归国有,1928年为纪念孙中山先生而命名为"汉口中山公园"。

之实力，非但未见削弱，且日益加强。

王宠惠提醒"友邦国家"：勿以财力充实日本之战费或以军用品接济暴日，借为屠杀中国人民之工具，道义之援华与物资上助日绝不相容！[①]

"七七"以前，曾有上海的广播电台把南京制作的圣诞节目传送到旧金山，再转往美国各地的先例。但武汉的这台仅300瓦的"袖珍"短波设备的信号，竟然也"飘"到了北美，王宠惠的这次演讲顺利到达太平洋彼岸，并由美国旧金山广播电台用捕获到的天波信号向全美听众进行播出，这在"中央台"的对外广播中还是有史以来的第一次，也是一个重大突破，对"西迁"路上的中国国际宣传来说意义重大。当美国人第一次在收音机里直接听到中国人说的英语时，有同情的，还有感到惊奇的，其广播刊物甚至有用"旷野人声"来形容中国广播宣传者的声音。这种不以为然的态度一方面反映出对中国经历的战争灾难完全不了解；另一方面则是欧美国家对日本侵略暧昧态度的表现，表明"我对抵抗国际侵略之苦斗情形"[②]。

9月19日，时任行政院副院长、四川省政府主席的张群在"中央台"就动员当兵对国民进行开导教育式的广播。他说，一切痛苦都是对我们整个国家和民族的考验，并一口气讲了六个当兵的道理：（一）国民当兵是立国的要素；（二）当兵是国民的义务也是权利；（三）不当兵不配算一个国民；（四）不当兵不配算是一个黄帝之孙；（五）越是有地位的人越要当兵；（六）越是有智识的人越要当兵。[③]

抗日救国不光需要士兵，也需要各方面的人才。汉口台在撤退中，国民党中宣部国际宣传处（又称"国宣处"）处长曾虚白[④]发现一英国年轻人，叫马彬和，英文名 J.A.Mac Causland。此人是由周恩来和郭沫若负责的军委会政治部派过来的，此时的任务是进行英语播音。

[①] 王宠惠广播讲词，载《新蜀报》，1938年7月9日。
[②] 彭乐善：《广播战》，中国编译出版社1943年版，第31页。
[③] 张群：《大家起来，打倒日本帝国主义》，载《广播周报》，1938年第156期，第14页。
[④] 曾虚白（1895—1994），抗战结束后任国民政府行政院新闻局副局长、中国广播公司副总经理等职，1994年在台湾去世。

大家都准备撤退,马彬和却用汉语表示他要在这里坚持到日本人杀到播音室来强制闭口为止。国民党中宣部副部长董显光①找这位英国人谈话,告诉他政府撤退的意图,离开武汉也还能继续抗战下去。

英国人明白董显光的意思后,表示愿意跟"国宣处"经湖南去重庆,为中国的国际广播继续服务。

马彬和正是对外宣传急需的外籍人士,"国宣处"增加了新人,并为马彬和安排了一个欢迎便餐。

有点令人尴尬的是饭毕马先生竟然掏出钱来自己买了自己那份单,说只有吃自己的才干净。主方还为他安排了专门的房间、床和新的被褥,第二天早晨却发现他睡在地上,问原因,马彬和表示不忍前线将士的艰苦,要与士兵们同心共难。

马彬和是"国宣处"和后来成立的"国际台"聘请的第一位外籍专家,但他的表现让初识他的"国宣处"同事都觉得他有点儿怪。这位特立独行的英国人究竟如何?

事实证明,无论是"国宣处"还是"中广处"都捡了个"大漏"。

1938年的10月25日汉口沦陷。

在日本人到达之前,范本中带人拆了能让美国听到的"袖珍"短波发射机再次沿长江上游后撤。四人轮流抬着这台宝贝逢车搭车、遇船搭船,指望到大后方发挥用场。

在离开汉口的船上安顿下来后,他们打开收音机收听广播,所有旅客都围了过来。东京广播内容有:"日本军舰炮轰刘家庙,陆战队在湛家矶登陆,汉口武昌25日晚均大火。"收听"中广处"所属的长沙广播电台,长沙台还在,正在播《我们放弃武汉应有之认识》的时评,人们知道,武汉真的也丢了!

四人在宜昌随逃难人群挤上能直达重庆的轮船——"保楞轮"。"保楞轮"

---

① 董显光(1887—1971),浙江宁波人,青年时期在美国长老会帮助下赴美国学习,通过勤工俭学获得密苏里大学新闻学士学位,在哥伦比亚大学普利策新闻学院攻读硕士时,获母病重消息返国。1925年在天津创办《庸报》,又接办《大陆报》,为引进西方先进的办报经验和中国近现代报刊事业作出贡献,1971年在台北逝世。著有《蒋总统传》、英文《董显光自传》(原名《一个农夫的自传》,曾虚白译)等。

平时只在湘汉间运行,这是第一次进入川江,老板向他们保证在川江能够绞滩过险,结果轮船在泻滩遇难沉没。陈驭六是传音科的播音员,逃生后记下这段惊心动魄的经历:

> 11月23日的上午,又继续的绞滩,结果又失败了。这是我们对于绞滩的第二次失望。
>
> 这时候船上的大副与领江都急了,决定下午用钢丝缆由南岸方面上绞,因为民生公司的轮船大都是在南岸用钢缆绞滩的。
>
> 大约下午三时许,轮船升足马力后,叫许多乘客都登陆,轮上只有水手、大副、大车和领江等必要的人物。轮船驶近南岸上的滩边,滩上帮助绞滩的夫子数百人,先帮着把钢丝缆绑妥在绞滩的石柱上。待轮船驶近时候,就把钢丝的缆头掷到轮上。这时候,轮上的水手甫将钢缆扣妥,欲要上绞的时候,轮船的马力却抵不住那有如瀑布般的水头由上流冲下来,致使轮船倾侧,不五分钟而即沉没于江中,最后又因轮船马力已经开足,浸入冷水之后,船身都被炸飞了。
>
> 这时候两岸的乘客男的女的,老的幼的都狂叫了,都号哭了,都在叫家里的人们!据工友同志说:"船上还有许多老年妇人和孩子没有上岸。"
>
> 噫!惨矣。
>
> 我们花了许多工作心血和力量从武汉撤退出来的短波广播机件,也随轮沉没了。我们衣服行囊,均告飘泊了。[1]

出事的泻滩位于湖北省秭归县境内西陵峡的高山峡谷中,四个人攀过悬崖陡壁,跋涉30多公里一路向西,在饥寒交迫中摸爬到巴东县城发了电报,向中央广播事业管理处报告:

> 轮沉,机没,人均安!

---

[1] 摘自驭:《战时生活鸿爪》,载《广播周报》,1940年第184期,第3页。

第二章 重庆与大后方广播建设

一、选址征地

早在五年前,"中广处"就通过陈果夫和叶楚伧向国民党中央提出建立大短波电台的议案。但直到1936年,这项议案在中执委会才得以通过,在1937年2月的五届三中全会后予以实施。

眼看大战在即,把短波台放在中国的什么地方,是首都南京还是其他什么地方?这是个大问题,必须具有战略眼光,在当时也拥有高度机密性和敏感性,不光因为项目本身的"国防要素",还因为要为后来国民政府的撤退埋下伏笔。经过缜密思考和层层请示,最后"签奉今总裁蒋公,批定重庆"[①]。

蒋介石拥有对重要国防项目的批定权,1937年11月召开的国防最高委员会第36次会议决议使蒋介石这项权力得到正式肯定:嗣后凡中央党政机关适应战时之各种特别设施令行各省市地方党政机关办理者,概行先送军事委员会委员长核定施行。[②]

定台重庆后,"中广处"立即成立短波台筹备组,派总干事钱凤章、钟震之

---

① 《中央广播事业管理处概述》,载《广播通讯》,1943年第10期,第95页。
② 中国国民党中央委员会密函,1937年11月16日,全宗号一一(2)案卷号3981,中国第二历史档案馆。

等人立即从南京出发前往遥远的西部城市重庆考察筹备,这个筹备组的主任由吴道一兼任,后来也赶往重庆的冯简任副主任,早期同去的还有总务科科长陆以灏等。

"中央台"在重庆筹建必须面对当地的许多实际情况,此时的重庆已开始出现战前气氛。20世纪30年代中国的广播有了一定的发展,但无论是官办还是商办,大多集中在沿海和经济发达地区。重庆的第一家广播电台是在1932年由四川省政府办的,属于地方公办。它是中国西部的第一家广播电台,设在通远门外的纯阳洞。纯阳洞不是洞而是地名,广播电台设在屋里,天线架在能够遥望长江的山岗上,发射机功率为1千瓦,呼号是XGOS,台名叫重庆广播电台。这家广播电台没有办到抗战开始即因经营问题倒闭。

国民党中央将进入四川,整理四川的党务、军务、政务成为工作的重点。此时,以省主席刘湘为首的四川传统势力已迁往成都,国民政府军事委员会委员长重庆行营在镇守使街[①]的镇守使前官邸开始办公,代理地方政府行使对这座城市的管理。

抗战将始,沿海的民营广播无法内迁,"中央台"作为整军备战和国防建设的一部分入驻重庆,给原本落后的重庆和大后方广播事业带来根本性的变化。

1937年5月31日,国民政府军事委员会委员长重庆行营参谋室给短波台筹备组批复:

> 君策先生勋鉴定前日报告一件已奉,贺(国光)代主任批下其准设台址如下:
> 一、播音台地址准设在沙坪坝;
> 二、收音台地址准设在董家花园(该处既可少修公路,又可节省电缆);
> 三、发音室准设在上清寺美专学校附近。[②]

[①] 2015年遗址位于重庆市渝中区解放西路。
[②] 全宗号0004案卷号00017,重庆档案馆。

贺国光后来担任过四川省政府临时主席和战时首都重庆市的第一任市长。"中央台"选址报告交由委员长重庆行营批复,可见此时"中央"的权力已经控制了这块四川军阀的老地盘。

君策即冯简,时任"中央台"总工程师。1937年8月2日,冯简复函委员长重庆行营:

> 兹已测量比较董家花园山头狭隘不敷技术上之需要,而它处又乏适当处所,当得已仍拟用上年会商选定之歇台子一地,除已呈报中央外……再两路口至浮图关现已进行建筑马路可否令重庆市政府变更原计划,略予延长通至歇台子其距离不过四五里,并案。①

这样,原定董家花园的收音台位置调整到巴县歇台子镇小地名叫龙塘湾的地方,在抗战时期由两路口修建至浮图关的公路也因此继续延伸到了歇台子镇。

在历史上,重庆和巴县是一城二名,巴县的名称甚至更古老。重庆新市区始建于1929年,此时还是中国西部一个充满田园风光的偏远地区,除了嘉陵江北岸是江北县以外,新市区的东、南、西面包括长江沿岸都被巴县的地盘所包围,重庆的城市就是在巴县和其他县的地面上演变发展起来的。四川在20世纪20年代末到30年代初修建了成渝公路。这条公路始于重庆新市区的两路口,终于成都市,在四川的历史发展进程中具有重要意义。"中央台"的选址除收音台外,都沿着这条公路在重庆的近郊路段进行。

巴县龙隐镇②,距离新市区的朝天门码头约15公里。筹备组在遍访重庆进行实地查证后,决定把新的发射台选址落户在龙隐镇辖区内成渝公路旁小地名同时叫沙坪坝或小龙坎的地方。从7月开始,位于龙隐镇境内的巴县19

---

① 全宗号0004 案卷号00017,重庆档案馆。
② 龙隐镇,现重庆市沙坪坝区磁器口镇。据《四川月报》1935年4期载"巴县龙隐镇调查"一文称,龙隐镇俗称磁器口,地处嘉陵江西岸,为巴县水道之镇,工商百业素极发达。陆道交通有成渝公路龙隐支路,逐日皆有汽车与人力车来往渝磁间,在小龙坎设有车站可直达街市;水道下达重庆江北,有渝磁两汽船及橇儴木船上下。镇上有缫丝厂五所,因国外市场没落大都歇业停工;全镇面积纵横各约二十余里,地多田少,冈峦起伏,设有四川中心农事试验场。

保、20保、24保以及将落户收音台的巴县歇台子镇所在的11保、12保、13保的部分田土、房屋和墓地被政府以"国防和抗战"的名义秘密征用。13保的保长王甫林认真根据县里的要求,给本保的土地和坟墓征用担任了保人,用毛笔和钢笔分别画了一些表格,按照每一亩四分土地一石粮食,每石粮食按120元的计算方法,折合成"原价每亩80元",草房每平方丈1元5角,瓦房每平方丈3元,每家有主坟墓5元的价格补偿。很快农民们拿到了征地钱,并在表格上签了字。

这是一张有10个人非一日签名画押的连环结状:

实结得中央广播电台征用沙坪坝田土所登地价概由各业主照议定数目亲手领讫并无冒领情事,如以后有意外事件发生,同人等甘愿连环负责,中间不虚切结是实。[①]

经过重庆市地政局的丈量,小龙坎被"中广处"征下主要作为发射台用的土地约有226亩。承建机房和职工宿舍工程的是姚月记营造厂,大量工人赶来开始建房屋,协助台里工程师和技工安装机器,架设天线,小龙坎成为大后方"中央台"和国际广播电台(以下称"国际台")两台的发射基地和播音室。"中广处"对沙坪坝的征地实际还在扩大,1938年6月,在上面的需要中又新增了约63亩,以建中央广播器材厂等。

在"中区干路火烧坝公路旁"的广播大厦征地过程中,由李宏锟市长任下的重庆市政府两次召集原土地所有方和建设方开会协调,"中广处"代表陆以灏与原业主达成协议,以每平方丈2银元的价格征得土地212平方丈,共计424个"洋"[②]。

由于日机轰炸的破坏影响,设计功率250千瓦的自备发电厂重新选址于距离小龙坎发射台东面两公里处土湾的嘉陵江和成渝公路之间的斜坡上,位置和规模可见1938年8月28日《新蜀报》一版上的"中广处"启事:

[①] 1937年7月巴县政府文件,全宗号0004案卷号00017,重庆档案馆。
[②] 重庆市政府文件,全宗号0004案卷号00017,重庆档案馆。

本处买受巴县21保土湾刘廷意名下沿成渝公路其首土地(丘枣至集安堂会址西至重庆牛奶场……)20亩,上项产权如有异议,定于一星期内,持相关证明文件夹前来上清寺聚兴村六号本处商谈,逾期无效。此启。

"中广处"的征地也出现过矛盾,对征地中遇到的麻烦有两件可记。第一,"中广处"不光征收了小龙坎农民的地,还征用了附近私立巴县树人小学的部分校园,这个小学在抗战开始后得到很大的发展,校舍不够用了。1939年3月13日校董事会长杨若愚和校长黄笃生曾给"中央台"台长送来一份公函,称:

贵台征购大段时因俱为抗战建国之大业原无再赎之必要……贵台所购地皮在敝校校门左斜对面者尚空余大部未用援拟请求原价将该段空地赎回注益校产以济困难。①

树人小学很快就得到拒绝的答复:"本处现正计划建造中央无线电机制造厂厂房及本处电台宿舍等,已无地可资赎回!"

第二件纠纷是拖欠的手续。歇台子镇地块共征地44亩,两年后,继任的巴县县长王煜还在致函"中央台",希望尽快结清以粮食为结算方式的征地免赋税手续。②

价格不绝对,可以讨价还价。在歇台子镇征地折粮食估价表格中,有总干事"钟震之同志估计担数"和"业主要求担数"的记录,都是"中广处"方压价低,农民方要求抬价高,中间会出现一个折中的"县长协调议价"作为参考价来执行。

---

① 中广处与树人小学来往函,全宗号0004案卷号00017,重庆档案馆。
② 巴县县政府公函,1939年9月1日,全宗号0004案卷号00017,重庆档案馆。

表2-1 "中广处"在重庆主要用地情况表

用途	面积	原地址	2015年遗址
发射台	226+63亩	巴县龙隐镇小龙坎	沙坪坝区小龙坎新街29号
收音台	44亩	巴县歇台子镇龙塘湾	渝中区渝州路168号
发电厂	20亩	巴县龙隐镇土湾	沙坪坝区下土湾6号
广播大厦	212+180平方丈	新市区上清寺火烧坝	渝中区中山三路159号
早期台		两浮支路山坡上	渝中区国际村106号

广播大厦原设计为"国际台"播音室,新增的180平方丈由1938年5月国民政府军事委员会委员长蒋介石向重庆市政府亲批"准备续征"[①],用以补充"中广处"和南京中波台移渝变更的建设计划用地,这份文件下达后不久,广播大厦即开始动工兴建。

此时,小龙坎发射台的建设已经初具规模。一位记者在1939年春天参观发射台后对它进行了描述:

> 抵达门首,即由司阁导之前进,鱼贯而入,经一千五百呎长之车道,始达机房。左近山树多株,浓荫夹道,绿叶纷披,仰首见铁塔高耸,参差排列,错综线路,是即为发射电波之对欧对美定向天线与对亚洲之不定向天线也。
>
> 入门后,承工程师执行引导参观。首先映入眼帘者,则为玲珑庄严之机件,星罗棋布,各有一定位置与距离,系统俨然,管制周密,同人对于广播,虽具一知半解,但亲睹此经纬万端之线路,错综复杂之机器,惟有矫舌凝视,静聆工程师之阐述而已。
>
> 此机系马可尼SBWB报话两用机,由英国马可尼公司承造,而全由我国工程师装置。[②]

记者讲的发射天线以不同的波长传送广播信号,鉴于电信话务和商业电

[①] 国民政府军事委员会文件,1938年4月30日,全宗号0004案卷号00017,重庆档案馆。
[②] 《参观中央广播电台纪实》,载《广播周报》,1939年第182期,第11页。

台对广播的干扰，1939年9月5日行政院转发"中广处"公函，提请各省、市政府对四种波长进行避让。作为战时首都重庆的第一任市长贺国光训令市警察局执行：

> 当此抗战时期对外宣传极为重要，倘被敌人搅扰固属均可如何，倘被我国自设电台干扰则未免自损国力……特规定自15米至17米间、18米至20米间、24米至26米间及30米至32米间，此4种波长之内避免使用电报事关重要规例，预防互扰……各报务电台查照，倘所用电波逼近上述4波段或在此4波段之内者，即行改换波长，毋再有干扰情事。①

1938年6月，重庆广播大厦开始在火烧坝动工兴建，埋下四块刻有"中央电台"字样的奠基石，此为1998年拆除广播大厦清理出地基后所拍

二、马可尼发射机和防空建设

对当时中国购买的最大的短波发射机，1936年的《无线电》杂志第二期刊登的广告是这样介绍的：

> 马可尼S.W.B.9系一短波广播机，发射电力为35千瓦，广播范围遍及全球。马可尼无线电公司以极丰富之经验设计此远距离短

---

① 重庆市政府文件，全宗号0061案卷号04270，重庆档案馆。

波之发射机,故线路非常新颖;输出电波决无失真不稳等弊。此机除广播音乐之外,又可作无线电通话及无线电通报之用,一机既有三用之效,对于创办费及维持费因此省却不少。

1937年的2月16日,"中广处"与英国马可尼公司签订购置35千瓦四波段短波广播发射机合同,其中包括360马力蒸汽引擎发电机1部、200尺高铁塔2座、不定向天线4套、定向天线4套、架空传音电缆15公里及供给中国工程师5人在英国工厂监造机器及实习8个月的费用等,总计耗资6万英镑,约合当时99万元国币。

吴道一和冯简也曾经同德国的得律风根和荷兰的飞利浦等当时世界著名的电机企业谈过引进设备和合作办厂事宜,后来的战事证明选择英国制造是明智的。"国际台"对马可尼产品的使用在中国不是第一家,但35千瓦的短波机却是最大的。这套宝贝从英国运到香港再到了重庆,一路损失了很多器材,如电缆,本来购买了15公里,结果剩下不到5公里,只够从上清寺架到浮图关,余下的只能用国产电缆补充。

1939年2月19日,支撑中央短波广播电台即后来的国际广播电台的马可尼发射机终于启动开播,伦敦《泰晤士报》记载为"这是自由中国的真声,是中国政府的喉舌"。国际广播协会根据收听信号作了调查,向会员国发出简报。中央短波广播电台建成后,由吴道一兼任台长,冯简任总工程师,钱凤章任副总工程师,全台工作实际上由冯简负责。同年6月1日,取消中央短波广播电台名称,与中央广播电台中波台合并,统称中央广播电台。

接下来最大的问题是要重新进行防空掩体建设。开始未把设备装入地下而只是用了伪装彩网,正在紧张安装时,日本开始对重庆实施轰炸。1939年8月28日,18架日机袭击沙坪坝,短波机房被炸,开播不久的"国际台"的备用蒸汽发电机厂房屋坍毁,焚毁材料房。9月3日凌晨3时多,小龙坎机房在轰炸中再次中弹,修复之前广播无法正常播出。

1940年5月28日、29日,敌机又一次袭击上清寺、沙坪坝一带,造成大量人员伤亡,发射台院内的家属区被炸,一时火光冲天。当时情景可见"中广处"报告：

> 二十八日敌机袭渝在上清寺一带投弹，本处牛角沱中央电台四周着弹甚多，最近者距机房仅二三丈，窗户玻璃及屋顶颇多损坏，机件幸事先妥为保护无震损。
> 二十九日上午敌机在沙坪坝附近疯狂投弹，国际电台大门口中一弹，去机房约百余丈仅毁门口房屋橡瓦，闻机件无恙；马路对面本处职员宿舍亦中一弹，毁屋二幢余无损失。[1]

脆弱的市电供给也不能保障轰炸破坏对播出的影响，时任重庆电力股份有限公司总经理的刘航琛在当年7月6日曾有签复：

> 商沙坪坝之国际电台关系甚巨，自备补充之油机复不堪用，请于有轰（炸）时予以尽先修复。查本公司尽复次第首国防有关兵工厂，次一般工厂，再次为灯线。兹应将该台照国防工厂例，有轰炸损害线路时尽先予以修复……惟望该台自备油机，能随时开用，免轰炸损坏程度过度，一时无法修复时之准备也。[2]

为把发电设备搬出小龙坎大院，建于土湾的嘉陵江边的工程已经开始执行防空方案。地面建筑采取的措施是在墙体设计中使用厚厚的防御石方，屋顶也采用石板材料，成为一座隐匿于山崖下的石头堡垒，即使是被炸弹直接命中，对底层的发电设备还具有保护作用。1940年6月，一群石匠以"计算石方"的方式，与"国际台"签了合同，承揽了这项工程。按石匠们的说法，价格是"恰够开支未敢安索故能安心工作"。他们顶着赤日开始干活。

两个月后石匠们傻了眼，市场上石料费由签约时的每百条90元涨到140元、大米、人工费用都同时上涨。包工代表、石匠张明生请人"冒罪"向"国际

---

[1] 中央广播事业管理处被轰炸报告，全宗号——案卷号10739，中国第二历史档案馆。
[2] 重庆电力股份有限公司文件，1939年7月6日，民国档案，重庆档案馆。

250千瓦的电力厂供电设备

2015年,位于重庆市沙坪坝区下土湾6号（现沙坪坝滨江路）的抗战时期"国际台"土湾电力厂遗址

台"写了一纸呈文,称:

> 贵台务乞在此百物昂贵生活维艰之期中能体恤下情,将六月所给之价增加。[1]

江边的燃煤电力厂建成后,为发射台不能即时得到市电供给提供了备用电,对一些重要广播,例如委员长广播、外国重要人士演讲转播,则直接切入自己的电力供应。以1943年1月3日到9日一周时间统计,共开机8次,供电54小时50分钟,共发电7260度,耗煤29吨,平均每4公斤煤发1度电。电力厂划归"国际台"管理,总人数近40人,按"中广处"的职务划分有工务员、助理工程师、机务员、工友等,先后在此工作的人员有王家桂、邹承禹、谭自炳、王开士等,叶桂馨担任过厂长。

"中广处"的办公地点此时设在租赁来的上清寺中山三路的聚兴村6号一幢建在堡坎上的青砖二层小楼里。

陆续搬来的国民党中央机关和国民政府机关大多集中在上清寺一带,于

---

[1] 石工张明生呈国际台文,1940年8月31日,全宗号0004案卷号00050,重庆档案馆。

是开始兴建土木，其中有两幢最著名的建筑，一幢是国民政府大厦，另一幢是广播大厦。广播大厦就建在"中广处"临时办公地点，中山三路斜对面名叫火烧坝的小山丘上。中山三路是一条新路，也是成渝公路从两路口出发的第一段，抗战初期因为在城市边缘，房屋稀疏陈旧，多以吊脚结构的木质板房为主，广播大厦在建设过程中也没少与这些邻居发生矛盾。"中广处"的员工每天都可以看到对面工地的情况，工程仍然由姚月记营造厂承建。开工时处、台的干部都到场，埋下四块长90厘米、宽20厘米、厚20厘米的青石，每块青石的四面都刻上"中央电台"四个字，作为奠基。

1940年6月30日，广播大厦工地再次被日机轰炸，四颗炸弹使就要完成的主体工程受损，1人受伤。[①]"中广处"重新立项上报申请了发射机房、发电厂防空设施的预算并得到批准并开始建设。到第二年，小龙坎的重要设备全部搬入地下。

1940年初建成的巴县龙隐镇小龙坎地下的国际广播电台发射机房和早期播音室，第二年3月上清寺的广播大厦建成后，这个播音室成为备播室

广播大厦还没有建成时，"中央台"在重庆最早的播音室设在大田湾的后山坡上，后来分别迁往小龙坎发射台、聚兴村"中广处"、嘉陵宾馆（外交部）、德安里（委员长官邸）和国府路临时播音室。有人曾经形容过这些播音室的"精美雅致"，其实不尽然，有的甚至十分简陋。以建在两路口巴县中学的"国际台"播音室为例，根据上海高全记公司与"国际台"工务科签订的修建合同[②]，不到7平方丈的播音室，主要工程屋顶和天花板的材料分别为青瓦、柳条、椽子、稻草和封檐板，而墙体则是14寸厚土墙，墙内粉白石灰，墙外粉的燕巢泥，只在少部分位置使用了水泥，这在什么都缺乏的战时首都并不奇怪。

[①] 唐润明主编：《重庆大轰炸档案·轰炸损失与人员伤亡》，重庆出版社2011年版，第267页。
[②] 国际台与高全记合作的公文及合同，1940年3月22日，民国档案，重庆档案馆。

三、重建广播网

在以上清寺广播大厦、小龙坎发射台、歇台子收音台和土湾发电厂为主体的重庆广播基地已经建成和正在建成时,整个国家还在继续撤退。随着战事的进行和国土的沦陷,原来在许多城市的广播电台相继失声,或者成为敌伪的广播。"中广处"所属各台的发射功率由战前的95750瓦,锐减到1938年的20990瓦。经国民党中央执行委员会批准,"中广处"在西南和西北重新布局新的广播网。重庆短波台建立后,基于它在长江内陆峡谷地带的局限,遂决定在地处高原的云、贵两省分别建台,以利用地理优势更远地传送信号,向南亚、东南亚国家宣传中国的抗战。其中,昆明台总投入500万元,接购了广东省原来准备买的60千瓦中波发射机,吴保丰①亲赴昆明督建,担任筹备组组长,以示"中广处"对这座高原电台的重视。

吴保丰后来被大陆学者称为中国广播事业的开创者之一。他的工作方式被评价为中庸低调,而比他年长的副手吴道一则显得精明能干。那年去昆明时吴保丰还不到40岁。

昆明中波台于1940年8月竣工,试播后员工们感觉效果不错,不亚于南京时期的75千瓦电台。而这之前有10千瓦短波机的贵州台已经建成,成为重庆"国际台"的姐妹台。在广播网布局中最特别的台则是建在川滇大山中的西昌台。江苏台西撤后

抗战时期,国民党中央广播管理处处长吴保丰

原打算把设备运往西康省府所在地康定,经过人拉肩扛,一部分先期到达。但大部分机器还在雅安,经过与运输公司多次交涉,花了两年时间,才通过骡

---

① 吴保丰(1899—1963),江苏昆山人,毕业于上海交通大学电机系,留学于美国密西根大学,回国后担任过国民党中央广播事业管理处处长、交通大学校长等职,1950年以后在华东人民广播电台(后上海人民广播电台)工作,1963年在上海因病逝世。

马运过二郎山进入藏区到达康定,经过安装调试,发自康定的西康广播电台呼号终于能听到了。此时,根据蒋介石要求西康台建在西昌的指令和"一省一台"的原则,历尽辛苦建在康定的西康台只能撤销而迁往西昌。从昆明驮运的2千瓦短波机,冒着严冬风雪出发,抵达西昌时,已经是1943年了。

"中广处"先后建起了隶属的昆明、贵州、福建、陕西、西安、湖南、甘肃、西康、流动加"国际"和"中央"共11台,所有费用都由国防最高委员会议核议通过后支出。它们为用各种语言联系国内外和盟军起到重要作用。每一个台都拥有自己的覆盖任务和服务区域,总功率在140千瓦上下。

"九一八"事变前后,各省、市政府所属广播电台中以辽宁、哈尔滨等台成立较早,随后有杭州、广州、上海、汉口、开封、镇江、徐州、济南、太原、南昌、云南、重庆等台。这些台在开战后大部分停废,或被日伪所用。重新迁装的有丽水(浙江台)、曲江(西安台)、洛阳(河南台)、泰和(江西台)、桂林(广西台)、耒阳(湖南台)、赣州(江西台)各台,由于地方财政匮乏,又致一部分停播。到1943年,只有广东台、广西台、湖南台、新赣南台等还在播出,其中湖南台和广西台在战争中被反复转移和破坏。国民政府交通部曾经拥有北平、天津、成都三台,前两台后沦陷。

1942年,中央广播事业指导委员会(也称"广指会")[①]第24次会议决定由"中广处"协助军委会政治部在重庆小龙坎建立军中广播电台。这个决议源自陈果夫抗战初期"把广播建在前线的战壕里"的设想,也是鉴于在淞沪会战时日军把"放音机"携带到阵地上,用汉语对中国士兵广播,以图瓦解中国军队士气。在抗战开始五年后中国才有了自己的"阵地"广播,中方的军中台除拥有1千瓦短波发射机外,下设播音总队和中队,主要担任对敌喊话、战地宣传及收音转播等任务。

整个抗战时期的广播建设和扩容还在继续,"中广处"各台加起来形成的抗日广播网播出渐渐转向正常和稳定,成为中国大后方用来保卫自己广播舆论的基本阵地。

[①] 中央广播事业指导委员会,见本书第七章介绍。

表2-2 "中广处"在抗战时期恢复和重建的广播电台

电台名称	呼号	电力（千瓦）	覆盖对象	开播时间	首任台长
中央台（重庆）	XGOA	10+4+7.5	全国及东亚南洋	1938.3恢复	吴道一
国际台（重庆）	XGOY	35（短波）	全国及南洋欧美	1938.11	冯简
昆明台	XPRA	60	全国及东亚南洋	1940.8	刘振清
贵州台（贵阳）	XPSA	10（短波）	本省及全国与南洋	1939.1	董毓秀
福建台（福州）	XGOL	0.2	本省及南洋	1934.1	黄天如
陕西台（西安）	XKPA	0.5	西北各省	1935.6	黄天如
西安台	XKDA		本省		
湖南台（耒阳、沅陵）	XLPA	1	本省战区及沦陷区	1939.11.12	王溶如
甘肃台（兰州）	XMBA	10	本省及其邻省	1943.1	范本中
西康台（西昌）	XRSA	2（短波）	本省及其邻省	1943.5.1	单迺勋
流动台（三战区）	XLMA	0.3+3	苏皖浙闽一带	1940.8	刘士烈
		142			

资料来源 《广播通讯》，1944年10期，第95页。

四、"中央台"、"国际台"在大后方的覆盖效果

一位中学老师在《实用无线电》杂志上报告了他用邮购来的"中雍"单管收音机于重庆某地收听各家电台的情况，毫无顾忌地报告：于每天午后六时收听南京、成都、广西、汉口及日本。

"中广处"通过各种方式来调查"中央台"、"国际台"及所属台的收听技术效果，并要求所属各台之间互相收听，汇集成简报。

（一）重庆上月份收测各台播音结果如下：

强度——中央台中波，国际台19米、31米及昆明台均极强；西康台、流动台颇强；贵州台中波、福建台、成都台及湖南台均强；贵州台短波尚强……

(二)湖南台七月份收听各台结果如下：

强度——中央台中波(下午)、国际台(19米上午)、昆明台(下午)、福建台(上午)均为三；国际台(31米)、贵州台短波、西康台及成都台(下午)均为四；中央台短波(上午)、国际台(19米上午)均为五。

(三)贵州广播电台7月26日至31日收听各台播音结果如下：

强度——中央台中波与国际台31米为五；贵州台中短波为五强；"中央台"短波为五弱；昆明台、广西台为四强；福建台为四弱；湖南台为三；西昌台为三强。

杂扰——中央台中波、贵州台中短波均无；国际台(31米)有"哄声"；"中央台"短波，昆明、福建及广西台颇大；湖南台甚烈；西昌台甚大。

衰落——中央台中波、国际台(31米)、贵州台中波及广西台均无，其它各台均稍有。[1]

以上主要反映了大后方"中广处"所属各广播电台1943年度的技术情况，可以看出有比较好的收听效果。

---

[1]《渝沅筑收测国内电台播音结果》，载《广播通讯》，1943年第6期，第61页。

第三章 日伪广播的包围

一、起步晚发展快的日本广播

日本的广播事业是从1925年3月起开始创设的。当初在东京、大阪、名古屋三处，仅各设1千瓦功率的电台1座，一切机件也都是由外国买进来的。并且，三个电台是分别开办而不是在一个整体机构下创设的。至1926年，日本成立放送协会后，该三台始自行联系，功率亦由1千瓦扩大至10千瓦。同时在札幌、广岛、熊本及仙台等地筹备各建电台1座，每座功率为10千瓦。1928年，建造完成，开始播音。结果，日本广播事业于两年内扩充至70千瓦，第二期扩充增加到111千瓦。

1932年，中国"中央台"在南京建立75千瓦功率发射机时，在日本本土三岛和中国的东北四省（黑龙江、辽宁、吉林、热河）以及朝鲜、台湾地区，加上英属的马来亚、荷属东印度、澳洲、新西兰、夏威夷等地都可以有比较好的收听效果，使国民党高层有了"世界第二东亚第一"的陶醉感，也让日本宣传当局深感忧虑。特别是在中国东北四省，先南京后重庆的"中央台"声音作为祖国的声音，对收听者产生了重要影响。美国人所办的上海《密勒氏评论报》曾著文记录，略谓："1934年，敌伪抵制南京广播虽不遗余力，惟其所用之干扰机颇难收效,半开时不足以压制南京之巨声,全开时则模糊其自身之广播宣传,进退维谷,不得已乃暂时放弃其干扰政策,而积极进行其本部及伪国(殖民地)建设广播收听两网之五年计划。"①

日本无线电制造业的发展为广播事业的奋起直追提供了基础。到战前,日本广播公司已经不需要再向国外购买设备,日本电气公司和东京电气公司都能生产100千瓦或更大功率的发射机供国内需求。十年前市场上的一架收音机往往需要100日元到1000日元,现在其价格已经降至20日元到25日元,极大地推动了全国收音机的普及。

为应付时局的需要,日本放送协会开始筹备位于东京的150千瓦的大功率电台,以针对所有国家,并于1937年12月28日建成开播。此外,放送协会又拟在大阪、福冈添设100千瓦的电台,中日事变后先筹备靠近中国的福冈(九州岛)电台。到1940年,日本全国长波电台已有36座,功率总共有500千瓦,并在继续筹备新的电台,国内听众达到五百多万人。早在战前日本就有媒体报道:

全国国民利用播音早操者几达6000万人之多!②

表3-1 日本本岛主要广播电台(1937年以后)

电台名称	呼号	电力(千瓦)	开播时间
东京中央第一台(对各国)	JOAK	150	1937年12月28日
东京中央第二台(对本国)	JOAK	150	1938年
大阪中央第一台(对全国)	JOBK	10	1938年
大阪中央第二台(对本市)	JOBK	10	
名古屋第一台(对全国)	JOCK	10	
名古屋第二台(对本市)	JOCK	10	
广岛中央台	JOFK	10	
熊本中央台	JOGK	10	

---

① 彭乐善:《广播战》,中国编译出版社1943年版,第26页。
② 传:《最近日本广播》,载《广播周报》,1936年第104期,第52页。

续表

电台名称	呼号	电力(千瓦)	开播时间
仙台中央台	JOHK	1	
札幌中央台	JOIK	10	

资料来源　海涛:《日本广播事业的今昔》,载《广播周报》,1940年第190期,第5页。

在短波方面,日本于1935年6月1日起才开始筹建,到1937年1月1日,用于海外宣传的短波功率扩充到20千瓦,一年半以后,功率增加到50千瓦。1939年,每天对外播出的时间达到8小时,分别对欧洲、南美洲、北美东部和西部、中国及南洋进行广播。

除了自身的广播所及,日本还把转播拉拢对象国的广播当成重要手段,据:

> 北平12月5日(1939年——作者注,后同)电,日本放送协会称该会国际课发展甚速,将派遣佐藤定一郎赴美,届日本短波广播力量所届之主要地区,后渐经巴西、阿根廷、智利、秘鲁及墨西哥各国。又闻佐藤此去美国各主要广播公司接洽,请其于经常节目之外附带转播日本所播送之短波广播云。[①]

原本海外广播的目的是为了介绍日本文化,以及对旅外日本人服务,但是,随着国际形势的转变,无线广播被视为国策宣传机关,其重要性因"七七"事变后战局的扩大而日渐增强,为达成广播言论战的效果,使用多种语言进行海外广播,就成为必然之趋势。

---

① 消息,载《广播周报》,1940年第191期,第2页。

二、对朝鲜和中国的覆盖

1935年,苏联把5座广播电台新建在中苏和朝苏边境上,莫斯科开办的日语短播节目时间是日本电台的两倍,促使日本对伪满和朝鲜广播进行改进。

占领军出于对军情和舆情的控制,对所获得的广播电台一律实行军管,有被占领国的雇员也只是在次要岗位上工作。沦陷的他国广播电台不断加入其队伍,并且被新建和扩容,迅速增强了日本的国际宣传能力。日本侵占中国东北后在广播事业方面成立了满洲电信电话株式会社,除了在长春、大连建设了两座大电台外,还成立了十几家中小电台。卢沟桥事变后,他们在北平建立了大电台,又在天津、南京、上海等城市建立了多家电台。这些殖民地半殖民地电台宣传旨意来自日本本土,而宣传对象就近,对占领国和地区的人民获取战争的信息和寄予抗争的精神具有极大破坏力。

表3-2　日本在朝鲜殖民地的广播电台

电台名称	呼号	电力(千瓦)	开播时间
京城中央第一台	JODK	1	
京城中央第二台	JODK	5	
京城中央短波台		10	
釜山台	JBAK	0.25	
平壤第一台	JBBK	0.5	
清津台	JBCK	10	
裏里台	JBFK	0.5	
咸兴台	JFAO	10	

资料来源　海涛:《日本广播今昔》,载《广播周报》,1940年第190期,第6页。

表3-3　日伪在中国东北沦陷区的广播电台(1931—1945年)

电台名称	呼号	电力(千瓦)	开播时间
新京(长春)第一台(日语)	MTCY	10	
新京(长春)第二台(满语)	MTCY	100	1932年
新京(长春)短波台		75	
大连第一台(日语)	JQAK	1	
大连第二台(满语)	JQAK	1	
大连短波台	JDY	10	
奉天第一台(日语)	MTBY	1	
奉天第二台(满语)	MTBY	1	
哈尔滨台	MTFY	3	
牡丹江台	MTGY	0.05	
安东台	JOBK	0.05	
承德台	MTHY	0.05	
延吉台	MTKY	0.2	
齐齐哈尔台	MTLY	0.05	
佳木斯台	MTNY	0.05	
海拉尔台	MTRY	0.01	
锦县第一台(日语)	MTOY	1	
锦县第二台(满语)	MTOY	1	
营口第一台(日语)	MTPY	0.1	
营口第二台(满语)	MTPY	0.1	
黑河台	MTSY	0.01	

表3-4　"七七"事件后日伪在华北、华中、华南沦陷区的部分广播电台(1938—1945年)

电台名称	呼号	电力(千瓦)	开播时间
北平第一台	XGAP	100(扩容)	1940年4月15日
北平第二台		50	
北平短波台			
天津台			1939年6月16日
南京台	XOGA		1938年9月10日

续表

电台名称	呼号	电力(千瓦)	开播时间
南京短波台		20	1941年
大上海台	XOJB		
汉口第一台	XAHA	10	1938年11月
汉口第二台	XGOW	20	
杭州台	XOJF		1939年6月10日
广州台	XBOK		
广州短波台			
运城台		0.5	
唐山台		0.1	
太原台		0.1	
青岛台	XCDP	0.05	1938年秋
石家庄台		0.05	
新乡台		0.05	
济南台	XGOP	0.05	1938年6月
烟台台		0.4	1944年6月
徐州台		0.05	

资料来源　综合海涛:《日本广播今昔》,载《广播周报》,1940年第190期,第6页等资料。

按照日语的称谓,这些电台都叫放送会或放送局。在日本殖民下的台湾于1928年在台北设立台北放送局,随后收音机迅速普及,到了1943年,全岛收听户超过了10万户,远远超过同期大陆水平。抗战胜利后,"中央台"派林忠到台湾接收广播电台,随任的工务科科长林柏中认为台湾广播之所以发达有三个原因:

第一,收音机价格低廉,收听费便宜。

第二,放送协会设有"劝诱员",鼓动民间收听广播。其招募收听户以及对收听户的服务工作则交给收音机相谈所(收音机服务站)。放送协会最初在台北、台中、台南、嘉义、高雄等全岛五大都市设置了"相谈所",所内有数名技术员与"劝诱员",其任务是负责指定地区内之收音机修复工作与收听户招募之工作。

第三,台湾民众平均教育水平的提高,培养出收听广播的习惯。①

表3-5 日本在中国台湾的广播电台

电台名称	呼号	电力(千瓦)	开播时间
台北放送局	JFAK	1+100	1928年10月
台北短波台		10	
台南放送局	JFBK	1	1932年4月
台中放送局	JFCK	1	1935年
嘉义放送局(民雄)		500	1943年
花莲放送局		100	1944年

日本如此看重台湾地区广播的政治目的将在本章第四节详述,仅就技术布局的意图分析,在日本人称为大东亚战争的太平洋战争爆发后,欲占领和殖民建立"共荣"的范围,正好是以台湾为圆心,以到千页群岛为半径画一个圆,"满洲国、中国本部、越南、缅甸、爪哇、菲律宾等,我们构想中的东亚共荣圈以及日本,都被包括在这个圆弧中了"②。也就是说台湾不光是与大陆华南地区隔岸相望所需要的广播阵地,也是进一步作为"大亚细亚"建设的地理中心和广播电波的发射中心。事实上,日本情报人员自广东沙面发给东京的报告也称"对南洋宣传广播以台北播较为有效"③。太平洋战争爆发之后,上表中的电台都成为日本对内动员、对外宣传的心理战武器,成为日本对南洋、华南及海南岛宣传大东亚战争理念的主要广播战发动基地。

日本在台湾和东北的各个广播电台呼号都以国际无线电组织分配给日本的呼号J或者M(蒙古)字母打头,以示宗主国和"日台"、"日满"关系,在华北、华东、华南等占领区则还使用X(中国)的呼号,也反映日本对中国政策视战争进程而定的不确定性。

---

① 林柏中:《台湾广播事业的过去与现在》,载《台湾之声》(创刊号),台湾之声出版社1946年版,第6页。资料来自何义麟:《日治时期台湾广播事业发展之过程》,载《回顾老台湾,展望新故乡:台湾社会文化变迁学术讨论会论文集》,台湾师大历史系2000年。
② [日]宫崎氏:建设二年台湾篇《朝日新闻》译文,载于《申报月刊》,1944年第4期,第73页。
③ 全宗号0008 案卷号00010,重庆档案馆。

三、战争中产生的超大电台

有工业支撑的日本大型广播电台所交织的无线电广播网,并非仅用以保卫三岛及其在亚洲的广大占领区,更可载送其宣传,远达欧、美、非、澳各洲,以全力阻止中国争取声音权的努力。空中无形封锁的影响,与沿海各口岸所受的有形封锁同样重大,"予我以威胁,其程度可知"[1]!

1932年以后,日本分别在长春和台北各建立了100千瓦的大电台,又以台湾的电波和节目强力压制南京,以后还在花莲和嘉义分别建起了一座100千瓦和一座500千瓦大电台。

1940年4月15日,北平伪"中央台"的100千瓦大广播正式投入播出。这家机构最大的第一播送台是20世纪20年代初期由北洋政府海军部委托日商三菱公司所造,是中国政府最早筹备的广播电台。由于条件辱国,中方未予付款,日本人便把设备拆走卖掉。"七七"事变后,日本人将其改建成100千瓦功率的超大电台,以对抗早期南京和后来的重庆、昆明等地的电台。

在国际上,到第二次世界大战全面爆发时,一些世界强国已经有了大到500千瓦的超大电台。作为一个接受过西方教育、没有自己广播工业的大国广播事业负责人,吴保丰曾经再次叹息,"中央台"已经"诚如小巫见大巫矣"[2]。

表3-6 第二次世界大战期间欧亚各国部分百千瓦以上大电台

国名	台名	功率(千瓦)
英国	德雷特维吉	150
	里斯拿加莱	100

---

[1] 蔚起:《无线电》,1937年第2期。
[2] 吴保丰:《长沙广播电台的使命》,载《广播周报》,1937年第136期。

续表

国名	台名	功率(千瓦)
德国	柏林	100
	勋不士恪	120
法国	巴黎	120
	斯特拉斯布尔	120
意大利	罗马	120
日本	东京第一	150
	东京第二	150
中国	北平	100
满洲(中国)	长春	100
台湾(中国)	台北	100
	嘉义(民雄)	500
	花莲	100
苏联	莫斯科联共第一	500
	莫斯科邱尔哥波第二	100
	莫斯科第三	100
波兰	华沙	120
捷克	巴拉加	120
瑞士	碚罗开斯太	100
瑞典	墨他拉	150
芬兰	拉纳	120
匈牙利	布达佩斯特	120
爱尔兰(英)	阿斯顿	120
罗马尼亚	布拉索雾	150
荷兰	哥特维克	120
卢森堡	卢森堡	200
冰岛王国	雷克雅米克	200

资料来源 《广播周报》,1941年第195期。

四、对殖民地和占领区施行"豪华节目"

日本放送协会对外广播东京中央第一台(也称"东京中央一台"),分别针对中南美、北美、夏威夷、中国、泰国、越南、荷属东印度、亚洲西南部的近东、欧洲等地,使用语言有日、德、意、英、法、葡、西、北京、广东、福建、泰国、缅甸、马来、荷兰、阿拉伯、菲等17种以上。[①]在广播作为最现代宣传工具的战争时期,其作用就是压制对方的广播电台,鼓舞自己人民的士气,并将自己的节目传播到对方占领区去,影响对方军民的士气,在对方制造谣言和混乱,让对方从官到民都"精神崩溃",从而达到不战而屈人之兵的目的。这在第二次世界大战的各个阵线和各个战场上屡见效果。

为了适应战时对外宣传的需要,日本把原有的新闻联合通讯社和电报通讯社合并成具有社团法人资格的同盟通讯社,作为国家代表的通讯社,在全世界建有100多所总局,共2000多人为其服务,其在南京建立的同盟社中国总局,由日方和南京伪政权各出一半资金维持。统属于东京放送协会的同盟社广播每天连续播出无线电时局报告、演讲、每周时事报告及各时段的新闻节目,还有无线电体操、儿童节目、慰安广播等,"务其达到传达国家意志的目的"[②]。

日本的广播侵略首先针对殖民地和占领区人民,其次针对抵抗地区人民。日本官方宣称,在陆、海、空三战线之外,由国际短波的广播所进行的"无影踪的电波战",可称之为"第四战线"。这些广播不仅是要排除对方的宣传,同时也要捉住其他国家人民的心,改变他们的世界观。以台湾地区为例,台湾地区是日本帝国第一个殖民根据地,建设台湾地区对朝鲜、满洲等新兴殖民地而言具有指标意义;二来台湾战略地位重要,可作为日本南进扩张版

[①] 夏子凤译:《日本的宣传战》,《大陆新报》特稿,载《上海记者》,1942年第2期,第25页。
[②] 许锡庆:《宣传战争与轴心国的宣传政策》,载《中央导报》,1941年第23期,第19页。

图的基地,因此台湾广播事业的发展几乎和日本本土同步,1925年2月建立了第一个广播电台。

战前的台湾广播以安抚和同化为主,是台湾总督府用来普及日语、加强台湾人民"皇民化"、统合殖民地人民国家认同的最佳工具之一。为了加强台湾岛民的同化运动,节目里增加制作具有台湾本土特色的日台融合型内容,如加上日语介绍的台湾歌仔戏、布袋戏、儿童歌谣等节目增多,台湾放送协会中台湾本岛人职员数目也增加。

对台湾开办广播电台的目的,一开始台湾总督府就已将收音机视为其统治工具。总督川村竹治曾表示:"将来广播事业建立全国性组织时,全体国民就可以像全家团聚一样一起收听广播节目……宛如一家人的观念必须推广到朝鲜台湾等地,如此一来国家层级的团结就能更加巩固。"①

这个阶段主管过台湾广播事业的递信部部长深川繁治讲得更加详细:

> 台湾广播的特色是,第一要让内地(日本)文化得以延长,让民众接触到内地重要都市的各种活动,其次则是要让将内地语、内地嗜好等传授给本岛(台湾)人,同时也要让在台内地人了解本岛音乐本岛人的嗜好,亦即要对促进内台融合有所贡献,另外也要将本岛的文化特色介绍到内地。②

"七七"事变以后,日本广播强调了无线电作为国策工具而修正了娱乐工具的观念,以实现田中奏折中体现的大东亚政策为终极目的,具体要求为对本岛台湾人、在台日本人及南洋地区进行战争的动员及宣传,争取中立国合作而服务。

以上两个阶段中的基础是武力征服背景下的严厉管控,台湾样板在朝鲜

---

① 文载日本《递信协会杂志》,第88号,1929年2月,第6页。资料来自何义麟:《日治时期台湾广播事业发展之过程》,载《回顾老台湾,展望新故乡:台湾社会文化变迁学术讨论会论文集》,台湾师大历史系2000年,第3页。

② 文载《诸外国设施·台湾》,第88号,1929年2月,第12页。资料来自何义麟:《日治时期台湾广播事业发展之过程》,载《回顾老台湾,展望新故乡:台湾社会文化变迁学术讨论会论文集》,台湾师大历史系2000年,第4页。

和中国东北得到复制和强化,其目的是加强民众对日本的政治、民族与思想文化的认同。

日军占领东北后,随着敌人采取"强力的政治形态",东北原有的报纸在关东军所标榜的"治安第一主义"之下,被全部摧毁,剩下的便是直接有日籍背景的报纸和"新都"广播电台。

占领者宣称"满洲放送事业,一是在慰安、报道、教养固有使命中,更富有宣扬王道,促进协和之特殊使命";二是对抗中国国民政府的广播与进行反共宣传的需要。

日军占领东北后,国民政府也实施了对东北的广播宣传,向东北人民传递政府的声音和关内人民抗日斗争的信息;另外,东北抗日联军是日本维护殖民地统治的最大障碍,所以日本关东军竭尽全力"围剿"抗联部队,每一次"围剿"之后,都会利用广播宣布"战绩",以便在心理上瓦解东北民众的反抗意识,同样也成为压制国民政府广播的宣传内容。

凡此种种,广播在日伪的操控下便肩负了特殊的殖民使命,成为了日本控制和诱导东北人民的思想与行为的首要殖民宣传工具,即使广播里有娱乐节目,但也已经超过了欣赏的程度。一位大学生描写了他在"新都"长春的街头上听日本国歌的情景:

> ……忽然周围一片寂静,所有的人都停下来不动了,而且两个脚跟都靠拢,头全低下来,我本能的停下照样仿做了,这时候我听到收音机广播着一首最沉重的日本歌曲,等到这曲方终的时候,人们又都抬头来开步,开始到各处去了。[①]

1939年8月3日起,日伪为"促进国民认识新情势",决定新京(长春)放送局及各地放送局"增设政策放送时间与国民放送时间",以期"远在千万里以外之满洲僻地乡民,设有无线电收音机者,均可随时随地领略一切国家所行之政策也"。

---

① 立群:《在长春》,载《今日东北》,1944年第3期,第16页。

日伪雇用了中国人进入广播电台充当中文报告员、编辑、技术等职。董毓秀是抗战时期重庆国际广播电台工务科科长,抗战结束后国民党"中广处"派遣他到长春接收日伪广播。董毓秀在寄回重庆的报告中称这些"伪组织时代之旧有国人均与祖国文化隔绝十有余年"[①],已经自觉成为大东亚政策的宣传者,与日本人一起遵循日伪的"国策",生产新闻报道和一些演讲节目,即使文娱节目,同样要夹杂"日满协和"、"王道政治"、"大东亚共荣圈"以及"献纳"、"粮谷出荷"等思想内容。每逢日军占领一地,或某日军高级将领战死,或他们的特别节目,都要增加"特辑节目",以宣传日本的"武运长久"、"大和魂"或"武士道"精神。

广播只是殖民宣传中的一种方式。由于日本竭力推行殖民主义的奴化宣传,造成了中国台湾和东北地区中华文化的停滞和落后,严重影响了人们的思想和对中华民族的认同感,特别是青少年。日本殖民台湾50年,殖民东北14年,以至于使当时许多人只知道自己是"台湾人"或者"满洲人",而不知道自己是中国人。

1939年7月7日是日军"中国事变两周年纪念日"。为此,日本中央放送局为"纪念此历史意义佳辰",以本土和占领区所建立的广播网对"兴亚纪念豪华节目"进行放送。仅就广播宣传而言,节目充满疯狂和炫耀。

表3-7　1939年7月7日日兴亚纪念豪华节目安排

时间	地点	电台	呼号	演讲人
7:30	东京	日本东京第一台	JOAK	东京市长赖毋木
8:00	北平	北平中央台	XGAP	北平市长余晋和
8:20	张家口	张家口中央台	XGCA	蒙古军总司令李守信
8:40	南京	南京中央台	XOGA	维新政府宣传局长孔宪铿
9:00	长春	新京短波台	MTCY	协和会首都本部长于静远

资料来源　曲广华:《日本殖民时期的伪满广播十四年强制洗脑》,载《中国社会科学报》,2010年第124期,第7页。

[①] 董毓秀:《东北接收报告》,全宗号0004 案卷号00070,重庆档案馆。

这出五地同时播出的"豪华节目"配的间奏有日本的管弦乐、中国名角演唱的京剧、蒙古音乐,等等。谣言、恐吓、蛊惑是日本在战争初期对中国抵抗力量和人民广播攻势的主要手段,宣传的内容表现在几方面:一是日本国力强大,皇军所向披靡,将迅速解决中国问题;二是对国共关系的挑拨;三是对中国和英、美关系的挑拨,渲染英国制造的鸦片战争才是中国厄运的起始和根本,中国劳工在美的悲惨生活说明美国人对华人的歧视;四是日本才是中国的真正朋友,继续诱使蒋介石政府与日本合作。

日本对"占领区广播宣传之注视,可谓不亚于军事、政治、经济、文化等深入之侵略方式"[①]。同样的呼号和波长,甚至同样的台名,同一位播音员,同一段音乐和戏曲,几乎在一夜之后都成为宣扬日本和宣扬"日中友善"的声音。

---

① 彭乐善:《广播战》,中国编译出版社1943年版,第25页。

第四章 对"二期作战"的宣传

一、抗敌宣传的策略

根据国防最高会议对抗日战争全局的筹划,军事上分为三期作战:第一期为战略撤退阶段;第二期是相持阶段;第三期是战略反攻阶段。

转移到重庆后,抗战中枢机关才算站定了长期抗战的脚跟。1938年10月15日,日军即将攻陷武汉,国防最高委员会下的"宣传会议"根据上峰精神以国民党中宣部名义下发了武汉沦陷后的"现阶段宣传要点"。对军事形势分析称:

(一)敌人攻取武汉企图毁灭我主力,我于逐步消耗敌人后,仍能保存主力,且丧失较敌人所预想者为轻,敌人主力较损失重;

(二)敌人此次在粤南登陆,其用意:一藉先转移视线,掩盖其在武汉区作战之失败。二试探国际空气以图夺取英法在远东利益。三虚(无)声恫胁图武汉军事,我在广东早有充份(分)准备敌决难得逞。

(三)敌人今后战线愈长,战区愈广,兵力愈分散,后方及侧应问题愈甚。我本过去经验力谋阵地战、运动战、游击战,合理的配合及敏捷的运用,必然取得伟大之战略力量。

(四)今后战争,犹成为房屋战、山地战,敌人机械化部队不能运用,地形上我方有利。

(五)我对长期抗战为之准备计划。步步为营,处处抵抗,稳扎稳打,再接再厉。此后即为战克战,最后胜利之前时期。①

"宣传会议"召集人由时任国民党中宣部代理部长周佛海担任,参加会议人员具有国共合作的代表性。在撤离武汉前夕的《周佛海日记》曾有记录:

1938年10月20日:十二时赴国宣处,召开宣传会议,最后一次也。到者寥寥,周恩来、郭沫若、胡愈之及(董)显光、(萧)同兹而已。②

上面的"要点"被称为抗战开始以来的第一个正式的宣传计划,从中可以看到当局在第二阶段抗战中的基本策略和宣传方针,"要点"中透露出的军事、外交政策对太平洋战争前的中国抗日战争产生了重要影响。

进入"二期作战"后,为了"让铁蹄下之同胞,犹有聆取中央抗战设施之机会",初到重庆的"中央台"加播了沦陷区域节目,先以转播汉口台和长沙台为主,后来便进行独立播出,内容主要来自两个渠道:一是中央通讯社消息;二是军委会的正面战场和敌后战场战报。如1939年3月8日至14日的战场战报:

一周以来,南北各线之敌,益呈困惫之状,我势愈猛,敌力愈蹙,作战经过,概述如次:
一 广东方面
广州市郊之敌,近续有增加,仍构筑工事死守,无何动作,七日侵据大冈岭猫儿岭之敌,八日经我步炮兵一部猛攻,毙敌三百余名,

---

① 国民党中央宣传部:《现阶段宣传要点》,全宗号一—(2)案卷号2476,中国第二历史档案馆。
② 蔡德金编注:《周佛海日记》,中国社会科学出版社1986年版,第173页。

当将该两地克复，敌向神冈溃退。增从敌四百余，九日分向太子坑正果一带进犯，探我实力，另一部向下冈岭袭扰，均经击破，下冈岭太子坑两役，敌伤亡四百余，现敌已不敢妄动。花县我出击部队，十一晨与另一部我军联合，夹攻盘踞长冈之附近之敌，激战至午，敌不支，向新街溃退，同日我空军一队，曾飞新街太平场各处猛施轰炸，敌损失甚重。海南岛我军，前昨两日，曾向定安属龙门市及琼山属东溪乡之敌猛烈进攻，共毙敌五六百，现已直迫两县城郊，将敌围困，敌气愤之余，竟在城内大索妇女，惨杀壮丁，民众受害者极众；该岛属各处之敌，正加紧构筑工事防我袭击，而我军民配合杀敌，声势益壮。

二　湖北方面

鄂中之敌，自上周陷我钟祥以来，死伤在六千以上，现已成强弩之末。本周我各路均积极活动，长寿店，洋梓镇，永隆河及仙桃镇，均经我次弟克复，斩获甚多，敌气焰顿挫。杨家峰，严家镇，雁门口等处，我虽仅一度克复，但敌损失之重，实非敌意料所及，现该方面敌局促于襄河东岸，不时以炮向河西乱射，企图固守而已。至淅河一带之敌，本周曾有一度向余家店以西进犯，经我迎头痛击，敌死伤二百余，已缩颈藏头，现尚无若何动作。鄂南我军叠次袭击敌军，敌受创极巨，尤以盘踞阳新大冶交界津源之敌，伤亡最多，计毙敌六百余，弃敌尸二百余具。鄂东各地伪军，叠次反正后，敌已无法维持伪政权，现各县城镇，均在我游击队控制之下，连同上周在内总合一月来，我各路游击部队所获战果，计毙敌二千五百余，俘获至多，敌事精锐已濒耗竭，无法再事补充。

……

五　浙皖方面

浙北敌叠有增加，企图肃清我游击队。日前敌熊谷、菊田小泉等，由湖州、嘉兴、桐乡等处分三路水陆并发，向我进犯。经分头迎击，毙敌无算，小泉当场被击毙，使敌所谓"扫荡计划"粉碎无余。至于平湖、海盐一带,敌本据守城垣,不敢蠢动,前日我某部灵活战术,兼程前进,突击海盐,敌仓皇失措,纷纷逃窜,海盐及沈荡屿城,均经克复,予浙北敌军一重大打击。浙东海门与镇海海面,虽不时有敌舰出没发炮轰射,按其实际,不外虚张声势作用。皖南近无大激战,惟我游击队时在敌后方袭击,颇多斩获,丁山、丁桥曾庄等地均经敌军一度进扰,被我击毙四五十名后,敌向原路溃窜。

此外,豫北济源,木药店,豫东太康,湘北桃林,赣北湖口以南屏风山,暨其它各地,我敌均曾有不少小规模战争,使敌重创之余,备感威胁,已不敢有所动作,惟到处强拉壮丁,图补充兵役,但经我民众誓死反抗,迄无成果。[1]

长篇累牍的军事战报把正面和敌后两个战场的战况通过"中央台"和刚建成的短波台向外发布。尽管军委会对战情通报作了仔细的取舍和粉饰,前线不断后退、大批逃难者涌来、大片河山沦陷的消息,仍然让全国人民和"友邦"感到不安。

国民党中央通讯社,1924年4月1日成立于广州,目的是为了宣传政令,推进本党政治。早期中国境内的通讯社以外国为主,民国以后有国人自办,较有名的有国闻通讯社、申时电讯社等。因为通讯社采访成本过高,民营通讯社渐渐比不过"中央社"。抗战开始后,只有"中央社"的记者可自带电台深入前线报道,民营报纸只能利用电报局发报,往往会误期。由于缺乏新闻来源和大量使用"中央社"的稿件,初到重庆的各种媒体消息雷同情况十分

1940年10月1日,位于重庆两路口的中央通讯社总社(中央社图片)

---

[1] 军事委员会:《一周战况》,载《广播周报》,1939年第162期,第12页。

严重,加上日军的轰炸和封锁、纸张供应紧张,多家报纸甚至共同办起了临时联合版。

面对不利的舆论压力和为了解决广播节目资源稀少的问题,陈果夫在中央广播指导委员会上进行了反省,认为目前"中央台""所播节目,仅属新闻,未足以尽广播宣传之能事",提出:

> 现在沦陷区域日益广泛,抗战时期更期持久,为便激发其明耻亲战,同仇敌忾之心理,奖夫坚强其抗战必胜,建国必成之信心,亟应增加一种特殊节目。各种材料,如讲演,歌曲,话剧等等,凡是以激励其爱国思想者,应广为征集,藉播音之力量,远达于各沦陷区域。惟兹事体大,必期集思广益,爰拟指定有关机关供给材料,交由广播电台播送。[1]

陈果夫讲的"广播宣传之能事"是指不同于报纸宣传的广播特色。这个方案的具体办法是要求中宣部、教育部、军委会政治部、"中广处"等单位征集可供作为抗战广播的"讲演,歌曲,话剧"材料,交由"中央台"负责编排播出。

从抗战伊始,唤起民众的各种演讲声音就从"中央台"传出,进入"二期作战"后,多种形式的广播节目对动员抗战、组织抗战、向抗战提供服务起到了重要的作用。

二、动员民众　坚持抗战

对于"中央台"来说,政治之下的国民党、国民政府、国军诸多方面,蒋介石是服务的核心。自"中央台"成立开始,蒋介石的许多重要论述都通过广播

---

[1] 1940年5月30日,中央广播事业指导委员会第14次会议事日程,全宗号——案卷号10306,中国第二历史档案馆。

传递。他明白广播的作用,也重视广播,利用广播延展自己的政治才能,治理战前的国家。

当曾经受过强烈批评的国民党下定决心抗日以后,蒋介石便开始对"本党主义与国民革命精神"与抗战进行诠释。他曾于1937年12月28日与汪精卫、孔祥熙、张群谈话,声称"国民革命精神与三民主义,只有为中国求自由与平等,而不能降服敌,订立各种不堪忍受之条件,以增加我国家、民族永远之束缚"[①]。

第二天,蒋介石又与居正、于右任谈话,表示"抗战方针不可变更。此种大难大节所关,必须以主义与本党立场与前提也"。这些思想通过各种政策、方针、训令,各种会议、文件、通告等宣传方式对国民党、国民政府、国军以及国民产生重要影响。

在"中广处"所属的"中央台"、"国际台"广播上,蒋介石多次把他的思想公开表明成为抗战的态度和方略。

1937年10月10日的国庆日广播演讲是在淞沪会战正激烈进行时所作的。蒋介石说:

我们要做到进退生死,共同一致,安危祸福始终与共,在民族最高利益之下,绝对的尊重纪律,服从命令,博得最后的成功。
……真正的胜利,必从持久奋斗中去求,决不可侥幸而得,国际的同情,足使我们兴奋,但决不可以有所依赖,我们必先自助,他人能助我。[②]

1938年7月7日,蒋介石在汉口广播中动员国民团结奋斗和表明抗战到底的态度:

我们同是黄帝子孙,当前的命运只有一个,不奋斗,即灭亡,能

[①] 杨天石:《找寻真实的蒋介石——蒋介石日记解读》,山西人民出版社2008年版,第242页。
[②] 1938年4月教育部汇编战时宣传纲要,抗战宣传准则,全宗号五(2)60卷,中国第二历史档案馆。

团结,即有前途。生死利害既是绝对的共同,还有什么不可以牺牲?

我们奇耻大辱这样深,当前危机这样重,我们若还不能洗雪耻辱,予打击者以打击,那末在个人固生不如死,在国家也存不如亡。①

自蒋介石1934年提倡开展新生活运动以后,几乎每年都要发表当年度的工作中心和计划。在1938年2月的新生活运动四周年纪念日时,战争已经全面展开,蒋介石在汉口的广播演讲中说到我们倡行新生活运动的目的:

就是要每一个国民,当国家危急的时候,有决心,有勇气,并且有能力,来保卫国家民族的生存。

列举了国家所受的耻辱和敌寇的残暴行为后,蒋介石认为,战时新生活运动的首要任务就是"雪耻复仇"。他讲道:

我们战是必然胜利的,问题只在我们有没有同仇敌忾的精神,和明礼义知廉耻为国牺牲的最高道德……今天的时代,正是要求我们国民为国家尽忠对民族祖先尽孝的时候,正是我们国民发挥爱国爱民博爱的精神,来实现我们民族固有的道德,以抵抗强暴消灭侵略的时候。

1940年2月,蒋介石在新生活运动六周年纪念讲话中根据抗战形势的变化,重点讲了后方建设问题,号召同胞"一方面力行战时生活,一方面努力战时服务"②,并由此规定了这一年度的五项工作,即厉行精神动员,策进战时生活;协助兵役建设;尊敬受伤将士;协助肃清烟毒,增加战时生产;唤醒妇女同胞,推进妇女运动。这些工作都有力地支持了相持阶段的抗战。

---

① 蒋介石:《七七抗战周年纪念广播讲词》,载《广播周报》,1938年第151期,第9页。
② 蒋介石:《新生活六周年纪念》,载《广播周报》,1940年第186期。

第四章 对"二期作战"的宣传

蒋介石直接指挥和干预指挥了若干场军事战役,他在广播节目里则是更多针对国民讲时事谈政治。1939年3月17日晚7时在重庆"中央台"的国民精神总动员广播演讲中,① 蒋介石循循善诱,重在对国民精神生活的改造教育、提振全民族奋起抗战的精神等问题发表意见。国民精神总动员与新生活运动的关系被理解为有一脉相承的意义,即:国民精神总动员是战时的新生活运动,新生活运动是平时的国民精神总动员;新生活运动是国民精神总动员的基础,国民精神总动员是新生活运动的运用。

蒋介石说:

> 我们为什么要全面实行中央颁布的国民精神总动员纲要,主要目的是,我们必须承认精神方面力量的伟大,精神力量超过于一切物质的力量和一切武力;我们必须反省以往精神方面的缺点。

在解释自己观点中的精神作用时蒋介石说:

> 前方阵地往往有不到几个士兵,而能够抵抗多数敌人至数日之久,甚至乃能击退十倍以上敌人的;也有赤手空拳的老弱女子而能够抵抗强暴杀敌自卫的。许许多多在平常以为不能想像或绝无可能的事,在艰难危急中都可以出人意料的成为事实,我们的同胞在这个生死成败的关头一定要确认精神力量的伟大。

蒋介石在广播上问大家:

> 我们从抗战以来,在精神上是不是已经有积极的发展进步?是不是还有不少的缺点?说到这一层,要向我们的同胞提一句一年多以前的旧话,这还在我们抗战开始不到两三个月的时候,那时国外

---

① 1939年3月11日,国民政府颁布《国民精神总动员纲领》及《国民精神总动员实施办法》,号召全国人民行动起来,积极投身到抗战中去,受到热烈响应,中共中央为此也发表《为开展精神总动员告全党同志书》。

舆论对我另有各种不同的批评，中间有一句极其怵目惊心的评语，说是"中国不论在精神上或是物质上，都不能够抵御外力"，我不知道我们同胞还记不记得起这句话，我个人却是把这句话天天记在心头自警自励，没有一刻忘却。这一句话是不是对于我们的一种侮辱，是要待将来以事实来证明的。固然我们在抗战中间，已经表现了不少英勇奋斗的事迹，但是同胞们要记着，战争还没有结束，敌人还没有击退，最后胜利还没有实现，我们要坦白忠实的自己检讨一下：我们国民的精神跟着战时的进行，果真有确实的进步吗？我们过去的缺点已经在抗战中洗涤净尽了吗？我们有职责的人，已经尽了责任吗？有能力的人，已经尽了能力吗？我们每一个人的生活，已经一致地紧张了吗？我们与前方已经确实作到呼应一体，休戚共同了吗？我们的同志言论行动，已经完全集结到国家至上，民族至上和军事第一，胜利第一的目标之下了吗？我们每个人所言和行，已经作到表里一致了吗？我们慷慨热烈的抗战气概，每个人都能始终如一，夷险一致贯彻到底了吗？我们能绝对的不摇不夺不欺不伪吗？再则我们对于抗战建国的信心，能够使每一个国民都接受都领悟了吗？我们能使敌人和一般傀儡汉奸，认识我民族精神不可侮的力量了吗？我们一般的社会的生活形态是已经切实做到战时生活的条件了吗？

蒋介石在问了这么多问题后让大家想一想自身，再看一看自身周围的社会，认为我们有格外警惕、格外振作、格外互省勉励督责的必要。他引用古人的话"存心时时可死，行事步步求生"后说：

我们的一举一动，一滴血，随时随地都要用来求国家民族光荣独立的生存。希望所有同胞一致奋起：改正醉生梦死自暴自弃的生活，养成奋发蓬勃积极进取的朝气，革除苟且偷安阳奉阴违的习性，打破自私自利投降屈服的企图，纠正纷歧错杂误国自误的思想，紧张我们的情绪,统一我们的行动,来完成我们这一辈继往开来千载一时的使命。我们亲爱的全国同胞,望大家为国奋斗,为国珍重!再会。①

1939年7月7日,就在日本东京、"满洲国"、"蒙古国"、北平和南京五家电台举行庆祝"中国事变两周年纪念日佳辰"强大广播活动结束后的晚几个小时,蒋介石在重庆针锋相对地为纪念抗战两周年对战地和沦陷区同胞发表广播讲话。蒋介石誓言要继承这两年来的光荣奋斗,发挥一切抗战的力量,达到收复失地、驱除倭寇的目的!

蒋介石安慰加鼓励战地同胞说:

(你们)受着敌寇这样重重的残害压迫,欺弄侮辱,过着这样暗无天日的痛苦生活,我无时无刻不怀念,悲痛万分,我无时无刻不在系念着各位同胞,更无时无刻不以解除你们的痛苦引为己任。但是各位也更要自救,要更英勇积极的站起来,和全国军民共同奋斗。②

蒋介石认为敌人现在采用的计划:一是政治上进攻,精神侵略的阴谋;二是在军事上、经济上进行他们所谓的建设和开发,妄想完成它所谓"以战养战"的毒计。谈到政治进攻方面,他说:

我在去年年终驳斥近卫"东亚新秩序"声明中,已经详细的说明了。但居然还有无耻汉奸,丧心病狂,去响应敌寇,卖国求降。这些汉奸已经受到全民族的唾弃和制裁了,然而它的奸谋还没有中止。同时敌人的所谓"怀柔政策"和欺骗宣传,也正在此时向我们战地加紧进行,这种汉奸与敌人狼狈为奸的情形,我们要特别给他揭穿。

---

① 蒋介石演讲,载《江西地方教育》,1939年第3、4期合刊。
② 蒋介石:《对战地同胞广播训词》,载《广播周报》,1939年第174期,第1页。

三、中共的声音

1938年2月,周恩来经中共中央同意,接受国民党的要求出任国民党政府军事委员会政治部副部长职务,出席国民政府军事、政治方面的重要会议,也参与了抗战开始后宣传政策的制定。

从此,中共的声音开始在"中央台"上出现。中共声音的出现是一系列磋商的结果,不光是国共合作,也是要为团结全中国所有的抗日力量树立形象。重庆扮演了战时首都的角色,"中央台"则在一定程度上成为各党派共同发声的阵地,不同政治力量的代表人物来到"中央台"的直播室宣传抗战,这成了当时人们收听的重要内容。在纪念1932年1月28日发生的淞沪会战七周年时,没有公开中共党员身份的郭沫若在"中央台"临时播音室以《世界新秩序的建设》为题演讲。他谈到国际形势时说:

国联的妥协,纵容了日本,间接纵容了德意,亚比西尼亚和奥大利是这样的妥协所葬送了。英法两国的妥协外交,使捷克受了瓜分,使西班牙濒于危殆。然而更大规模的战祸可以因而避免吗?不,不仅丝毫也没有,而且反因而更加深刻化了,美国的孤立派的活动也同样犯着了这样的错误和危险,他们只图局部的安稳,而不顾全世界的和平,只顾少数资本家的利得,而不顾全人类的福祉。事实上目前的世界和人类是不可分,局部失其平,则全部均受动乱。[1]

郭沫若被任命为国民政府军委会政治部第三厅厅长,多次在"中央台"发表演讲。1939年1月6日,郭沫若在以《坚定信念与降低生活》为题的演讲中这样讲道:

---

[1] 郭沫若:《世界新秩序的建设》,载《广播周报》,1939年第158期,第5页。

委员长最近告诉我们,要我们前方的人,以士兵的生活为水准,后方的人,以老百姓的生活为水准,正是最切实于目前生活的指示,每一个中国人都应该奉行……生活要求一降低,便容易应变,能够刻苦,信念也就不会动摇……①

1938年11月,蒋介石在湖南衡阳召开军事会议,宣布抗战的第一阶段策略顺利完成,中国军队已拖垮了敌人;第二阶段重点摆在改进部队的战技和作战能力,期望能转守为攻。这个阶段的目标是准备好一年之内发动总反攻。

1939年5月31日晚,周恩来在"中央台"所讲的《二期抗战的重心》,具有重要的代表意义。周恩来强调,不论从敌我及国际哪一方面来看,"二期作战"的重心都在敌后。他肯定了现阶段的作战方针,认为:

武汉陷落后,我们南岳会议精神,最高统帅的指示,如"政治重于军事"、"民众重于士兵"、"宣传重于作战"、"游击战重于正规战"、"精神重于物质"、"节约重于生产"等等,以及决定以几分之几的人力兵力财力深入游击区域,也都是重视敌后的证明。②

为什么"二期作战"的重心在敌后呢?周恩来在演讲中就日寇的战略目的和政治、精神方面的情况向全国同胞进行了细致分析,认为:

一期作战,敌人的目的是在以其强盛的兵力求得速战速决,从正面压倒我们,不料打了十五六个月,敌人消耗兵力六七十万,并不能歼灭我们主力,占领我们许多城市及交通要道,分散敌人兵力过百万,也并不能控制我们,尤其是我们战斗意志并不因撤退而丧失,反而愈打愈强,敌人速战速决的方针既归失败。于是进而便以诱降

---

① 《广播周报》,1939年第159期。
② 周恩来演讲词《二期抗战的重心》,载《广播周报》,1939年第173期,第8、9页。

的手段，发表近卫声明，企图速和速决。这个声明虽然勾引了卖国贼汪精卫的响应，但禁不住委员长驳斥声明的当头一棒，打得近卫下台，精卫显露了卖国贼的原形。速和速结既又失败，敌人知道即使再进占两三个城市，也不能歼灭我们主力，更不能解决战争。因此，这半年来，敌人的方针便转向以战养战，作战重心便转向敌后。所谓以战养战，便是企图拿中国的人力财力物力，补赏他的损失，继续来打中国。

再次，在政治方面，敌人已知南北傀儡政权，全无作用，故极力勾引汪精卫，企图由汪来组织伪党伪政府来分化我国。最近汪逆精卫跑到上海去，组织所谓"世界和平会"，即是这种叛国逆谋的具体步骤。另一方面，敌人还企图勾引吴佩孚组织伪军，以中国人来杀中国人，但吴佩孚胜过汪精卫，至今不屈。于是日寇不得不利用落伍军人土匪流氓来组织皇协军，绥靖队这些不堪一击的伪军。

更次，在精神方面，敌人是欺骗怀柔已渐渐重于残暴屠杀。作战过两年，敌人已知其残暴政策只能增强我国人更大的同仇敌忾，决不能压服我国人心，因此，敌人乃不得不提倡对华新认识。但不管怎样，仍然是建设东亚新秩序，东亚意识，东亚思想，共同防共那一类话。只要我们随时揭穿，警觉着大家不要上当，则和平就是投降，反共即是灭华的至理名言，将永远为我们抗战的戒条。并且汪精卫叛国的勾当做得愈多，敌人的一切阴谋诡计，也愈易暴露，愈难收效。即使过去敌人有一些收获，也都因为我们自己有些弱点，有些缺点，并非敌人已强所致。我们要知道，一期作战，敌人还凭着他们自己的国力来进攻我们，故我们当不在争取主动。现在二期作战，敌人要利用我们的人力物力财力来打我们，其主动已操在我。只要我们努力，不让敌人利用我们人力物力财力，即敌人无法达到以战养战的目的，所以我说，二期作战，争夺的重心在敌后，便是这个道理。

认清这个道理，争夺敌后的方针，便是广泛发动游击战争，也可说是展开敌后的全面战争。敌后游击战争的任务有二：一个是建立游击根据地，一个是消耗敌人的有生力量。建立游击根据地，不仅是军事任务，而且是政治上精神上的任务。要与敌人展开全面战争和各方面的斗争，必须在敌后要有根据地的建立，才能依靠那里的土地人民和生产与敌人进行精神物质动员武装斗争，经济封锁抵制和破坏，推翻敌伪政权，瓦解伪军，动摇敌军，恢复自己政权等等工作。没有根据地，便没有一定的土地人民和生产，便无法与敌人进行长期的敌后争夺，而敌人以战养战的危险便会增长。即以变敌后为前方，必须建立游击根据地为最具体的要求。消耗敌人有生力量，是游击战争的直接任务。假使我们每个游击部队，每天平均消耗敌人十个，则全国有一百个这样游击队，便可消耗敌人一千，一年就可消耗敌人三四十万。

重心认定，二期抗战，一定可进入有利于我的相持阶段，以争取最后反攻的到来，因此我们今天的要求，是全国最好的兵力，最优秀的人才，都应该深入敌后，争夺敌后，在那里去建立根据地，到那里去消灭敌人以争取二期抗战的胜利！

作为国家军事政治代表和中共代表的周恩来在这次演讲中更多讲的是对日战争军事上的战略战术问题，但内容里也透露出强烈的政治信号，向大后方人民宣传了中国共产党抗日民族统一战线的政策和主张，表明中共及其武装力量与全国人民同仇敌忾抗击侵略的态度和信心，并传达了这样的信息：

抗战初期中共领导人周恩来

1. 对抗日民族统一路线的维护，即对抗战中的国民党中枢和蒋介石领导的维护，在广播上注意对"最高统帅指示"的尊称；

2. 揭露汪伪的阴谋，提醒大家汪伪的和平就是投降，反共是一条死路；

3. 中共的军队和国军按照统一的作战部署进入"二期作战"，相对"一期作战"的被动防御和撤退,"二期作战"进入相持和消耗敌人阶段,中共认为"二期作战"的重点在敌后,号召抗日民众深入敌后建立根据地,广泛开展游击战争,争取反攻阶段的早日到来。

自抗战爆发后,这不是周恩来第一次在国民党电台上演讲。南京沦陷以后,国民党中枢机关迁移武汉。1937年底,周恩来率领中共代表团到达武汉。一时汉口台成为抗日宣传的中枢喉舌,各党派和各界代表人物先后发表广播演说,激励民众的抗日斗志。1938年周恩来在《新华日报》上就如何进行抗战宣传发表专论,强调宣传要扩大到前线,首先利用每天的广播演讲鼓舞前线浴血奋战的将士。1938年4月11日,周恩来应邀在汉口广播电台发表了题为《争取更大的新的胜利》的广播演讲。他在演讲中肯定了鲁南台儿庄战役胜利的意义,分析了日军新的侵略动向,并且提出了争取更大的新的胜利的几项条件,号召巩固全民族的团结,不断夺取前线斗争的新胜利,打败日本帝国主义强盗。武汉失守后,周恩来在辗转赴重庆途中,于11月7日在长沙广播电台向湖南全省发表了一次广播讲话,宣传持久抗日的思想,号召青年到敌后去、到基层去。

蒋介石、冯玉祥等也参与了讨论"二期作战"的广播讲话。国共两党的领导人都告诉国人,日本人在付出巨大代价后,"速战速亡"、"三个月解决中国问题"的企图已经破产,这是"以时间换空间"战略的既定方针。

周恩来三次在"中央台"广播演讲的前后,中共的其他一些负责人如彭德怀、邓颖超、吴玉章等,也陆续在武汉、重庆、成都等地的国民党广播电台发表广播演讲。这些广播演讲,扩大了抗日民族统一战线的影响,对于团结各界人士共御外侮起到了积极作用。

在抗战的各种政治力量中,"中央台"、"国际台"的话语权绝对掌握在国民党中央手里,这类由非党国要员特别是中共参加党办广播的演讲也反映出抗战中特别是抗战初期全国各界同仇敌忾的协作气氛。陈果夫把蒋介石的"宣传重于军事"的论断用于实践,认为"统一中国第一个主要问题便是宣传,而广播则是将主义普遍宣传的一个好方式"[①]。

[①]《陈果夫先生百年诞辰纪念集》,国民党党史会1991年版,第288页。

第五章 上海广播战

一、沦陷的中国广播发源地

在大后方、解放区、沦陷区和日本本土间的空中全面的电波争夺战进入激烈状态之前,一场第三国和占领者之间意外的广播战却在中国"孤岛"上海率先爆发。它反映了中国抗战前期的国际背景,也反映出在租界保护下的广播里暂时还可以听到反侵略声音的现实。

上海是中国广播的发源地,拥有中国最多的广播电台,曾达到国际国内公营商营电台50多家。上海也是市民拥有收音机最多的中国城市,据统计称当时不少于10万架。当中国内地和重庆的民众还把收音机当稀奇物品的时候,收听广播已经成为上海人经济文化生活中的一部分。

到抗战开始,经过交通部和上海电信局指示核准并颁给许可证执照的国内公营和民营电台仍有20多家。上海公营和民营广播发出的抗战怒吼一时成为压倒性的声音。它们在东北沦丧时,曾联合广播输送同业举行援助播音及水灾筹赈募捐。"一·二八"战役和"八一三"战役时期,上海广播的抗战声音达到沸点,在积极支援国军战斗,为政府宣传国策,动员和指导上海民众参与抗战,推销救国公债,为前方将士征集物资及慰劳品等方面起到重要作用。

1937年7月14日，上海组建了各界抗敌后援会，杜月笙担任了难度最大的筹募委员会主任。8月7日，杜月笙为筹募"救国捐"，到上海的交通部电台作广播演讲，题目为《请同胞各以实力来援助政府》，在淞沪会战即将打响前，号召全体人民积极为抗战捐款。他说：

> 诸位同胞，大家都要明白，整个抗战没有爆发以前，(中日)两国人民的精神激战，已经开始好久了。我们全国的同胞，大家奔走呼号来筹募救国捐，对方的人民，也在国内举行什么捐款。我们的捐款用在抵抗强权的，他们的捐款用在侵略的……两国捐款性质，绝对相反。他们人民对政府可以不必捐，我们人民对政府是必须捐。照例我们的捐款，一定比他们踊跃。果真能够照我所说的一定踊跃，那末，我们的精神战争和经济战争就算胜利了……我们最可耻的一件事，就是常被人家批评，我们只有五分钟的热度，诸位，赶快起来，把这批评，用事实来取消他……任何的事业，任何战争，谁能持久，谁能得到最后胜利。①

淞沪会战失败，国军退出上海。1938年5月，日军在南京路哈同大楼成立日本广播事业监督处，由日本人浅野一男任处长，开始收罗中国广播界人士来统治上海广播事业。日本人首先查封了两家国民政府的公营广播电台，并发出最后通告：

> 凡在本境设立之民营广播电台均须先向该监督处登记领照，始得营业。②

一些民营的广播电台被认为是反日电台，被拒绝登记，首先被关闭，负责人被捕拘禁。上海多数华商电台也因拒绝敌方的要求而被迫停闭，宗教法团

---

① 《申报》，1937年8月8日。
② 张元贤：《民营广播电台于抗战期间之经过情形》，载《胜利无线电》，1946年第4期。

主办的福音台被日方认为是"敌产"而被接收。另有一些电台被强行占领,改为敌伪宣传工具,其中有五座被用作干扰台。原呼号为XOJB,周率为900千周波的电台继续播出,但每天的节目已经变成同盟社所发的新闻,用粤语、国语、英语向国内外报告,并宣扬日军如何为中国人民造福,英国及其他外国人如何阻止这种解放等,由于功率较大,被重庆施以干扰。

担负覆盖上海广播信号任务的是已经退至重庆的中央短波广播电台即"国际台",转播重庆的短波节目曾经是上海各台的重要内容,但此时,原来的公营民营广播电台都已经了无声息,"国际台"的信号在上海缺乏转播,重庆声音在当地大大减弱。

1940年12月26日,"国际台"在重庆再次请来杜月笙用上海话提醒沦陷区人民"勿收用"南京伪政权中央银行发行之钞票,因今后日军被逐出时,"此类钞票即成废纸,毫无价值"[1]。

四行仓库保卫战和抗战英雄谢晋元的故事曾在上海家喻户晓。1941年4月26日晚,"国际台"为被狙击遇难的谢晋元团长做了一期节目,用沪语特别针对上海地区广播。节目请了曾经孤身前往四行仓库慰问八百壮士的杨惠敏女士为嘉宾。杨惠敏坐在重庆的麦克风前,含着眼泪一句一句地叙述哀情:

> 谢团长是一个标准的革命军人,他的性情沉着刚毅,如果一件事情经他决定之后,他决不轻易更改,八百壮士均受他这种影响,才有这样英勇的表现。[2]

这些节目做得很精彩,又都用沪语来广播,本应该受到上海听众的欢迎,但重庆小龙坎的发射天线距离上海1600公里,山重水复,没有差转台的重庆广播在上海的收听基本没有效果。

---

[1] 唐国良:《杜月笙的抗战广播演讲》,载《世纪》,2013年第2期。
[2] 国际台对上海广播,《中央日报》,1941年4月27日。

二、租界里的抗战声音

在重庆广播鞭长莫及的上海,竟爆发了一场预料之外、不期而遇并带有鲜明西方广播特色的广播战。

上海租界内原有国外商业电台八座,其中英、美各两座,苏、法、德、意各一座,以美国人的XMHA为最活跃。"七七"事变爆发后,台长海莱公开表示:"吾人不任人欺侮,而决加抵抗以保护美国之权益。"XMHA每天播送四次新闻,反日精神溢于言表。新闻报告员亚乐考特以冷嘲热讽的方式,为揭穿日军暴行侃侃而谈,受到远近听众欢迎。每周一次的"自由法军之言"及"未经检查之挪威消息",都是有声有色的反侵略宣传节目。

另一家美国电台为《大美晚报》所办,经常以英语和中国方言播出节目,报道反侵略的内容。英国电台以《字林西报》主办的"民主之声"最著名。它除自播各种节目外,每天转播伦敦播出的有十种语言的BBC短波新闻。从德国入侵苏联之日起,上海的苏联电台便自动加入了反侵略的广播阵线,对纳粹德国发起宣传攻势。

到1941年底为止,驻沪日军对第三国租界内的广播电台(德、意台除外),不断施加压力。《大美晚报》电台及代表维希政府的法国电台首当其冲,慑于日军的威胁而削减了发射功率。XMHA不愿改换波长而遭干扰,但始终没有屈服。日军坚持要检查美国广播的新闻稿,《密勒氏中国评论周报》[①]主编鲍威尔(J.B.Powell)拒绝之后,自动取消了自己的广播评论节目,但立即有"好几百个听众纷纷向该台主人提出质问",电台的主人"为维持其信誉计预

[①]《密勒氏中国评论周报》原名《密勒氏评论报》(*Millard's Review*),由美国人密勒(Thomas Millard)创办,后来卖给了他在密苏里大学新闻学院的同学鲍威尔(J.B.Powell),鲍氏把英文报名改成《中国周报》(*China Weekly Review*),中文则保持原名。转引自董显光著,曾虚白译,蔡登山主编:《董显光自传》,独立作家2014年版,第67页。

备恢复广播"①,可见受欢迎的程度。而美国人亚尔考特则置之不理,在广播中继续战斗,屡称日本大肆宣传的"新秩序(New Order)"为"新臭气(New Odor)",日军恼羞成怒,最后派人潜入到电台,趁亚尔考特到台广播时,向播音室里投掷手榴弹,幸无死伤。

日伪电台在这时集中火力,分别以华语与英语,攻击英、美两国的远东政策,德国电台XGRS及意大利电台XIRS,则从旁呐喊助威,同时加播了对印度和澳洲的各种反英节目。

在上海的英、美电台和他国电台都具有商业背景。这场在时间和空间上有限的广播战发生在游离于中国政府之外的"孤岛"租界,因为《密勒氏中国评论周报》的报道而引起重庆方面的高度重视。它所显示出来的阵营也是第二次世界大战同盟国和轴心国的军事划分,其形成"不失誉为全球广播战的缩影"②。

三、难以完成的任务

重庆对英文《密勒氏中国评论周报》的反日态度并不陌生,《新华日报》曾经译文登载过《密勒氏中国评论周报》的报道《烟毒弥漫的南京上海》,揭露日本人对占领区人民的残害,受到重庆各界的重视。国民政府禁烟毒委员会认为,"颇有宣传价值,并请广为宣传"③。

《密勒氏中国评论周报》报道上海的广播情况后,重庆当局对国际抗日宣传力量的表现感到意外和惊喜,加深了对被占领区广播存在重要性的认识,即令军委统计局上海站进行调查。军统于1940年3月8日回复的情报认为报道基本属实,又补充道:

---

① 《上海广播现状》,载《民间周刊》,1939年第83期。
② 彭乐善:《广播战》,中国编译出版社1943年版,第36页。
③ 《新华日报》,1938年12月19日。

> 现在沪市播音电台已有37座之多，英美倭（日本）各国独有者各4座，法德意瑞士瑞典各国独有者各1座，英美联合者2座，敌伪及商业电台共18座，日夜播出新闻与音乐。英国初系由香港转播现由伦敦不列颠广播电台（BBC）直接播送，更辅以澳洲电台，法国则由安南转送，最近且在采用国语播音。①

军统报告认为，上海还应该有重庆的声音，"我中央在沪无广播台，须有7灯收音机方能直接收听重庆消息，普通居民均用5灯机，故中央最好能在沪建一广播电台以转播中央消息"。

接到这份由蒋介石侍卫室转来的报告，"中广处"上下对"上海没有政府声音"的指责倍感压力。

在淞沪会战失败撤出时，"中广处"曾在上海就地藏匿了一台100瓦的广播机，随时可以派人潜回上海启用。但不可能办"地下电台"，而要在租界申领公开营业的执照十分困难，即使是通过手段领到执照，在敌人的占领下办一个公开播出的电台具有极大的危险性，几乎是送死。

"国际台"经过认真思考后向上峰解释道：

> 有云敌人在沪设广播管理局于哈同大楼，我国政府之二电台横遭封闭，其他外人及民营电台亦受摧残，故我方即使设法领到设台执照亦恐感到不易发挥效能之困难，盖非比报馆之易于隐蔽也。②

冯简在"中广处"回复意见中盖了自己个人的印章，表示责任和慎重，并拟出了两个办法补救：一是将设在丽水的浙江省政府所属广播电台扩充为2千瓦，并恢复原来杭州电台的功率，再装一台干扰机以谋抵制及干扰敌伪在沪播音；二是另在浙东设立5千瓦中波机电台一座。

提升丽水台发射功率为2千瓦的方案得到实施，并建立了一座干扰台。

---

① 军统报告，全宗号0004案卷号00088，重庆档案馆。
② 全宗号0004案卷号00088，重庆档案馆。

"中广处"为此向浙江省政府拨助了5000元国币。丽水距离上海近500公里，可以保证信号到达的理想效果。

上海广播战是发生在抗战大潮流中的一个现象，因其游离于国民政府之外而特殊。太平洋战争爆发后，日军迅速进入租界，强夺来不及自行毁坏的上海三台（美商两台、英商一台），使其成为日本的广播台和干扰台。直到抗战胜利后，"中广处"才回到上海接收敌伪电台。[①]

被日本人关押致残的《密勒氏中国评论周报》主编鲍威尔回到美国后，于1942年12月7日在纽约长老会医院的联线节目上对中国发表广播讲话，感谢中国听众对他的关心。

重庆能够收听到来自旧金山电台对这次节目的转播，但是这次节目播出一部分后因故障而中断，改由著名外国通讯员亨特自纽约的广播报道，然后通过旧金山转播。"中央社"当日消息称：

> 亨特叙述数日前宋子文外长特赴纽约访问鲍威尔赠金之情形，鲍氏就赠金向蒋委员长和夫人致谢。

有鲍氏在重庆的老友闻其在广播前半部节分目里所讲的中国话后，确认为其本人的声音。

[①] 据复刊后的《广播周报》载，抗战胜利后，"京沪广播接收专员"叶桂馨一行赶到上海接收日伪电台，办理的证明清单上列：（甲）上海市敌伪所管辖之广播电台：一、四川路149号旧上海广播电台；二、大西路3号旧国际广播电台；三、大上海路19号黄浦广播电台；四、跑马厅路445号旧东亚广播电台；五、博物院路149号旧大东广播电台；六、塘山路澄衷学校内于1935年7月17日被炸毁剩余的大东及上海两电台所有之广播器材；七、四川路133号伪中国广播协会上海事务所。（乙）日军部直接管辖的意大利广播电台。对这些台的接收方式有的直接进驻，改挂"中广处"隶属的牌子，改由"中广处"的呼号播出节目；有的是打上封条日后处理；有的则是直接拆卸机器设备，另存它处。

对在抗战初期上海广播战中发挥重要作用的几家英、美广播电台，有的尚存，有的早被拆光。所剩的美籍东亚电台已经由一位叫费兰特的美军上校在委员长驻沪代表公署的允许下，由汤恩伯派人到场作证而直接收回；另一家美籍的黄浦电台，则在原主人Post Mercury委托律师的代理下，发运交给美军管理。中方表示"故该两台均未接收"。摘自苏：《胜利声中的敌伪广播接收工作》，载《广播周报》，1946年第2期，第13页。

第六章 反击投降路线

一、汪精卫在南京广播"还都宣言"

1938年的9月10日,沦陷后的南京伪"中央台"恢复了播出,呼号成了XGJP。节目全部由"日军报道部暂行监督,日方重新设置广播电台,继续经营。经协议,日方以此事,权交还中国,创设中国广播协会,视为财政法人,广播事业统由该协会承办经营。各广播电台直接受其管辖"[①]。但实际上并没有"权交还中国",也没有交给伪政权,而是一直置于日本军方的管辖直到投降,所谓中国广播协会会长,也一直由日本人担任。

广播机构"中国广播协会",相当于国民党的"中广处",基本上同"中央广播电台"在一起办公。"中国广播协会"理事长原为汪伪宣传部长林柏生;下设四个常务理事,伪方为韦乃纶、梁秀余(均为"宣传部司长");日方为中田和留职去任的日本军人;"中央广播电台"

[①] 引自《缔约一年来文化事业之进步》,载《中央导报》,1941年第18期,第13、21页。南京伪政权宣传部部长林柏生曾经撰文称:"日方为尊重我国宣传行政之独立完整,即有将全部广播事业归还我国直接管理之表示。"(《一年来之宣传概况》,载《中央导报》,1941年第35期,第69、70页)到抗战结束前,日军并没执行此项。

台长为王荫康。后都离去,1945年初,"中国广播协会"由日人内山清为常务理事代理理事长,黄燧为台长。①

此时,随着东北"满洲国",华北的"临时政府",内蒙的"蒙疆政府",南京的"维新政府"等伪政权,以及各地的伪省府、伪维持会等大大小小的机构陆续以"和平"的面目出现,重庆国民政府进行了严厉斥责,国民党人士在广播上发表演讲,揭露日本人的欺骗伎俩,表示对任何汉奸组织均不予承认。但是,在被斥为"仓皇西遁"的国民党高层内部关于是战还是和的问题上也处在尖锐的矛盾分化中。

有许多文章对汪精卫的诸方面进行过分析,本书只着重对其在广播中的言论作叙述。作为原国民党副总裁的汪精卫也是"中央台"的熟客,无论是在抗战全面爆发前的南京,还是在国民政府迁都后的重庆,他都喜欢在"中央台"的播音室里发表演讲,谈过"剿共",谈过建设,谈过抗战,他对抗战的消极观点也一开始就表露出来。1938年8月13日,到了重庆的汪精卫在广播上作题为《在抗战中建国》的演讲,表示:

> 眼前的道路只有两条,一条是复兴,一条是灭亡,决没有半生半死的第三条路……我们的敌人是日本……我们必须引敌深入,并在西部山川险阻之地,与敌人周旋,方才可以取得最后胜利……②

此时在国民党和国民政府内要求与日本"和谈"的言行已经甚嚣尘上,远在香港的宋庆龄发表的一次讲话能够说明当时的复杂情况。她谈及对"七七"事变以来的感受时说:

> ……不容置疑的,中国仍存有许多政客,他们面对敌人时很胆怯,却又会很"勇敢"处理内部问题。从战争一开始,他们就是失败

---

① 汪学起、是翰生编著:《第四战线——国民党中央广播电台掇实》,中国文史出版社1988年版,第170页。

② 《广播周报》,1938年第151期,第14页。

主义者。这群政客无所不用其极,只要有一点发"和平"的暗示,就像乌鸦一般到处乱窜。他们口头上高唱"拥护领袖",私底下却怀着迥然不同的弃念。蒋介石同志所一再宣称的"妥协即屈服",他们更充耳不闻。①

汪精卫的抗日言论在几个月后发生了根本变化。1938年12月18日飞离重庆后,汪精卫于12月29日在河内通过香港发表"艳电",拥护日本首相近卫文麿的声明,认为此时是言和的最好时机。"艳电"称:

> 决定以近卫声明的三点为和平之原则,所谓在防共协定期间内,在特定地点允许驻兵……今后中国固应以善邻友好为教育方针,日本尤应在教育上确立亲华之方针,以奠定两国永久和平之基础,此为吾人对于东亚幸福之努力。②

在经历了逃亡和躲过追杀后,汪精卫出现在沦陷后的上海,随即访问东京直接与日本大本营人士商议。鉴于邀请吴佩孚出面"组阁"失败后,日本人对汪精卫的兴趣更大。汪精卫回国后开始对南京"维新政府"和北平"临时政府",进行"整合收编"。

1939年7月9日,汪精卫的声音出现在上海的广播里。他对"七七"事变以来的中日关系进行回顾,认为:"恶化转起于济南事件,当时国府不能忍耐,关系乃愈形恶劣。"③

8月9日,汪精卫又在广州沦陷为敌的电台上作《怎样实现和平》的演讲,称他在广州与占领军最高指挥官安藤"彼此披沥诚意,晤谈怎样实现和平",企图诱降抗日武装力量:

> 如果广东中国军队有和平反攻的表示,安藤能以极友好的考虑

---

① 寇维勇等编著:《宋美龄传》,风云论坛杂志社,第197页。
② 《国府还都的经过》,载《三六九画报》,1942年第9期,第11页。
③ 1939年7月14日侦听报告,汪精卫在上海广播,全宗号0008 案卷号00022,重庆档案馆。

实现。①

8月28日,汪精卫等人开始在上海召开伪国民党第六次全国代表大会,宣告原"中执委会及监委已失其行使职权之自由,一切决议及命令完全无效";宣告解散国民党中央及地方党务机关;宣布汪精卫为新的中执委会主席,废除总统制,以主席代行总理职权。

汪精卫不光宣告重庆的国民党中央和国民政府无效,还原样炮制了一整套国民党的党、政、军机构来行使职能,其中也包括伪"中央台"。伪六大后,汪精卫在上海发表声明,声称"本党愿以至诚联合全国有志之士,不分派别,共同担负收拾时局"②。以梁鸿志为首的南京"维新政府"和以王克敏为代表的北平"临时政府",分别在第二天和第三天发表宣言和联名签署,表示响应"和平运动",拥护汪精卫声明。

追随汪精卫出逃的原国民党中宣部代理部长周佛海在重庆的时间很短,与汪精卫密谋后,周佛海先期离开重庆飞往昆明,起飞后的他口中还一直念叨着一句刚学来的重庆话,以表达他忐忑不安的心情:

要得,要不得!③

一系列的活动之后,1940年3月18日汪精卫和他的随从再次抵达南京,首先拜见了日军司令官西尾,第二天拜谒中山陵,在先总理陵墓前痛哭一场。3月20日,汪精卫在南京举行"中央政治会议",议决伪政府成立大纲、中央政治委员会及华北政务委员会组织条例等文件。周佛海下午的活动与汪精卫将要进行的演讲有关。周佛海日记证明"还都"稿最后敲定受到日本人操纵:

1940年3月20日……下午二时与梅和(合)开联络会议,并与清

---

① 全宗号0008案卷号00058,重庆档案馆。
② 《国府还都的经过》,载《三六九画报》,1942年第9期。
③ 蔡德金编注:《周佛海日记》,中国社会科学出版社1986年版,第199页。

水交谈国府还都宣言草案。[①]

3月23日晚上8时30分,汪精卫在南京伪"中央台",以"国民党"和"国民政府"的名义在广播上发表了题为《国民政府还都之重大使命》的演讲。这是他回到南京后第一次向"各位同胞"说话,介绍自己此时的心情是"无限的悲痛",对"国民政府为什么要还都,我个人现在出来提倡和平运动,又是什么意义",汪精卫解释是为了"完成和平,及实施宪政"两大方针而已。他强调:"在中日两国间,目前极需要善邻友好,共同防共,及经济提携,才能完成这种和平的运动。"

汪精卫说:

"国民政府"为什么要还都呢?前面已经说过,是要实现和平及实施宪政。"国民政府"还都后,将召开"国民大会",因此必将于最短期间内,要实现我们的和平及宪政;同时,必须调整中日关系,奠定东亚永久的和平。完成这两件事,都需要"国民政府"还都后,才能够实现,这就是"国民政府"对内对外的两大方针。"国民政府"为什么还都呢?也就是这个缘故。我们必须要把实现和平及实施宪政能完全做得到。"国民政府"的同仁,全国的同胞,都要走上这条光明的大路上去!关于实现和平及实施宪政的两大方针,从前曾经说过很多次,今天应该再向同胞们来说一说。就是从今天以后,和平运动,已经到了新的阶段。从前所提倡的和平,现在已经在"国民政府"的领导下,我们切实地去做了!从今天以后,所有主张和平救国的人,都能集中在一块儿啦!我们对于那些反对和平的人,盼望他将来的觉悟,也来参加我们的和平。我们不怨天尤人,不顾一切,始终一贯到底,并且我天天在感动他们,使他们也能来参加。我们不顾虑许多,完全是同胞,既往不咎,只要他们来。我们的和平救国,

---

[①] 蔡德金编注:《周佛海日记》,中国社会科学出版社1986年版,第268页。清水,即清水董三,时任日本大使馆书记官,梅机关成员——作者注。

不求夸大,将来我们要看"政府"是不是能够运用和平而建国?是不是能有方法,可以调整中日的关系?能不能走向光明平坦的大路上去?我们现在不需要再唱高调了。但是,现在我们又要想怎么样呢?就是需得要了解和平的意义,完全能够依照和平的计划,达到这个目的。重庆方面,爱唱高调的人,毋庸夸大,因为我们自己对自己,假若都不诚实,反倒使主张和平的人投到全国反对和平的空洞气氛里,那我们的救国和平又怎么能够实现呢?我们不要愚弄我们的同胞,要努力给同胞做些事实来看看!

那么"和平运动",究竟可以实现不可以实现?也做给同胞们看看!我相信这种"和平运动"的开展,无论任何人来反对,都可以说决没有妨碍的,同时也决不可能的!"国民政府"所要推进和担负的使命,就是使老百姓的希望实现。现在无论主张和平的人,反对和平的人,都必须要努力为国家多做事少说话,大家都向这条光明的大路上走去,将来的是非,总有机会可以判断的,这是我所希望的。目前"国民政府"的使命,极具重大,一方面,要实现和平,一方面,要努力实施宪政。"国民政府"在很久很久的以前,就非常盼望林(森)主席能早日回京。在林主席未能回京以前,仍将依照决定计划,努力去作。

关于政府组织及人选等项决议,各位同胞已见昨日"中央政治会"决议案。"国民政府"因为要容纳各党各派的人材,所以将要推进"和平运动"的实施。其他如工、商、学、农、妇女界之各种民众训练,完全是从前所没有的。大家知道,国民党中央党部里面的组织,从前中央党部里面附设宣传部,现在改隶"行政院";又民众训练组织,须得当地党部之许可,然后再回党部,转报政府备案,现在则力求直接与简单。在宪政实施后,军政大权,总揽于"中央党部",这并不是包括兼办,完全为了统一行政机构,便利施政的意思。我们知道,目前国家的危急,人民的颠沛流离,这些,每一念及,真是一时一刻都不能安心的。现在,我们唯有不顾一切困难,每一个人,本着良心,集中精神。我最大的希望就是(1)要迅速完成全国"和平"的实现，(2)早日能复兴中华民族。抱着这两个伟大的信念，在万分困难环境险恶的中间，凭着任劳任怨的精神，为国家民族服务。我们不顾一切的反对，因为假如有较好的人愿意负起这种使命，立刻可以同样请他担当。如果没有人担负，我们决不推诿；如果有较好的人，我们宁肯退让贤。中国的海军，向来不曾注意，现在得到友邦的允许，准予恢复我们的海军。但是海军部长人选，颇非容易，总无适当的人选！均由兄弟暂时兼任。

我们在这极困难的当中，没有人来负起和平救国的任务，我们本着不顾一切及见危不辞的精神，决不推诿。一方面为国家容纳人材，只怕人材怀着观望的心理而不来；一方面解除老百姓们的痛苦。老实说：政府里面的人，我们不能不和民众共生死。大家既有机会，聚集在一个地方吃碗饭，只要尽忠国家，把握着刻苦廉洁勇敢的精神，任劳任怨，如此才能够把"国民政府"还都之重大使命做到。①

3月30日，汪精卫在广播上又发表了一次有日语翻译的对日广播，对前近卫首相和现米内首相要扫除中、日过去之纠纷，建立将来之亲善关系的态度很是感激，认为：

贵国在此次战争中，毅然不以战胜者自处，而提出善邻友好，共同防共，经济提携，为调整中日关系之原则。且对于中国声明无领土之要求，无赔偿军费之要求，不惟尊重中国之主权……②

汪精卫表示：

敝国有识之士经过深切反省之后，痛下决心，将过去联共抗日

---

① 1940年3月23日刘长青、张向善钢笔记录，汪精卫演讲词《国民政府还都之重大使命》，全宗号0004 案卷号00059，重庆档案馆。

② 《汪主席对日广播》，载《平议旬刊》，1940年第5期，第128页。

之政策彻底放弃,重新确立和平反共建国之政策。国民党同人服务于国民政府者,先后退出重庆……国民政府还都南京,以统一全国以内和平反共建国之运动。在此运动进行期间,得到贵国朝野热烈之同情与援助,遂得到达于今日新阶段。鄙人于此敬为中国前途向贵国朝野表示深切之谢意。

"七七"事变以前,日本已经与德国签订反共协议,与法西斯国家共同走向行将到来的第二次世界大战,不久伪满政权与意大利也加入反共协定,在战前的中日谈判中,日本要求中国表示反共的诺言,其实这只是日本"用以诱致中国加入日本罗网的钓饵"。蒋介石曾经"剿匪(共)十年",并保持彻底反共的立场,但在国内外形势压力之下与中共及其军队形成统一战线联合抗日。对于此时所谓

1940年3月30日,汪精卫在南京伪"中央台"对日本国民发表广播演讲,称对日本"热烈之同情与援助""国民政府还都南京,以统一全国以内和平反共建国之运动","向贵国朝野表示深切之谢意"

和平反共,蒋介石认为"这个反共协定的对象,不只是俄国,而是在希特勒所发动的国际危机中,间接上对付英国和美国。他因此坚拒加入日本所导演的反共的戏剧"[①]。

对急于想得到自己人民认同的汪伪政权来说,日本"对中国无领土之要求,无赔偿军费之要求"的承诺也是一种寄托和宣传。南京的一幕让日本人十分乐见,虽然没有实现重庆与南京同时来降的预谋,但据此也认定让中国在彻底投降的道路上又进了一步。

由此,也开启了抗战时期发生在中国国内抗日力量同侵略者代理人利用

[①] 董显光:《蒋总统传》第二册,中华文化出版事业委员会1957年版,第244页。

广播在政治上、宣传上争夺民心的激烈交锋。

二、重庆掀起讨伐汉奸声浪

重庆方面一直在高度关注着汪精卫的行踪,除了军统以外,至少还有中统和外交部的情报人员都在用各自的手段对其进行监视,而歇台子收音台的侦听则是国民党中央所属的"广指会"的行动。重庆对汪精卫在南京进行"国民政府还都"十分震惊和震怒,让蒋介石所标榜的"一个政党,一个主义"的国民党被公开分裂,也使"国家至上,民族至上"的中华民族被公开分裂,还诱引抗日统一战线方面继续前去投奔。针对日本的政治诱降,国民党人士在广播上发表演讲,揭露日本人的欺骗伎俩,表示对任何汉奸组织均不予承认。于右任于1939年6月4日在"中央台"演讲中驳斥说:"日本是个极无文化的岛国,如要和平,只有在消灭强盗或解除了强盗武装之后,并且不从强盗手里追回做贼物是无和平可言的。"[1]

1940年1月,日本与汪伪在上海密约的《日支新关系调整要纲》内容曝光后,蒋介石曾分别发表《告全国军民》和《告中外人士书》,痛诉这个文件"把近卫声明的东亚新秩序一字一句都具体化了,这个敌伪协定,比之二十一条凶恶十倍,比之亡韩手段更加毒辣"[2]。

汪精卫在南京演讲时,根据原来的设想,歇台子收音台当晚先是侦听北平大功率伪"中央台"的信号,但北平的效果不好,又转回对南京的侦听。侦听员刘长青和张向善对汪精卫的演讲作了全文记录,记录结束后报告道:

"北京"呼号尚未侦悉,640千周波,20:00录,至20:20分时,因音质欠清,听不清楚,改收"南京"为660千周波,至20:30,讲演

---

[1] 于右任:《斥敌人对我战区同胞之毒计》,载《广播周报》,1939年第175期,第1、2页。
[2]《中央日报》,1940年1月24日。

完毕。①

"还都宣言"无疑是汪精卫及其同党最重要的政治文件,在收音台工作的侦测组组织了四个人连夜共同完成了这份全称叫《国民政府还都之重大使命》记录的校对和抄正,作为秘密文件第一时间送到陈果夫、叶和、王惠宠、董显光手里,又很快送到国民党其他党、政、军要员手里,并通过陈布雷直接向蒋介石呈报。

在给蒋介石的报告的前页,吴保丰写道:

窃查汪逆昨下午八时在南京广播演讲,经予干扰并另设法收听,兹将其讲辞纪录送察核。

写完上文,他又向蒋介石强调了一句:

上项播音当时经中央广播事业管理处施以干扰,本会侦察组特别设法侦察收得,至普通收音机不易听清,合并声明。

从另一方面讲,以汪精卫的"还都宣言"为代表的投降叛国表演也促使国民党内部各派系的分化整合,形成以民族和国家大义为重的主流,实现了党内的一次少有的团结。

3月31日,国民政府外交部奉命在广播和报纸上播载《致各友邦照会》。《照会》中声明道:

所有构成伪组织之人员,不过为日本之奴隶,其丧尽道德廉耻与爱国天良,自不待言,此辈危害祖国,助长日军侵略,中国政府与人民视之为国耻之尤者,应依法予以严惩……中国深信世界自尊之国家,必能维护国际间之法律与正义,对中国境内之日本傀儡组织,

---

① 侦听报告,全宗号0004 案卷号00059,重庆档案馆。

决不予以法律上或事实上之承认……中国政府与人民，不问日本在中国境内所采之方法如何，始终坚决抵抗日本之侵略，直至日军完全驱逐于中国境外，公理战胜强权而后已。[1]

在汪精卫出逃后，国民党人士就开始对其行为进行批驳。现在汪精卫发表公开宣言，并已组织"政府"，如何对汪伪进行广播反击，"中广处"在他第一次的沦陷区演讲后就进行了紧急商讨。此时"中广处"和"中央台"还没有实行处、台分离，负责宣传节目事务的传音科科长由南京时期的范本中换成了何柏身。经过向上请示后，决定把事情交由中宣部决策，以中宣部名义组织反击汪伪的节目，由"中广处"予以协助。何柏身草拟了一份报告，由吴保丰签署给中宣部副部长潘公展。报告道：

  公展先生惠鉴，汪逆伪组织已定3月30在南京成立，似宜商取中宣部意见，由（广指会）通知全国各台届时举行讨汪宣传或由中央广播电台及分台同时转播或各电台单独举行等语，此事关系重要，高见如何务请见示。

重庆有各种报纸刊物20多家，这些报刊有不同党派的，有中央的和地方的，也有各系统的，还有民营的，但由于军事封锁，影响范围有限。在国民党中执委会和中宣部迅速组织的反击中，仍选择了广播作为最重要的武器，而报纸则围绕广播内容进行报道。潘公展负责广播报刊言论管理，为国民党党报社论委员会成员，这个委员会因常获得蒋介石通过幕僚传达的意旨，被视为国民党的最高言论机关，所撰写的社论由"中央社"统一发往全国国民党报纸发表，享有战时新闻检查局免检扣的特权。潘公展对"中央台"的这个宣传方案表示同意，并要求其他中央媒体予以配合。

从此开始，除了政府和外交部声明外，一批国民党要员和党外人士直接走进播音室，对傀儡政权和所谓"和平主张"进行批驳。其中许多人在党内曾

---

[1]《中央党务公报》，第2卷第15期。

因分属不同的派系而有矛盾,但都以"中央台"广播电波为载体发表演讲。据《中央日报》载:

> 中央社3月29日讯:中央宣传部为声讨汪逆伪组织,以正视听起见,特订自3月29日起,至4月11日止,敦请党国领袖向国内外广播讲演,由中央广播电台与国际广播电台联合播送,并由全国电台转播,中央台呼号XGOA,周率1200千周波,国际电台呼号及周率上午用XGXO,15200千周波,下午用XGOY,11900千周波。①

表6-1 声讨汪精卫广播演讲时间表

日期	时间	演讲者	语别	播出台
3月29日	下午5时15分	曾虚白	沪语	国际台
	6时05分	郭沫若	日语	国际台
	7时起	林森	普通话	中央台国际台全国各台转播
	7时45分	吴铁城	粤语	国际台
	8时	庄西言	闽语	国际台
	8时10分	王志远	粤语	国际台
	8时30分	侯西反	闽语	国际台
	8时45分	余俊贤	客家话	国际台
	9时	陈立夫	英语	国际台
3月30日	下午5时15分	李友邦	回语	国际台
	下午7时起	戴季陶	普通话	中央台国际台联播全国各台转播
3月31日	下午7时起	居正	普通话	中央台国际台联播全国各台转播
4月1日	下午7时起	于右任	普通话	中央台国际台联播全国各台转播
4月2日	下午7时起	孙科	普通话	中央台国际台联播全国各台转播
4月3日	下午7时起	孔祥熙	普通话	中央台国际台联播全国各台转播
4月4日	下午7时起	叶楚伧	普通话	中央台国际台联播全国各台转播
4月5日	下午7时起	张伯苓	普通话	中央台国际台联播
4月6日	下午7时起	翁文灏	普通话	中央台国际台联播
4月7日	下午7时起	何应钦	普通话	中央台国际台联播

---

① 《中央日报》,1940年3月29日。

续表

日期	时间	演讲者	语别	播出台
4月8日	下午7时起	陈立夫	普通话	中央台国际台联播
4月9日	下午7时起	王世杰	普通话	中央台国际台联播
4月10日	下午7时起	邵力子	普通话	中央台国际台联播
4月11日	下午7时起	李德全	普通话	中央台国际台联播

备注：列表与实际播出时略有变化。

所有人的演讲都集中在一个话题上，即声讨汪精卫投敌可耻，要坚持抗战到底。在演讲中，电台还用文艺节目进行间隔，邀请应尚能先生独唱，陈振铎先生二胡独奏，30日晚上演讲结束后，演播了话剧《人心不死》。

3月28日晚7时，朱家骅首先开场，他的演讲题目是《共同认识与共同奋斗》。[①]

3月29日，被汪精卫在"还都"演讲中非常盼望"早日回京，担职国民政府主席"的林森出马。林森的演讲被称为有两个特点：一是语气庄严，间有高音，由文理说出白话；二是讲稿为宣纸大字楷书，笔画鲜明。

他在"中央台"慷慨激昂地说：

今天是3月29日，是黄花岗七十二烈士的忌辰，当我们抗战进展到这样重要时期，不幸出了汪兆铭等极少数汉奸，给敌国军阀利用，拿屈辱和平的论调，做叛逆行为的掩护。冒用中国国民党组织之下一切原有名称，举行叛党叛国会议，并且有组织伪政权的阴谋，企图盗窃名器，淆惑观念。敌人如此利用汉奸，以及汉奸如此给敌人摆弄，只不过拿汉奸做个临时工具，以便敌人换一个方式来侵略。事实很明显，就是敌国武力已到衰竭时期，要汉奸为敌人作最后争扎的一助罢了！[②]

接下来是：

[①]《中央党务公报》，第2卷第15期，第21页。
[②] 林森：《追念既往策励将来，对汪逆等严切痛斥》，载《广播周报》，1940年第188期，第23页。

3月31日,于右任《以胜利击破汪倭的毒谋》;①
4月1日,居正《加强抗战粉碎傀儡组织》;②
4月3日,孔祥熙《汪逆伪组织与日阀末路》;③
4月5日,冯玉祥《全国民众都应努力铲除卖国汉奸汪兆铭》;④
4月7日,何应钦《揭穿倭寇阴谋努力抗战建国》。⑤

4月8日,陈立夫的《崇尚气节以根绝汉奸》相对于其他人对汪伪的驳斥,更侧重对国人和同党的教育。他从道理说起:

> 崇尚气节是什么,即是从使受教育者人人讲礼义,知廉耻着手,而完成于养成其富贵不能淫,贫贱不能移,威武不能屈,大丈夫的人格。我们在今天要粉碎伪组织,不但要打倒现在公然卖国的秦桧,更要努力根绝一切卖国投靠,倚敌求荣的秦桧。所以气节实有提倡之必要,全国同胞,人人能明礼义,知廉耻。明礼义才能精诚团结,爱护国家,知廉耻才能不倚恃外力,出卖同胞。汪精卫伪组织虽不足齿,而我们实有崇尚气节根绝汉奸之必要。⑥

另外,军事政治部主任陈诚也发表了专论《粉碎汪逆伪组织》。国民党和国民政府断然撇清与汪伪的关系,力图在国内外人民中重新树立国民政府的声音。

中共对国民党的此举给予了坚决支持,除了在中共南方局机关报《新华日报》上发表声明对汉奸傀儡政权声讨外,郭沫若在"中央台"的普通话演讲是在3月21日,也就是在《国民政府还都之重大使命》之前发表的。他认为,汪精卫有如我们肌体中的脓疮,他逃出重庆,就等于向外溃脓,"这倒是我们

---

① 《中央党务公报》,第2卷第15期,第11页。
② 《中央党务公报》,第2卷第15期,第9页。
③ 《中央党务公报》,第2卷第15期,第15页。
④ 《中央党务公报》,第2卷第15期,第13页。
⑤ 《中央党务公报》,第2卷第15期,第19页。
⑥ 《中央党务公报》,第2卷第15期,第23页。

国家民族幸事,排出脓疮将使我们的肌体更加健康"①。

郭沫若在这次演讲中表示:

> 我对于重庆市民近时所发起的建墓锄奸运动是极端赞成的。这运动的步骤是要在重庆市中建立一座为抗战牺牲的无名英雄墓,在墓前用铁来铸就汪精卫夫妇的跪像。全部的工程打算募集五万块钱来做,地点已经决定在都邮街,款项已经在从事募集了。五万块钱并不算多,重庆市民每人如平均出一块钱,不要一天工夫便可以募捐足了。假使这计划能够早早的实现,在汪逆精卫在南京登台的时候,我们这儿也让他们夫妇登台,那倒是很有意义的对照。②

到了1940年6月10日,一条刊登在《国民日报》"新闻记事"上的消息再次打破了重庆的政治空气。消息称:

> 外国灵通方面最近从日本方面获得一密件内容殊关重要,全文不肯泄出,只知其要点为(一)日本人利用欧战之机会从中取利必须对南洋采取军事,此非追随德国对英法宣战,乃为日本人自求出路之必要,然英美法若出面阻挠或抵抗则日本不异对英美法作战;(二)"中国事变"必须在欧战结束前解决,理由有二(甲)为对南洋用兵必须与中国息兵,日本不能在两面作战;(乙)在欧战结束后解决中国事变无论英法或德国胜利皆于日本人不利;(三)如重庆国民政府有诚意,日本愿与其谈判媾和条件;牺牲汪伪组织丝毫不成问题;(四)媾和条件(甲)日本愿恢复"七七"以前状态并确守"不割地不赔

---

① 郭沫若:《汪精卫进了坟墓》,载《广播周报》,1940年第187期,第18页。
② 此"建墓锄奸运动"应指后来所建"精神堡垒"及重建的"抗战纪功碑",1950年改为"人民解放碑"。1939年5月1日,重庆各界群众数千人集聚在下半城金紫门内的国民政府军委门前,举行精神总动员誓师大会。会后,"国家精神总动员促进会"通过一项决定,在城中心建一座鼓舞士气、弘扬民族精神的建筑物,定名"精神堡垒",选址在邹容路、民族路、民权路三条道路交叉处被日本飞机炸成了一片废墟的地方。由于是战时,物资缺乏,建筑物采用木料建造。这座木结构建筑呈方形,通高七丈七尺,寓意"七七"事变抗日战争纪念日,于1941年12月30日修建完工,投入使用。

款"之原则;(乙)中国须与日本成立十年以上之军事同盟及防共协定。据该消息灵通方面称:领导新党运动之近卫及在华某军阀皆赞成此项原则云。

国民政府代言人立即在广播和报纸上发表声明辟谣,内容如兹:

……查此等等谣言绝无根据。日本散布此种谣言之动机至为显明。欧洲战局展开故日本大部分人希望和平益急。盖日本希望于结束中国事变后集中力量作南进之企图,吾人希望各方明了中国之立场,即日本军队倘不退出中国及不遵守九国公约则中日间决无谈判和平之可能。日本如不履行此两项条件,即无论外间有何和平提议者或压力绝不能改变中国继续抗战非达到目的不止之决心。余望此次为否认日方无稽造谣之最后一次声明。[1]

同时,日方也作了一个声明,强调了与南京的"中国新国民政府"的合作。米内首相在招待日本记者时说:

处置中国事件,将循中国新国民政府中枢人物与日政府之代表在去年二月三十日所考虑之基本原则的方针进行。若干方面所信与重庆直接开始之流言绝无根据;今既保持须与汪精卫之密切接触,则志在使重庆政府瓦解之运动,自应赓续进行,盖必以种种努力,推倒重庆政府,而后始能巩固中国新政府也。[2]

"中央台"对汉奸言论的声讨继续保持高压状态,以国民党党、政、军要员为主的演讲者继续来到位于聚兴村和小龙坎的播音室慷慨陈词,到了下半年分别还有:

---

[1]《日方再布和平谣言》,载《东方杂志》,1940年第13期,第68页。
[2]《国民新闻》,1940年6月8日。

7月28日,贺国光《粉碎敌人的两条毒计》;

9月1日,张伯苓《汪精卫与国民参政会》;

9月1日,陈大齐《百折不回是抗战必胜的基础》;

9月20日,刘纪文《惯施骗术的汪逆精卫》;

10月6日,齐世英《东北同胞应运泛起反汪肃奸》;

10月11日,邹鲁《亚细亚主义的真谛与所谓东亚新秩序》;

10月15日,何应钦《驳斥汪逆投降谬论》。

三、南京伪政权对与日本、"满洲"共同宣言的解释

面对重庆广播一轮铺天盖地的反击,南京方面的言行也依然在继续,由南京出版的《中央导报》①对在南京伪"中央台"上的广播稿多有刊登。

1940年11月30日,汪伪政权与日本签署了《中日调整国交基本条约》,并发表《中日满共同宣言》。12月2日晚,伪立法院长陈公博在南京伪"中央台"演讲,要求国民"以沉着的态度来接受","以诚挚的态度来实行"《条约》。陈公博说:

> 我要求国民,日本于自己虽然不以占胜国自居,对我们虽然以朋友相待,我们应该不要忘记是一个战败者,我个人是最坦白的,也最承认事实的,我决不以败为胜,也不以弱为强。我今日既是负责的一个人,更不能以浮嚣导国民,尤其不愿以虚矫骗自己。②

12月1日晚,伪外交部长褚民谊在广播中谈"中日"、"中满"关系时说:

> 俱已觉悟,中国方面深知苟无日本支撑东亚大局,则中国处于

---

① 《中央导报》由南京伪政权中宣部所办,于1940年8月4日创刊,林柏生言《中央导报》的宗旨是"宏扬国策,研讨学术建设中国新文化"。

② 陈公博:《我对于国民的要求》,载《中央导报》,1940年第19期,第30页。

列强环伺之下,国运如何,不堪设想。且中国苟无日本谅解与援助,则国民革命,实难成功。此种误会后之了解,最足珍贵。满洲国虽本我国领土之一部,但分立十年,其努力之精神,其发展之实绩,俱为不容否认之事实。现在此兄弟逐渐成长,已能有充分力量,襄助吾人复兴东亚与安定世界,此实吾人所最欣慰者。①

12月3日,周佛海在广播演讲《中日条约签订与国民的觉悟》中宣称:"条约不但无损中国民族的复兴与发展,而且在今天的形势下,是事实上所必要的。"但他又还是忍不住进行了辩解:"日本不以战胜国自居,中国不能不以战败国自处。"②此外,还有:

12月4日,梅思平《中日条约与经济》;

12月5日,林柏生《和平运动之展望》;

12月6日,林柏生《到复兴之路》。

林柏生一直是汪精卫的追随者,曾经参与起草过拥护日本首相近卫文麿声明的"艳电",时任汪伪国民政府行政院宣传部部长。他在《和平运动之展望》广播中极力追捧汪精卫的"主义":

> 汪先生发表艳电之前,以最大的忍耐,期待重庆方面之觉悟;发表艳电之后,还是以最大之忍耐,期待重庆方面之觉悟。六中大会召开之前,汪重新发表一文,根据总理遗教,说明对于中日关系之根本观念及前进目标,并且详述数年来外交演变的经过。筹备中央政治会议之前,汪先生致电重庆诸同志(1939年9月17日),盼望认清前途路线,毅然改图;青岛会议筹备还都要事之前,汪先生们致蒋介石铣电(1940年1月16日),还是期待他以国际民生为重,毅然决定大计,停战言和;直至此次签订条约之前,汪先生(1940年11月27日)再电蒋介石,还是期望他大彻大悟。然而蒋介石给我们的答复,

---

① 褚民谊:《东亚三大国携手迈进》,载《中央导报》,1940年第19期,第32页。

② 周佛海:《中日条约签订与国民的觉悟》,载《中央导报》,1940年第19期,第33页。

只是手枪炸弹,只是暗杀阴谋。①

日本人和汪精卫对蒋介石进行拉拢的原因不是所谓"同党之谊",也不简单为了"和平",而是深含日本对在大东亚战争中"迅速"解决中国问题的焦虑心情。这种拉拢一直进行到《开罗宣言》的发表为止。

林柏生还在《中日条约及三国宣言应有之认识》一文中以《条约》为依据说事,反诘了重庆"中央台"诸人的演讲,归纳有以下几点:

一是"满洲"问题是"七七"事变以前既成事实,责任在蒋介石。文中引用了1938年4月国民党临时全国代表大会宣言发表后蒋介石的说明,蒋介石谓"日本如能保障在东北问题解决以后,不再侵犯我领土主权,则个人可以挺身负责,使此问题得到合理的解决",林柏生认为蒋介石的所谓"合理解决"就是对"满洲国"的承认。②

二是《条约》第七条规定:随本条例所规定之中日新关系之发展,日本国政府应撤废其在中华民国所享有之治外法权,并交还其租界。③林柏生道:

> 日本毅然如此约定,是日本没有灭亡中国之心事,重庆方面,还有什么理由反对和平?还有什么理由继续到了今日已是祸国殃民的抗战?④

三是感叹《条约》中日本的"撤兵"条款因重庆政府的阻碍来得太晚,并扇动对重庆政府和中共的仇恨。林柏生道:

> 老实说,如果1938年底重庆方面稍肯虚心接受艳电建议,俾全面和平得以实现,则早开始撤兵,今日兵犹未撤,重庆不能辞其

---

① 《中央导报》,1940年第19期,第35页。
② 重庆方面在驳斥这一条时,认为林柏生断章取义,舍弃了蒋介石原文中"在政治上以保持主权及行政之完整为最低限度。在经济上以互惠平等为合作原则"的内容。
③ 《中央导报》,1940年第19期,第7页。
④ 《中央导报》,1940年第19期,第41页。"围绕治外法权在宣传上的斗争",见本书第十四章。

答。同胞们,你们在流离失所痛苦颠连之中,你们在望着和平,在望着撤兵,你们应该一致起来,向重庆政权,向共产党严厉责问!①

汪精卫在广播中为自己及追随者与日本苟合找了一些理由:一是以孙中山的理想为大旗,如孙中山曾设想过的"大亚洲",认为"中国革命之成功,有待于日本之谅解",解释主张以和平方式解决中日纠纷,主张中日合作,正是本着总理遗训去做的;二是坚决反共,共产党即是苏联,认为我们既不愿做日本的附庸,也不愿做苏联和任何第三国的附庸。

具体要求怎么做,汪精卫喜欢用二元论来分析。当年他曾在重庆广播上抛出过两条路,所不同的,此时他摆给中国人民的两条路:一是唱高调,继续抗战,这样下去只有以国家民族为共产党牺牲;另一条路就是按"总理遗训"办,对日本本着"冤家宜解不宜结"的报本意识,努力转敌为友。第一步恢复中日和平,第二步确立东亚和平。

1941年6月,汪精卫再次率众访问日本,并且谒见了天皇,与首相近卫文麿签署了《中日共同宣言》。近卫与汪精卫于1941年6月24日晚在东京分别发表广播演讲。近卫在对"汪主席阁下"表示欢迎后说:

> 但在中国的指导者中,至今仍有不愿倾听亲日和平正论的人士,这是我们和汪先生们均为遗憾的。我们不忍在世界形势逼人的变化较流水尤为迅速的今日,仍抱时代错误之念,使我东亚长此置于内乱状态,故希望重庆势力的反省觉悟。但我们行动上的根本大法,是正义,我们决不能弃道义而就功利,更不能离永久真理求一时的苟安。去秋成立的中日基本条约,和中日满三国共同宣言,实为道义及真理的具体标准。至于如何收拾中国民心,使中国民众早离水火,而登衽席,则是中国国内的问题,我们决定依赖汪先生致同志应有的援助合作。②

---

① 《中央导报》,1940年第19期,第42页。
② 《中央导报》,1941年第49期,第3页。

汪精卫在接下来的演讲中称日本人民为"友邦国民诸君",道:

自从"建设东亚新秩序"的口号,从日本方面发出以来,中国方面在茫昧的前途中,看见了一道曙光。近卫首相声明的最大意义,便是只要中国有决心有诚意,来参加建设东亚新秩序的责任,日本便不吝加以援助,完成中国建设为现代国家所必须的条件。日本所以有此决策,是因为中日两国如果同心同德,向着建设东亚新秩序的前途而迈进,则其结果,不但中日两国永久和平,而且可致东亚于复兴。不但中日两国如此,中国对于满洲国,从前与日本抱着不同的见解,如今合中日满三国都向着建设东亚新秩序的前途而迈进……为什么全面和平到今日还不能实现呢?因为有妨碍建设东亚新秩序的恶势力存在。这便是经济侵略主义的势力和共产主义的势力……这两种势力根深蒂固,除了互相勾结之外,还内外勾结,以造成全面和平之障碍,使建设东亚新秩序之工作,无从开始,这实在是一个最大的原因。

为了扫除以上所谓的"两种势力",汪精卫全面接受了日本关于强化"国民政府"的口号。他承认,在中国以内还驻有多数的日本军队,还不断地向重庆方面继续战争,在这期间,企盼日本在政治、经济上予"国民政府"更大之帮助。

在东京中央第一台的播音室里,随行的周佛海也发表了讲话,鼓吹汪精卫此次访问日本的成功,"在中日国交的历史上,开辟了一个新纪元,在中日合作的过程中,进入一个新阶段",今后要与日本"携手协力,向中日共存共荣的共同目标勇往猛进"。[1]

---

[1]《中央导报》,1941年第49期,第12页。

四、广播唱片成为陈公博的"死证"

这场重庆政府与南京汪伪政权的广播论战一直进行到抗战结束,贯穿每个阶段。它的前期焦点围绕投降与抗战,直接反映日本迫切希望用威逼利诱的手段迅速解决中国问题的政治态度,也反映出中国军民抗战到底的决心与信心;后期则寄希望于世界大战两大阵线中己方的军事胜利,广泛于军事、政治、经济、文化、民间的宣传,一些人的个人命运也至死与广播联系在一起。

《国民政府还都之重大使命》是汪伪政权具有代表性的政治文件,也是汪精卫本人的重要文件。1944年11月10日,汪精卫因病在日本死亡,南京伪政权为其举行隆重的丧葬仪式,北平的伪华北政务委员会宣令重放这个文件:

> 全华北地区一律降半旗,各电影院、剧园、妓馆、各娱乐场所七日内自动停业,华北广播协会……除将所有娱乐节目全部停止播送外,并将"国府还都宣言"录音播送。①

如果说汪精卫生前的声音在他死后还能得到重播,以作"纪念",其他人的命运则完全相反。抗战结束后,汪精卫在南京的陵墓被炸毁,除周佛海在监狱中病死外,以上演讲人在国民政府审判中皆被判为死刑。审理从日本押解回国的"代主席"陈公博时,起诉书列有其祸国殃民十大罪状,在对同盟国宣战案控辩时,陈公博辩称南京伪政权"没有对外派出一兵一卒"。而在对"满洲国"的承认问题上,他力辩自己没有责任并且说明"五年来未曾出关一步"②。

法庭将"满洲国"13周年纪念时,由陈公博所作广播贺词灌制的唱片在留声机上播放出来,连放两次,他听后无语并表示无奈,然后申辩说这只是例

---

① 《中华周报》,1944年第9期,第12页。
② 《陈公博公审记》,《联合画报》,1946年,第171页。

行公事,是别人起草的讲稿。

  法庭在案件中采信了广播唱片作为证据,这在中国审判史上还是第一次。此两案例与广播的逻辑关系有些偶然,但它们包含的内容可以被看作在中日关系历史背景下,中国政治和政治人物对广播的利用,也反映出广播正在扩大的影响与作用。

第七章 汇集精英办广播

一、为政治服务的"中广处"人和事

由于是有计划撤退,虽然过程很艰险,但"中广处"和"中央台"主要人员在重庆重新集结,机构比较完整的得到恢复和发展,并根据形势需要进行调整,提供在抗战主线和意识形态底线两条线上作战的组织保障。

陈果夫在国民党内和政府里身兼数职,但从亲力亲为"中央"、"国际"两台的创立和建设,到充当高层决策把控,在困难的关键时刻出手相助,都称得上国民党和国民政府广播的创始人和推动者。

"中央台"的建立是在国民党意识形态宣传形势下起步的。1928年,时任国民党中央组织部部长的陈果夫联合叶楚伧、戴季陶等中央委员在国民党二届四中全会上提议设立广播电台,以解"主义急于灌输,宣传刻不容缓"的状况,获得一致通过。不久后,陈果夫听说上

国民党广播事业开创者、抗战时期中央广播事业指导委员会主任陈果夫

海有一台500瓦的广播发射机还没付定金。当时蒋介石下野还没有复职,大部分中央委员也不在南京。他当机立断,自己借了7000两银子付了定金,后来在中执委会上通过准予追认,陈果夫又设法垫付关银19000两,购下了这台发射机及自备的发电机电源、自立式铁塔及室外发音设备等。

1928年8月1日下午,台名为国民党中央党部广播电台,呼号为XKM的声音正式在空中出现,蒋介石播音致辞。这个党办电台与世界上第一家广播电台诞生只相差十几年时间。四年后,陈果夫又联合几位委员共同签署,提案建立"大广播"。中执委会通过提案,并指定陈果夫负责筹建。

这就有了后来被称为"东亚第一"的75千瓦广播电台,在孙中山诞辰66周年纪念日的1932年11月12日举行了开播仪式,党政要员云集一时,南京城内家喻户晓。

"中央台"原计划向德国得律风根公司订购广播机,发射机功率为50千瓦,据说德国人按惯例留出了20%的回扣打算给经办人。陈果夫等人坚决不要,德国商人很感动,主动给发射机增加了25千瓦的功率。这个不会写在合同纸面上的故事被传了下来。

有老员工在台湾出版的《中广五十年纪念集》中撰文回忆:

> 民国十七年,中央组织部筹备中央电台,完全是陈果夫先生的构想,他们选了那里做台址,后来才有了房子、机具、器材与各种设备,那儿真是一片荒地。

陈果夫是浙江省吴县人,出生于1892年,在其叔陈其美影响下加入同盟会,参加过辛亥革命,系国民党元老。"中央台"在国内复杂的政治形势下成立,其意识形态是陈果夫坚持的一条原则,他一手选择的人员构成有两大特点:一是高学历;二是党国政治背景。刚成立时全台只有14个人,由徐恩曾担任第一任主任,在徐恩曾之后的"中广处"和"中央台"负责人分别为吴保丰和吴道一。

陈果夫的胞弟陈立夫早年就读于北洋大学采矿系,毕业后赴美国匹兹堡大学深造,获硕士学位。回国后一直在国民党机关任职,做党务工作,也任过中央组织部部长、中央执行委员会秘书长、教育部长等要职,在他的倡议下成立了一个留学生联谊会。由于徐恩曾、吴保丰、吴道一、冯简、范本中、蒋德彰等都是上海交通大学或其前身南洋大学的校友,或者又有欧美留学的经历与陈立夫的交道,大家汇集在一起成为党营"中央台"的核心组织层。

在20世纪二三十年代,这批受过西方现代科学教育的知识分子多为纯粹的理工生或文化人,怀抱"科技救国"理想参加"中央台"的工作,有的加入国民革命军,然后进入"中央台"。而作为现代科技文化阵地的广播电台正是施展抱负的理想场所,以此进入政治,为国民党意识形态领域服务。

吴保丰从上海交通大学电机系毕业后到美国密西根大学完成两年硕士研究生课程,并结识了匹兹堡大学的学生陈立夫,在其推动下加入了国民党后回国。1932年,"中广处"的前身中央无线广播电台管理处成立,经国民党第三届中央执行委员会第17次会议决定,吴保丰出任处长,吴道一任副处长。"中广处"下设总务、技术、传音三科,除技术科在江东门大电台外,其他各科都在丁家桥中央党部内。

1937年,徐恩曾调任军统局第一处处长,在离开"中央台"时留下一个专司收发报的短波电台,这就是在重庆还存在的"中央台"报务室的前身。它除了收发广播新闻外,更主要的是为国民党中央各部、处收发同各省党部等机构的电报,致力于"中央政令政情之传播,各地党务之指挥与促进,国内反动阴谋之监视与举发,本党党权之维护"[①]。

"中央台"报务室与国民党中央通讯社曾经成为两大通讯系统。"中央社"负责全国新闻网的发展工作;"中央台"报务室则负责全国情报网的组织工作,刚开始直属中央秘书处,以后就由徐恩曾直接管理。在培训"中央台"的收音员同时,也大量培养了收发无线电讯的谍报人员,直到抗战开始。

在以党治国体制中,中央广播事业指导委员会即"广指会",成立于1936年2月6日,是一个对国民党中执委负责的全国广播事业管理专业机构。它对"中广处"、"中央台"及后来的"国际台"具有行政管理权,对其他公

---

① 《谈谈报务室》,载《广播周报》,1936年第104期,第85页。

营、民营广播电台具有宣传控制权，全国广播电台无论党营（国民党）、公营（国民政府部门及地方政府）、民营，都要受该会的指导和监督，播出节目必须预先经过其审定。这个机构是由"中广处"、中央文化事业计划委员会、军事委员会、交通部、内政部、外交部、教育部等部门派代表组成，到重庆后又增加了军委政治部、军令部、国际宣传处等单位成员参加，由陈果夫为主任委员，吴保丰等为副主任委员。

按照分工，国民政府交通部分管无线电资源，中央广播事业指导委员会分管节目宣传。根据交通部1936年10月28日公布的《指导全国广播电台播送节目办法》规定：

> 各广播电台应将播音节目各类及播送时间预编节目时间表送交广指会审查施行；电台逐日播送每种节目之标题（如演讲某事奏唱某书某曲）须送广指会审阅，如有更改之必要者得通知更改之；凡遇中央广播电台有特别重要节目经广指会认为有转播之必要时，得随时通知办理之，……①

国民党党营的"三中央"（"中央台"与中央日报社、中央通讯社）的经费都直接由中执委秘书处的党务经费支出。中央广播事业指导委员会为一个经费盘子，包括"中广处"、"中央台"、"国际台"和所属各台的支出都由中执委打入这个盘子。陈氏兄弟长期负责国民党党务和意识形态工作，陈果夫对"中央台"从经费支出、设备建设、人事经营到节目构成和实施，事必过问。在抗战期间中宣部除国际宣传处一度对国际广播电台形成行政隶属关系管理外，中宣部仅对"中广处"和两台的宣传业务负责。

国民党中宣部1941年组织机构见图7-1，"中广处"1943年组织机构见图7-2。

---

① 中央广播事业指导委员会编：《指导全国广播电台送节目办法》，载《广播周报》，1937年第132期，第27页。

第七章　汇集精英办广播　95

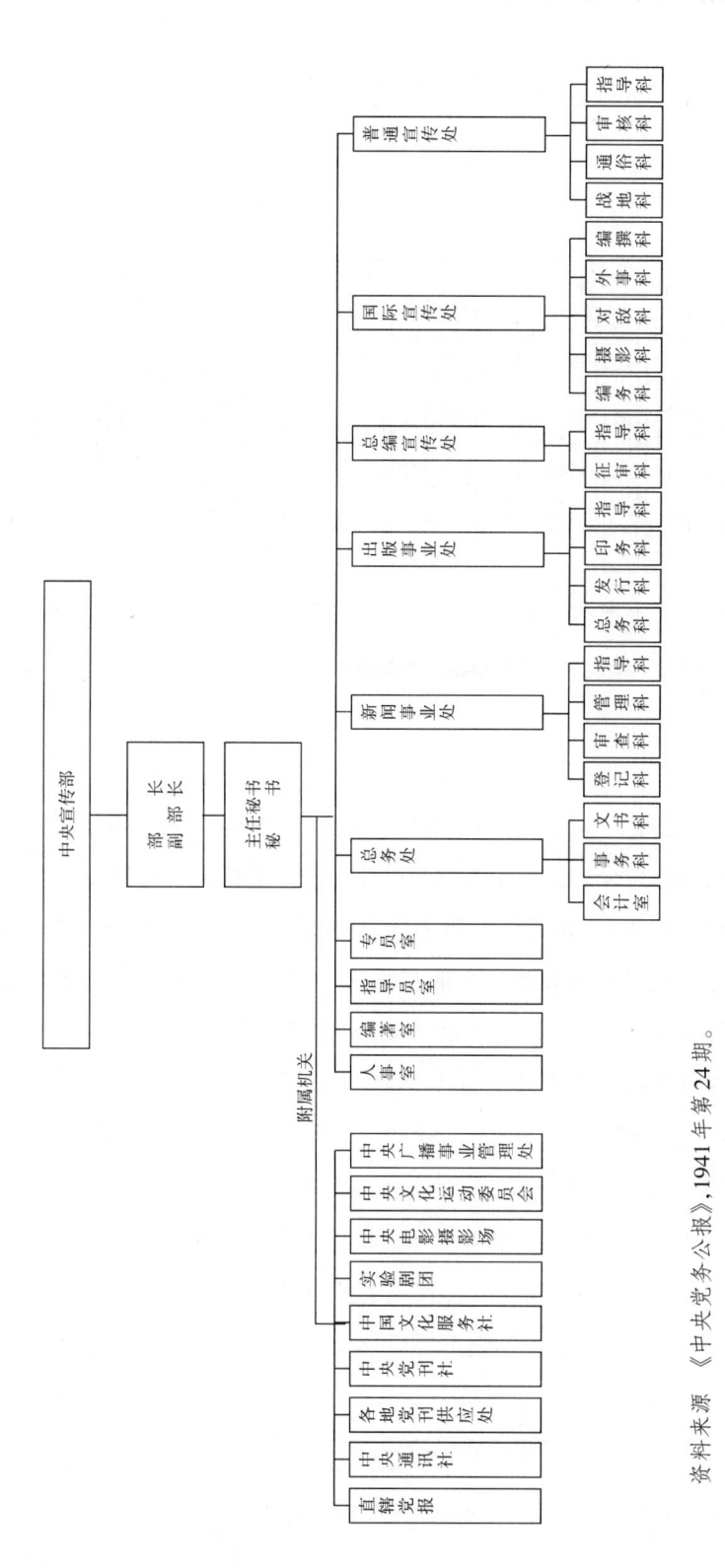

图 7-1　国民党中央宣传部组织系统图

资料来源：《中央党务公报》，1941 年第 24 期。

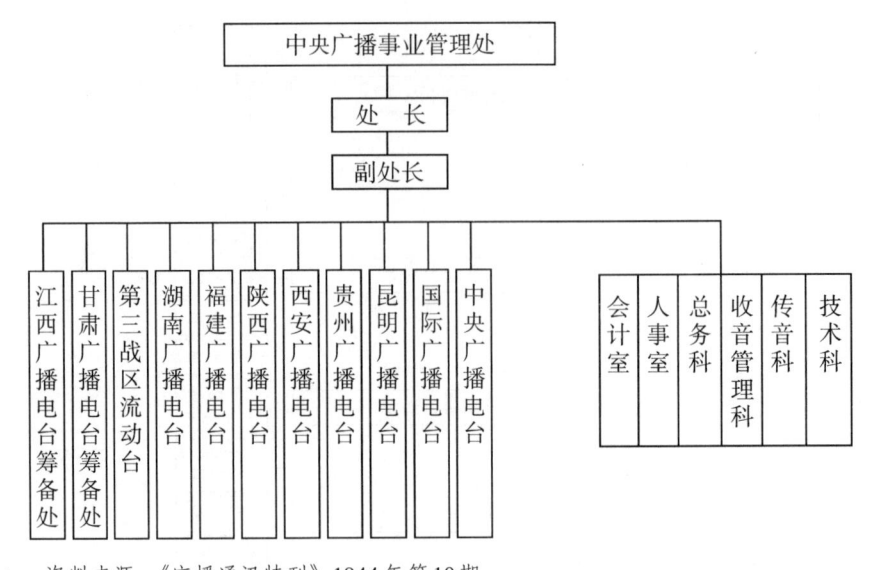

资料来源 《广播通讯特刊》,1944年第10期。

图7-2 国民党中央广播事业管理处组织系统图(1943年11月)

如前所述,意识形态是"中央台"一切事务的底线,党际斗争尤为如此。抗战开始后,这种斗争进入内部和秘密状态。1939年7月9日中执委秘书处转发中统局签称:"今后凡关于共党案件及情报一律移送本局核办。"[①]对国民党内部来说,"中央台"也是一个极为重要的政治平台,在党内不同的利益纷争中扮演角色也就意味着政治上的利益角斗和危险,因此,"中广处"内部工作人员又被强调了"不干预政治,做应该做的事情"的宗旨。

除具有欧美留学和高学历的精英特点外,"中央台"员工必须符合具有效忠国民党的政治要求和秘密工作的组织要求。进台工作人员必须具备本党信仰和来路清白,填写宣誓词,同时有介绍人和保证人,保证人要以现职文官荐任以上或武官校官以上或党务工作人员总干事以上人员二人担任,保证书之外还有对保书,以应对核查。在保证书上看到也有只有一位保证人的,比如冯简由吴道一担保,刘俊英则由冯简招聘而来,能够出面担保的也主要是南京时代的老人。

1939年2月短波台建成后效果稳定,国民党五届中执委常委会于8月24

---

① 中统局文件,全宗号一一(2)案卷号3982,中国第二历史档案馆。

日通过决议,决定撤销短波台筹备处,为集中事权,将该台与中央中波广播电台合并组织,定名为中央广播电台,派吴道一为台长。①

从1941年起,吴保丰兼任已迁往重庆的交通大学校长,后来又正式就任。1943年2月,五届中执委常委会第220次会议通过吴保丰的辞职,任吴道一升为处长,彭精一为副处长。

吴道一老家在江苏省嘉定县(今属上海),是这家台的创台元老。1920年毕业于上海交通大学,1928年曾参加筹建国民党中央广播电台,次年担任电台主任。与重庆的许多文吏一样,吴道一也为自己配了枪,但不是普遍受喜爱的德制驳壳或比利时制的白朗宁,而是一把美制的左轮手枪,这反映出他的爱好。但吴道一的战场不需要枪,他精明能干,被称为"中广处"、"中央台"的大管家。至此,"中广处"进入吴道一时代。

抗战时期国民党中央广播事业管理处继任处长兼中央广播电台台长吴道一

二、技术和技术人员立台

早期广播电台的立台原则是以技术为主,"中央台"也不例外。只有设备和技术到位才能开台,当年处、台合一的组织结构仅下设技术、传音、事务三科,新建台也只派工程师做台长,工程师建厂房、装机器、竖天线,然后雇两位年轻的女孩子,买一批唱片,订几份报纸杂志,就可以开播。对工程的投资高,对节目的投资低,从重庆的新征招人员的成分可见一斑:

本处("中广处")因工作上之需要特招考技术练习生十名不分性别,又国语报告练习生二名限男性。凡有志无线电工作之青年年

---

① 《中央党务公报》,1939年第2期。

龄在十八岁以上二十二岁以下，体格坚强能吃苦耐劳而与应考资格相会者得报名投考：一、应考资格，公立或已立案之私立高级中学或高级工业学校毕业者……待遇：在试用练习期间，每月津贴三十元，满半年后视成绩分别任用。

到重庆后的"南京老人"从事广播事业最久的已经有十年资历，他们以工科学历为主。经历过开台建台发展、撤退汉口和重庆的艰辛，成为处、台中层以上的干部，属骨干中的骨干，多有大学甚至海外留学的经历。

第二层机构是各科室。技术科是最具广播特色的一个部门，下面又分设播音室、增音室、收音台、发射台、发电厂等部门，还有在冯简主持倡导下建立的电波研究室，以及为把各项技术职能联系起来服务的外线队。这个层次的工作人员以国内重点大学受教育的经历为背景。以"国际台"办公室的工程技术人员为例，20多人中有一半人毕业于国内的东北大学、北京大学、浙江大学、中央大学、西南联大电机系和机械系等，其他重要科室也大致如此。技术人员的职级也比较复杂，从上到下分别有总工程师、工程师、助理工程师、工务员、助理工务员、机工等。

"中广处"各项事业发展需要更多的技术人员，其中有一个重要原因是轰炸带来的。轰炸给广播带来极大的破坏，在1940年10月16日和17日的轰炸中，"中央台"在上清寺广播大厦至歇台子收音台的新设线路集中被炸断200多对，毁伤电杆14根[1]，同时，两路口"中央社"、夫子池广场通往"中央台"的线路都受到损毁。工程"颇为繁多而重要"，冯简派去年看了广告启事才应聘进台的助理工务员程锡祚[2]率领一支十人的线工和临时工组成的突击队进入正在建设中的广播大厦，一条线一条线地梳理，在封闭状态下自己做饭，"膳资所缴费之伙食由公家开支"，奋战数日完成任务。

1941年7月29日、30日，日机对重庆继续轰炸，造成播音专线"损失甚

---

[1] 国际台抢修计划，1940年10月9日，全宗号0004 案卷号00041，重庆档案馆。
[2] 程锡祚（1918—2008），抗战时期是"在大轰炸下抢修线路的一代"外线工，曾任"国际台"助理工务员和外线队队长，1950年以后在西南人民广播电台和重庆人民广播电台工作，2008年在重庆逝世。

大"①,播音暂时转移到临时地点进行。统计下来,加上历次的轰炸破坏,从广播大厦通往歇台子收音台和大田湾、牛角沱、"中央社"、夫子池、德安里委员长官邸播音室的所有线路都受到不同程度的损毁,共有11根电杆被炸断,广播陷入瘫痪。

"国际台"倾其以外线队为主体的所有工程技术人员投入抢修,分秒必争,于31日中午11点前完成了接通,恢复播音。

战争的残酷现实再次证明技术和技术人员立台的正确性。叶君山、孟广元、周桐昆、李友仁、何金伦等都在外线队工作过。这是一个需要打硬仗的工种和最让人担心的部门,除在重庆建台初期的大规模建设外,几乎每次轰炸后都会有野外抢修,每次重要广播前都会有维护,从上清寺到小龙坎距离10公里,每根电杆都是肩扛手刨立起来的,每条线路都是爬杆架起来的,所以特别能体现"体格坚强能吃苦耐劳"的要求。

对身处大后方的年轻人来说,这份具有技术和知识成分、待遇不错的工作也有很大的吸引力。程锡祚的老家在四川省江津县的白沙镇,他已经考取了校址在成都的金陵大学开始就读,看到"中广处"的招员广告后来到重庆,应试合格,便"大学肄业",开始在技术科实习上班,三年后担任了外线队队长,那年他23岁。

表7-1 "中广处"历年事业发展统计(1928—1943年)

年份	台(座,含中波和短波)	电力(瓦)	人员
1928	1	500	14
1929	1	500	25
1930	1	500	39
1931	1	5000	56
1932	1	7500	70
1933	1	75000	79
1934	3	7570	98

---

① 国际台工务科1941年7月29日、30日日机轰炸损失报告,全宗号00004案卷号00041,重庆档案馆。

续表

年份	台(座,含中波和短波)	电力(瓦)	人员
1935	3	75750	115
1936	3	75750	159
1937	4	95750	126
1938	6	20990	155
1939	7	46790	227
1940	8	12090	332
1941	12	124470	405
1942	12	128550	520
1943	16	14193	522

资料来源 《广播通讯特刊》,1943年第1期,第128页。

三、"南京之莺"与"重庆之莺"

在经过形势逼迫和激烈争论,节目的重要性越来越被人们所认识。当年的所有节目统归传音科负责。"中央台"传音科负责节目的编辑和播出,传音科原设播出和征集两股,后来又增加了音乐、广播剧、侦察三组。

对节目的重视是从对播音员的需求开始的,早期"中央台"缺乏专职的播音员,曾经有这样对播音员的介绍:

> 当九一八、一二八之役,黄天如同志广播战讯,声调清朗,句读明匀,以庄谐并作之辞句,把握听众喜怒哀乐之心灵;方希孔[①]委员夫人之日语广播,尤为敌方惊心动魄而妒忌万分;刘俊英女士之报告,敌报亦赏誉为南京之莺,足微效用之一般。

[①] 方希孔,安徽省桐城县人,曾任国民党中央委员、中宣部代理部长。引自《各台业务概况》,载《广播通讯特刊》,1944年第10期。

这些文字描述了"七七"事变前"中央台"播音员的特质,也难掩早期"中央台"对播音员的缺乏,有带方言的普通话充数的,也有临时请来兼职的。1933年冯简曾去北平专门招收来三位女播音员,她们分别是刘俊英、吴祥祜和张洁莲,张洁莲不久后离开"中央台"回了老家。吴祥祜毕业于北平女子师大附中,身材高大,声音洪亮,却主持少儿节目,在南京的孩子们心里留下深刻印象。她曾任职于昆明广播电台播出组,后调回重庆"中央台"任传音科播出股股长,主持播出过许多重要抗战节目,主持了日本投降等重大新闻播出。

与吴祥祜同期的刘俊英则被称为"南京之莺"。

刘俊英出生于1908年,祖籍河北沧县,在就读于北平女子师范大学教育系时,扔下课本就跟着冯简来了南京。刘俊英被认为才思敏捷、文笔流畅、嗓音圆润,具有良好的文化

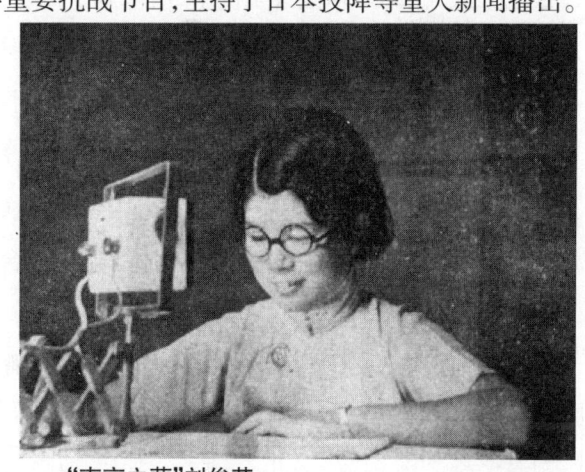

"南京之莺"刘俊英

素质。她能恰到好处地把握语音的抑扬顿挫,工作不久便很快崭露头角,成为20世纪30年代中国最出色的女播音员之一。刘俊英除了播报新闻、专题外,还与另外两位女播音员主持儿童节目,节目中的文章趣味横生、知识丰富,形式生动活泼,再配以娓娓动听、令人迷醉的声音,不但受到孩子们的欢迎,许多成年人也成了这个节目的忠实听众。据说,当时矿石耳机刚刚兴起,为了收听这个节目,人们纷纷购买矿石耳机。这个节目大多安排在晚饭后的"黄金时间"播出,每逢此刻,许多人都聚集在收音机旁洗耳恭听。

刘俊英的播音逐渐在东南亚甚至日本也受到欢迎。1935年春天,一位日本《朝日新闻》记者到台里采访了刘俊英后,在报纸上发表文章称赞她的声音优美动听得如南京的夜莺。于是,她便有了"南京之莺"的誉称。

这位被日本人宣传出来的"南京之莺",在南京即将倾城时,于日本飞机的轰炸下依然播音,在撤退南京的前夜她播出了"中央台"的《告别南京书》。

由于受情绪影响和严格的灯火管制，播出提前结束，这是她唯一一次没有播完稿件。"告别"的南京还可以再胜利回来，刘俊英却因眼疾加剧无法看清稿件，从此告别了"中央台"的话筒。刘俊英后来辗转到了重庆，又因与自己上司范本中的感情夭折[①]，身心俱疲，虽然"中广处"继续给她发薪俸，但昔日的"南京之莺"只能渐渐淡出人们的视野，即使是抗战结束还都复员也再没有回到南京。

"中央台"到重庆后新增加的播音员有郑宝燕、吴君、潘启元、靳迈等。靳迈是北平人，在北平师范大学读书，后来到了四川，在1945年6月到"中央台"工作，赶上了"靳迈和潘启元报告的胜利消息"。吴中林，江苏江宁人，和靳迈一样，也是抗战结束前夕入台的，在报告新闻和时事评论时，精神和语气声调上都很有力。郑宝燕是广东人，毕业于中央政治学校，是记者陆铿的学妹，也是"中央台"新一代的少儿节目主持人，因音色甜美吸引了许多听众。她还参加了话剧和广播剧的演出。这些年轻人给"中央台"带来了朝气。

表7-2 抗战时期"中央台"传音科部分播音员（1945年）

姓名	笔名	性别	年龄	籍贯
陈沅	驭六	男	41	湖南泸溪
吴祥祜		女	32	广西桂林
胡烈贞	丽娴	女	34	广东新会
蔡骧	孟起	男	25	北平
吴荣铨	玉华	男	35	广东焦岭
李庆华	石华	男	33	江苏东海
郑宝燕	津生	女	28	广东番禺
潘启元		男	27	南京
杨玉如		女	34	江苏太仓
吴中林	钟灵	男	26	江苏江宁
靳迈	超岳	男	24	北平
陈丽		女	31	福建长乐

---

① 据《第四阵线——国民党中央广播电台揭实》载，范、刘互生爱慕之心，并有永不分离之愿。而范妻为力挽自己的家庭，在重庆请来吴保丰、吴道一及刘俊英的"入台恩师"冯简到家里做客。席间范妻把事情抖了出来，得到了同情。尤其是吴道一，他没有过多地责备自己的老同学范本中，而是将责任全部加在刘俊英身上，将其远调贵阳广播电台。

因为有了"南京之莺",人们需要在抗战烽火中也找到一位"重庆之莺"为继承。刘若熙比刘俊英小八岁,祖籍江西,毕业于南昌葆灵中学,只是在读初中时学习过一年英文。刘若熙是"七七"抗战全面爆发前夕在南京加入"中央台"播音员队伍的,刚进台时只负责英语教学,到重庆后开始用国语报告新闻。相比优秀的师姐们,其为人低调,处事周到,被认为在同事间"敬人、让人、容人"。"中央台"播音室从大田湾后山搬到聚兴村以后,她的工作是半夜向沦陷区播送纪录新闻。刘若熙曾回忆那段经历:

> 还要躲警报和疲劳轰炸,在防空洞六七小时,别人都回家休息或吃饭,我却带着麦克风进发音室,值几小时班,可以立将敌机肆虐情形播告世人。

刘若熙主持的"海外来鸿"节目通过"中央台"和"国际台"的传输,影响日增,拥有许多热爱者。有听众来信称收听这个节目时,嫌家里有人,风雨无阻每天到舅母家里去听;有普通人家里没有收音机,每天站在一家富户的墙外"沾光"——这些都成为节目受听众欢迎的佳话。

这个节目的听众以海外华侨为主,也有外籍人士。在他们的来信中有许多对"中央台"、"国际台"广播的赞扬,如英国人赫立逊来信说:

> 近闻贵台清晰之播音,藉悉贵国抗战渐占优势,殊为欣慰。中英两国间相距甚遥而能有如此优良之收听成绩,不论在贵台播音方面或本人收听方面,实均获有光荣也。[1]

暹罗知扣埠的华侨来信说:

> 自我们祖国展开神圣的全面抗战,至今足足有十二个月了,在这时候我们政府诸公本着一面抗战一面建设的原则建立了这座规

---

[1] "海外来鸿",载《广播周报》,1939年第173期。

模宏大的广播电台,逐日向海外播送,使我们旅居海外的侨胞得于每日聆听我们祖国抗战胜利的捷报,得到无限的慰藉。

荷属往漳全使的华侨来信:

自穷兵黩武者疯狂侵迫我祖国以来,已二年于兹,幸赖诸将士英勇奋斗,前途已渐近光明,目前我军以守为攻,敌势已衰,终必崩溃。同侨等对于抗战消息至为关切,自贵台成立以后,地无分远近时不论早晚,均可接聆贵台方向送之一切消息,使国内与海外获得更密切的联系,同侨等诚感无限兴奋。

1944年,驻重庆的英国大使馆为英国远东情报局延聘播音员,这项事务曾因为没有合适人选让国民党中宣部副部长董显光十分头疼。刘若熙奉命赴印度新德里的全印度广播公司工作。她在有19位播音人员参加的、以三种不同的稿件播刻在唱片上的业务比赛评分中得了第一名。由于她的播音很受欢迎,因此她被民间称为"重庆之莺"。

"重庆之莺"或"南京之莺"的背景是整个"中央台"的抗战节目影响。

何柏身是江苏泰兴人,从汉口时期开始担任传音科科长,时年33岁,是"二期作战"以后"'中央台'广播宣传"的具体策划者之一。周佛海主持宣传事务时曾与"中央台"有直接责任关系。《周佛海日记》记录到他们共同工作的经历:

1938年10月20日,召广播台何主任,嘱作行动(从汉口撤退)准备。①

周佛海叛逃后,为汪精卫撰写"还都宣言"并发表辅助演讲。"中央台"传音科策划了在广播上对汪伪的全面反击,由何柏身起草方案,经"中广处"上报中宣部批准实施。这成为抗战时期发生在重庆和南京空中声音战斗的重要一幕。

---

① 蔡德金编注:《周佛海日记》,中国社会科学出版社1986年版,第173页。

四、工友和驻军

11个台和处里的所有重要问题都要在每周举行一次的"中广处"办公会议上来处理，大到昆明台的投资建设、西昌台因市电损坏而自办电厂、"国际台"信号在美国的落地情况，小到员工的进出和粮食补贴、隔壁工厂的噪音干扰。

在广播大厦后面有一家叫洪发利的铁厂，常有敲锤铁的声音能够穿透隔音层"震扰剧影响播音屡接国内外听众来函责询"，多次交涉无果，"中广处"上呈经济部解决，最后由部长翁文灏亲批，训令在"中央宣传最为重要"的几个时段里铁工厂不准轧铁。

办公会也通报一些意外事件，如电台院里响起的枪声。

1942年9月2日深夜，"国际台"的工友与卫兵特务连士兵发生冲突斗殴，响起了枪声。事情惊动"中广处"，因为事务科由"国际台"所属，科长郭敬甫亲自带人以"国际台"的名义调查处理。事由是军民玩纸牌赌博，有人"抽老千"引起争斗，工人宿舍"人声吵杂喧闹，似有暴动情事，当时带班军士随枪一鸣，数十人蜂似逃散"，幸没有人员受伤。军队和"国际台"都不想这件事闹大，郭敬甫的处理是开除了当事工人，枪声则以国军不慎"走火"上报结案。

郭敬甫出生于1898年，江苏省江都县人，毕业于北京农业大学，抗战结束后曾担任"中广处"所属的重庆广播电台台长。此时他代表的是电台方的处理方法，特务连特务（连）长陈新则回来后召集全连官兵当场宣布开除开枪的值班士兵范大记，并告诫全连官兵"今后不得再有此项情事发生"[1]。

"中广处"与这个发生开枪事件的连队保持了较好的关系，第二年的4月13日"国际台"还致函重庆卫戍总司令提出挽留该连驻防。函称：

……军政部特务团第二营机枪五连自经担任本台小龙坎播送

---

[1] 全宗号0004 案卷号00020，重庆档案馆。

台及土湾电力厂警卫以来,工作极为认真,纪律尤见严明。兹闻贵部即将该连调防他处,为特函请贵部仍留该连担任本台警卫以资熟于(中)。①

上清寺广播大厦、歇台子收音台、小龙坎发射台、土湾发电厂都实行严格的军事保卫管制,其中歇台子收音台附近还实行无线电静默。二营五连在1942年12月21日致函土湾电力厂:

贵厂乃重要之机关,须严紧护卫而敝连原任勤务微少,无法分配,特为贵职起见,准于下月增加兵力一排以资防御,然宿舍不敷起居,希请贵厂在附近添建宿舍三大间,俾次驻扎而为公便。②

这个团的四营也于某年在沙坪坝柏树林营部,写给中央广播电台一份盖有营长范凯名印的公函,行文客气,称:

……本营分防任勤,拟定控制兵力一连轮次集训,于6月15日第十连集中训练,所有该连担任之警卫勤务交与本营机枪第四连接替。③

负责小龙坎发射台防空任务的国军炮兵第四十一团第一营第二连也致函:

查敝连营房因结构欠牢第经风雨常感飘摇。兹届夏令雨量充沛上漏下湿尤觉堪虞,同时两火炮阵地一遇久雨其内每多积潦,殊与突袭时作战有碍,均应急需修理。为此相应造请派工匠及发各项需用什物,表随函附上务希费神代为筹办为荷。此致国际广播电台

---

① 全宗号0004案卷号00119,重庆档案馆。
② 重庆卫戍总司令部特务团第二营五连1942年12月21日公函,民国档案毛笔书,重庆档案馆。
③ 重庆卫戍总司令部特务团第四营公函,民国档案毛笔书,重庆档案馆。

从这些文件中可以看出驻防"中广处"两台各点国军的驻扎和移动情况，国军只是"中广处"的协助单位，承担保卫和防空职责。1942年9月4日在电台内部被开除的工人在人事上叫工友，1944年统计全处的工友约有近70人，有的也叫长工，或者根据工种叫厨师等，主要由事务科下属的总务股管理。

工友占相当数量，但在薪俸上比较低，按1944年的标准，一般是21元，长工的收入最高的可以达到46元，以进台时间早晚和用人可靠程度分。这部分人文化学历较低，有个别小学毕业，但大多没受过教育，主要承担运输、清洁、伙房、杂务等方面的工作，大多来自四川各县，待的时间不长。其中为全处、台人员烧开水的工友叫黄久清，是一位来自大足农村的青年，在这个岗位上干了近40年才退休。

第八章　大后方"中国之声"

一、国际广播电台诞生

中央短波广播电台的任务主要是对国际播音,由徐学铠代理传音科科长。而"中广处"当时无法提供各种外文稿件和外语播音员,合并后的"中央台"的短波宣传不得不依赖国民党中央宣传部国际宣传处。1940年1月15日,根据中央广播事业指导委员会决议,为便利国际宣传起见,将中央广播电台的短波电台连同人员及经费,划出来交给"国宣处"直接管理,并由王慎铭任台长,同时改名为国际广播电台,也称"国际台"。"国际台"呼号XGOY,另加一个英文名为Voice of China("中国之声"),简称VOC。

"国宣处"原归属军事委员会第五部,迁往重庆后划入中宣部管理,是一个专业性很强的部门,抗战期间由国民党中宣部副部长董显光分管。

董显光英文名Hollington Tong,出生于1887年,浙江宁波人,虽然家道清贫,但却勤奋努力,受过良好的教育。董显光的经历堪称传奇:他在奉化县龙津中学任英语老师时,蒋介石是班里与他同龄的学生;从美国学成归来,在从东京转往上海的轮船上,董显光巧遇只做了短期总统的孙中山,后来发展成"最密切的友谊";在董显光的记者生涯中,他亲自采访过袁世凯和日本天皇。

与蒋介石的师生关系对董显光一生产生了重要影响。1937年他被任命为军委会第五部副部长,专门负责这个部的国际宣传处工作,不久国际宣传处划入中宣部,董显光任中宣部副部长。抗战期间中宣部换了十任部长,董显光这位副部长的位置纹丝不动,专事国际宣传管理。在他看来,无线电广播具有重要作用,已有左右人类感情的魔力,它能支配国与国间友或敌、亲善或仇恨的情绪,并且"短波无线电传导力广泛迅速,不受国界限制,且可避免偷查,因此更适宜于作国际宣传"①。

抗战时期国民党中宣部负责国际宣传事务的副部长董显光

"国宣处"由曾虚白任处长。曾虚白1895年出生于江苏常熟,毕业于上海圣约翰大学,是作家和翻译家,其父为中国晚清小说家、出版家曾朴。淞沪会战爆发时,曾虚白创办了上海第一家抗战晚报《大晚报》,晚年时著有《曾虚白自传》一书,其中一段详述了抗战时期的国际宣传经历。

"国际台"受"国宣处"管理时,先在小龙坎发射台播音,故一度该地方也被称为"国际台",后在"国宣处"所在的两路口巴县中学建有单独的播音室。②"国际台"传音科的前身是这个处的广播科,王慎名、彭乐善③都先后担任过科长,又都兼英文节目主持;军人身份的林忠任日文节目主持,朱新民任俄文节目主持;一些外籍和外语播音员也编制在处里。"国宣处"还曾经广泛向社会招贤纳士:

---

① 董显光:《广播与国际宣传》,载《广播周报》,1940年第191期,第1页。
② 巴县中学于1938年秋天疏散至鱼洞镇,把位于两路口先农坛(2015年重庆市渝中区体育村33、34号所在地)的校舍借给国民党中宣部国际宣传处作办公和宿舍用,抗战结束后收回。
③ 彭乐善(1906—1988),文化语言学家,抗战结束后曾担任过"中广处"上海台副台长及联合国中文广播主持人,著有《广播战》一书,1988年在美国去世。

兹为征求外事工作人员特举行公开执教广收人材,规定招考办法如下:一名额四十名二,投考资格:凡中华民国之国民不分性别年龄在二十八岁以下不论有无现职,具下列资格之一者,甲国内外大学毕业者;乙国内外正式军事学校毕业者;丙国内外正式警官学校毕业者……八考试课目:党义、国文、历史地理、外国文(作文会话英、法、德、俄、意、日)……十二训练地点:重庆;十三待遇:在受训期间月给津贴五十元,毕业后按工作能力自一百元至二百元起薪。①

在人员上大部分划归"国际台"后,"国际台"的节目内容基本上保持了来自"国宣处"的设计。"国宣处"还有一个部门叫对敌科,其工作重心有四:一是收听敌方广播,译送党政官员参考;二是操日语向日方广播,瓦解敌方士气;三是编撰日文报道与论文,印成正式日文报纸与杂志,透过我方情报机关,运到敌区散布;四是搜集日方广播及各种印刷品之敌情资料,整理分析编成"敌情研究"与"敌方谬论"分送国民党党政负责人参考。对敌科的职员都是在有日本留学经历的人士中选出,例如林忠、胡风(左翼作家)。

1940年6月7日,正准备新建增音室,要在对日广播战中大干一场的中宣部国际宣传处奉令又将国际广播电台的行政管理权交回给"中广处"。②

"中广处"派冯简任台长,同时为了"政事分开"和"处台分离",把"中广处"所属的工务科、事务科也划在"国际台"属下,董毓秀任工务科科长,郭敬甫任事务科科长,原"国宣处"广播科科长彭乐善任传音科科长。

这种调整不光牵涉到重庆,还影响到贵州、昆明等台,在董显光安排下,所属台凡具有短波功能的电台都由"国宣处"交回"中广处"管理,但对外宣传业务仍由"国宣处"负责,所属台对外宣传业务超过半数者由"国宣处"派人任传音科科长。

为了电台的安全,刚开始播出的节目内容甚至不能报告呼号的来源地。

---

① 启事,载《中央日报》,1940年9月13日。
② 全宗号0004案卷号00042,重庆档案馆。

工程技术人员经过不断的调试,使播出状态逐渐稳定下来,播出时间得到增加。1940年1月份播出时间为230小时,到了12月份已经达到470小时。

当小龙坎的设备搬进地下室以后,"国际台"不再避讳电波源来自重庆,传音科科长彭乐善给冯简报告道:

> 窃以本台发音机拆移将毕,防空问题业已解决,最近恢复播音后,似无再避用"重庆"二字之必要,兹为求本台对外宣传力量之充分发展起见,拟请自(1940年)7月1日起,一切报告改为"重庆中国国际广播电台"。①

吴道一批复"核尊"后,一直隐藏在电波后面的战时首都重庆随着国际广播电台和"中国之声"广播节目更多地被世人所知。至此,从设备到建设、从名称到归属都已完成,试播于1939年2月的重庆国际广播电台正式诞生。

二、日本人仇恨的"蛙声"

受军部和政府控制的东京广播对日本国内的和平与反战思想进行了强力压制,在人民中把中国的共产党影响、英、美支持,抵制日货,抗日战争等都煽动成日本人对中国的仇恨,大量战争消息从广播里出来,这些消息甚至告诉日本的年轻人,"中国正期待着日本的解放","中国女人正在用鲜花迎接日本军队的到来"!

因此,蒋介石在广播里说过:

> 敌兵多是受着军阀欺骗压迫而来的,并不是他们自己愿意来华

---

① 全宗号0004 案卷号00062,重庆档案馆。

作战的。我们应当尽力宣传他们,使他们彻底了解,侵略中国是他们自杀的死路,反战乃是他们自救的生路,对于伪军更应该积极劝导,使他们发挥大无畏的精神,掉转枪头,杀敌反正,来捍卫我们的祖国。①

对外宣传首先是对敌宣传,即对日本人的宣传,东京广播是"国际台"最大的敌人。国际宣传处构架里的广播科转为"国际台"传音科后,直接对敌的日文节目仍然由林忠负责。

"国际台"对日本广播的固定时间是东京时间每天的21时20分到21时35分(重庆时间每天的19时20分至19时35分),有两个节目:

19:20—19:25 日本音乐歌曲
19:25—19:35 新闻报告(日语)、节目报告(日语)

1939年5月26日晚上,在日语新闻报告结束后,"国际台"请来一位叫植进的日本战俘到播音室作演讲。

日本战俘一般比较顽固,国军把在战场上俘房的日本军人主要集中在成都和重庆的战俘营,虽然经过"大同会"的教育,要在广播上作反战宣传也实属不易。植进军衔上尉,属于接受教育、态度真诚一类。他说,在中国内地,看到许多中国老百姓的房屋被日机炸毁,还有许多无家可归的难民时,自己真难受。为什么日本军部这样残酷?他们为什么老是要炸中国的老百姓呢?

被俘的植进用日语对自己的同胞讲了自己刚当俘房时的感受:刚进来自己每天想着将来一定会被杀,但是到现在,中国军队不但不杀我们,反而优待我们,这是我所想不到的。在日本时,日本军部不断地宣传着:一是中国充满着赤化思想;二是日本为了防御赤化思想而来和中国战争;三是中国人不和邻国的日本人亲善,却借外国力量来虐待在华日本侨民;四是中国军队如捕到日本兵时,随即会施行惨杀。

---

① 《蒋介石对战地同胞广播训词》,载《广播周报》,1939年第147期,第1页。

植进用自己亲身经历驳斥了日本军部的欺骗宣传,指出日本国民正因为相信这种"恶宣传",正在走盲目的路。

他说:

中国人"完全是为了拯救自己民族的生存而抗战的。他们不想打到日本,杀害我们的百姓,却只是不屈不挠地抵抗日军的进攻。这是大陆生长的中国人民伟大性的表现,真使我们非常感动。我们同胞现在正是为着日本军阀牺牲着,万一日本果真打了胜仗,在我们一般国民,尤其是老百姓的我们,究竟能够得到什么东西呢?日本国民现在不是正在被征收、被榨取着庞大的军费吗?要缴纳的税金又那么多,现在国内的物价又是无可形容的那么贵,生活又那么苦。最后我们可爱的孩子、兄弟、丈夫、父亲也在战场送了命,结果表明换来的不是如玩具一样的毫无价值的徽章吗……去前线的日本兵不是每天正在受日本队军部的压迫而表明不满吗?我还听到到中国来的日本兵和很认识中国的日本国民……都觉得这次战争是毫无意义的,我们日本国民已变成日本军部的牺牲品了。这样想并且还听到了许多日本兵想为东亚和平而投降中国军队,参加中国的抗战"。

最后他呼吁:

我们亲爱的同胞,我们应该早日觉醒。我们的敌人不是中国,却是日本军阀。如以上所讲的,实际破坏东亚和平的,就是日本队军阀。现在我们应该逃出无谓的牺牲,而来和和平的中国国民握手,对日本对军部表示反战。积极参加中国抗战,共同努力,争取东亚的真正和平。这正是日本国民的第一急务啊! [1]

---

[1] 植进:《东亚和平被日本军阀破坏》,载《广播周报》,1939年第173期,第18、19页。

在登载植进演讲稿的《广播周报》上还登载了已经播出了的一位叫加藤子的日本妇女于1938年7月1日给远征在中国的丈夫写的信。山西的国军在一次夜袭中缴获这批日记和信件并送到重庆，"国宣处"找了一些日本籍妇女，专门以"娇婉的语音委婉陈诉"这些信件，以打动日本士兵。这次也如此，信被日本女人用日语在广播中娓娓道来：

加藤甚夫君：

　　故乡每天都下雨，讨厌极了。这是13年来未曾有过的霪雨。关东、关西的水灾是非常厉害的，死者和失踪者合计已突破两千名以上。山形是没有关东、关西方那么厉害，但是长崎街附近的最上川水已涨至1丈2尺，水堤有决溃的危险，现在警戒中。内地商人因为材料的调价，加之以商品的不足，所以很难维持。木棉一束约三四十钱，市内的打铜街、天平、火夹等地的商品，已经不许制造了，同业者一齐跑到县所请愿。还有机器业也是一样的受限制而到县所请愿。听说打铜墙铁壁街变为军事工业场所，确已陷进了不景气的深坑里，一袋米涨至十三四元的高价，真难过活了……

另一位叫竹田助藏的这样写道：

大岩挂助君：

　　6月20日前后，15岁的弟弟结果也被征去了，是当工兵。在国家总动员之下，木板制造也被告禁止了，铁、橡皮、木材那样的东西也被告限制了，还有强收各户限制的贮金，每户各出一百一钱（即一元一分——译者注），学生各人出1元5分，形成贮金的制度。这是集取国民的金钱方法。

在榆林战斗中，中国军队缴获的油印品上有三位日本小孩写的作文，"国际台"的日语女播音员用孩子的口吻进行播送：

每逢星期三那天，先生们带我们参拜观音寺，慰问荣誉战死的灵魂。最初去时因为死者太多，使我吃了一惊，寺中的正面、左侧、右侧堆着白布包着的小箱子，这样勇敢的强壮的身体，被那样小的箱子收藏着。已成了骨灰箱里的人们，也许有了像我们这样年纪的孩子吧？想起死者遗留下来的孩子们时，心里直觉难过，他们也许是记挂着父亲很平安地凯旋归国，可是想起现在由白布箱子送回来时，泪珠也滚下来了。那些孩子再怎样喊声爹爹，也得不到他们的回声了。当我们谈到甲斐君时，一定要去参拜祈祷着快些和平！①

传音科编辑会把信件作一些前后注解。一位叫佐滕的男人写给在天津市高利部队伊藤队的朋友盛雄的信被这样编辑播出：

下面还有一封信不妨作为日本国内民众的反战情绪及挂念远征在中国前线的家人的代表。这里面仍充满着悲痛和苦恼，细细的咀嚼一下，便可以了解日本国内民众的心情到底是怎样的：

……每日的新闻都要有登载战死人的名字，只要作一个稍为奇异的梦，心里就很挂念着你，虽然平安的度过那天，可是今天也能平安无事的渡过去吗！

使用战俘作宣传在第二次世界大战交战各国中都有，苏联的莫斯科"中央台"曾招待被俘德军，使其围站在传话器前，对德国人民广播。会在某个晚上，一位德兵突然在来自莫斯科的广播中说："希特勒已经出卖我们矣！"另一位被俘的下级军官也说："我们在苏联俘房营，向祖国父老致以衷心的慰问，此间舒适而安全，可无忧也……"

日本《朝日新闻》曾宣传过中国的"南京之莺"，战争开始以后，日本报纸很快失去对中国抗战广播的忍耐，把重庆广播称为"重庆的蛙声"。

尚无法考证"蛙声"的具体出处，但在抗战时期的众多文献中都能读到

---

① "敌兵家信"，载《广播周报》，1939年第173期，第12、14页。

这个称谓,可见其确实存在。曾虚白在自传中说:

> 敌方深恨我广播之扰其军心,曾誓言必集中轰炸来消灭我这心战巨矛,不料越炸越凶,敌方骇此奇迹,称我广播是死不完的青蛙!

除了内容,大后方"国际台"负责对日广播的播音员也被日本人所熟悉。

林忠,1914年生,籍贯台湾南投草屯,常以海涛的笔名在《广播周报》上发表文章。中学时在日本广岛读书,以第一名成绩考上东京第一高等学校,毕业后申请进入京都帝国大学医学院就读。

随着中日战争持续扩大,林忠于1937年9月放弃在日本的学业,直接前往中国大陆加入到抗战行列。初任军事委员会第五部少校组员,除担任对日宣传工作外,每天晚上到南京中央广播电台以日语对日广播。南京撤退以后,林忠辗转大后方,在长沙、汉口、贵阳等地对日、对台广播。1939年6月国际广播电台成立,林忠调回中宣部国际宣传处,成为"中央台"和"国际台"进行日语播报的负责人。其妻钱韵毕业于杭州之江大学,也在"国际台"担任播音工作。

对日播报的内容主要来自于中央通讯社新闻和"国宣处"搜集编辑的内容,也有演讲、时评等,经过翻译后播出。由于对日报告的工作量巨大,对敌科每天合编的日文稿都要送到"国际台"播出,"国际台"编制下的日语播音员也迅速增加,到1944年,先后担任过日语播音员的有傅俊仪、张铃江、成圣林、白滨英、高歌等。这些年轻的男女播音员多有在日本学习或工作的经历,战争爆发后迅速回到祖国,汇集到大后方,参加对日广播战,都应该属于被日本人特别咒骂的"青蛙"。

一些社会人士也加入了对东京广播内容的搜集和攻击,贬低敌方广播能力。这是其中一篇文章:

> 日本的国际广播常被诟病语言能力差,其播音也要仰求外国人士帮忙,英语要英美国人,德语要德国人,华语和沪语要中国人,韩

语要韩国人来讲。日本人对客卿播音员监视十分严格,实际上却弄得一团糟,笑话百出。《读卖新闻》曾举出好几个例子来嘲弄JOAK,象日语播音员报告"平安归来的某中将到热河投宿一夜演讲神户攻略之经过",他把热海报作了"热河",神风误报了"神户";德国语报告员则把"汪精卫认作王宠惠的哥哥,把哥哥在南京反共和平,弟弟在重庆强硬外交,认为奇迹";英语播音员把"林森在中央电台广播演讲"的新闻读成了"重庆中央要人在郊外某大森林开座谈会"等等。①

传音科也要关注敌人的反应,在敌方对自己节目的反驳和重视中受到鼓励,曾有报告:

  昨日(1940年12月1日)午后五时敌东京电台播送,该台除反驳我方克复南宁之消息外,并谓重庆于30日广播,声称中国克复南宁,查此与事实不符,此次日军系自动撤退云,于是可见敌方对我广播之重视。②

被敌人重视的内容也被"国宣处"监听到。在1940年7月的轰炸中,东京中央第一台曾报道说已经把"国宣处"炸成了平地③,但是日机却继续"光顾"。1941年的5月28日,"国宣处"防空洞附近落下来五颗炸弹,炸死了两位工友;7月5日、6日、7日三天,又遭连续轰炸,房屋、设备被直接命中,损失惨重,连董显光的住舍也被炸掉一堵墙。"国际台"传音科和"国宣处"的员工都认为对外宣传的影响,是日机把重庆对外宣传机构作为攻击主要目标的原因。

---

① 出伍兵:《广播战中的各国客卿》,载《广播周报》,1941年第194期,第5页。
② 传音科报告,民国档案,重庆档案馆。
③ 董显光著,曾虚白译,蔡登山主编:《董显光自传》,独立作家2014年版,第149页。

三、孤独求援

自慕尼黑事件[①]后,英、美两国不愿意牵涉到东方问题,以致削弱其对西方战事的军事准备。1939年9月3日欧洲战争爆发后,日本与德、意签订三国经济军事同盟,此时的欧洲各国已经感受到希特勒的威胁而无暇东顾,英、美对日本有安抚的态度。美国虽对伪满仍保持其不承认的态度,但对中日战争已公开了它的中立政策,保持着向日本出售废钢铁等战略物资,实际表明美国对中国的抗日失去了信心。

1940年6月17日,英国与日本在东京签订关于天津的协定,英方交出国民政府存在天津的白银。6月20日法国接受日方要求,封闭滇越铁路,切断中越运输。6月22日,法国向德国投降,鼓励了日本扩张的野心。7月18日英国与日本在东京签订协议,封闭滇缅公路运输,以"迫令中国与日本有探讨和平的可能性",这对于海上通道已被完全封锁的中国"打击殊大"[②]。

另一方面的坏消息是1941年4月13日,一直向中国提供武器的苏联在大敌当前时为了稳固自己后方与日本签订中立协议,损害了中方主权。这些协议虽然都违反了中英、中苏的相关条约,但无奈大国的"绥靖政策"。直到太平洋战争爆发的四年间,是中国抗日战争进行得最艰难和最孤独的时期,极其希望让外部知道发生在中国的事情,得到外部的援助,至少让敌人的侵略不会得到所谓民主国家的支持。

为了影响西方国家尤其美国政府和人民,改变中国孤军抗战的窘境,对外广播发挥了深入持续的宣传作用。国际广播电台主动邀请驻华的美国人对美国听众讲述他们见到的中国。

1941年夏天,由"国际台"筹划,中宣部副部长董显光请中国红十字会总

[①] 1938年9月29日,在德国压力下,英、法政府决定牺牲捷克以换取和平,与其签订肢解捷克的《慕尼黑协定》,也称"慕尼黑事件",《慕尼黑协定》助长了德国的侵略气焰。

[②] 董显光:《蒋总统传》第二册,中华文化事业出版委员会1957年版,第322页。

干事林可胜出面,邀请美国红十字会驻华总干事贝克博士等5人,于当年6月10日至18日在昆明广播电台播音室发表对美演讲,重庆"国际台"35千瓦短波发射机转播至太平洋彼岸,由中国驻美收音员收听并灌制唱片,再由纽约统一援华募捐委员会分送美国各地电台再播,以此向美方各界人士募捐支援中国抗战。

表8-1 对美播音人员表(昆明台,1941年)

人名	国籍	演讲日期	简历
贝克(John Earl Bakcr)	美国	6月10日	交通部顾问、美国红十字会驻华总干事,居留中国25年
朱幼渔(Mr.Y.Y.Chu)	美国	6月12日	基督教圣公会牧师
迈尔(Cail R.Myers)	美国	6月14日	美国红十字会驻华副总干事
易理藩(Rer.A.Evans)	英国	6月16日	牧师,在华35年
安汝智(Rer.D.Avnold)	美国	6月18日	青年会干事,在华25年

这类合作播出有明显的政治、军事目的,也取得了效果。冯简给昆明台致函称:"贝克博士演讲本台收转情形甚良好。"

罗斯福第三次当选美国总统后,向日本出口的铁矿砂、铁片、铁合金等被纳入必须禁止准许之列。1941年夏季,美国又禁止钢铁及汽油运往日本,并冻结了日本在美国的资产,中国开始得到美、英两国的援助。

太平洋战争爆发改变了第二次世界大战的全景,在这之前,日本虽然一开始采取攻势,力图速战速胜,四年过去却仍然深陷在中国战场的泥潭里。中国则结束了痛苦的孤立局势。中国长期的对日作战堪称消耗战,使美国及同盟国有相当的动员和准备时间,在战争中采取主动。

到1943年初,中国抗战五年多来,欧美各国转播中国的新闻与演说,共124次,平均每月2次。五年来,最先6个月仅有1次,而最后6个月则平均每周3次。"国际台"期待将来收听情形转好时,此项特别广播次数还会增加。

表8-2 1937—1943年初政府要员在"国际台"对海外广播演讲及收转情况表

发音人	NBC美国	CBS美国	MBS美国	BBC英国	AIR印度	总次数
蒋介石	2					2
宋美龄	7	2	2	1	2	14
宋庆龄	1					1
孔祥熙	1	1	1			3
宋霭龄	1	1				2
孙科				1	1	2
王宠惠	2			1	1	4
陈立夫	1					1
吴铁城			1		1	2
王正廷			1			1
郭泰祺				2		2
吴国桢	1	1				2
陈光甫			1			1
张百苓	1					1
总计	17	5	6	5	5	38

资料来源 彭乐善:《广播战》,中国编译出版社1943年版,第33页。

前三家是美国公司,NBC的中文译名为国家广播公司,又称全国广播公司或国民广播公司;CBS为哥伦比亚广播公司;MBS为联合广播公司。BBC是英国广播公司。AIR则是全印度广播公司。美国的广播公司每家都拥有上百家广播电台,形成互通互联的广播网。除上表所列,何应钦于1941年4月6日在"国际台"对欧美广播报告中国的战况,伦敦、旧金山、马尼拉、德里通过翻译进行转播也获得成功。所谓成功是指在技术上转播效果较好,特别是对方进行接收和转播时效果较好。对方收转失败的节目也时常出现,主要原因是当地的接收效果不好。其中有两次取消分别是因为蒋介石的演讲在时间上冲突和日机飞临上空进行轰炸。

通过上表可以看出演讲者的两个特点:一是对外广播演讲以至对外宣传的权力牢牢掌握在国民党高层手里;二是个别精英在对外宣传上发挥了独特的作用,例如蒋夫人宋美龄。

"国际台"的稿件一般由国际宣传处负责提供。抗日战争时期，中国逐渐在美国建立起一个颇具规模的新闻发布平台，叫作中华新闻社（Chinese News Service，简称 CNS）。战时重庆对外通讯困难，电报费昂贵无比，CNS 发现在加州靠海的凡吐拉（Ventura）市，有位叫史蒂华（Charles Stuart）的美国人，用自己的收音机能直接收听到重庆的广播，便聘请他设立收听站。"国宣处"的写作科负责在重庆撰写英文稿，由"国际台"每天对美播送 5000 字到 10000 字的节目内容，收听站逐字逐句地抄录下来，转送纽约、芝加哥与旧金山，成为 CNS 每天对外发稿的最大消息来源。

　　抗战结束后，"国宣处"曾邀请史蒂华访问国民政府还都后的南京，引他见了蒋介石，并给他颁发胜利勋章与奖金，以谢其助中国抗战的努力。

四、中外同事

　　"国际台"与"中央台"一样，节目编制中只有播音员和编辑，没有采访记者，职务上相比技术方面的设置要简单得多，且不规范。除播音员、报告员或练习生外，就是沿用行政上的干事、总干事之称。

　　"国际台"的节目共有三大项：

　　一为通常性质者，以粉碎宣扬侵略迷梦、"和平"国策及宣传国民党的主义为主旨，计有演讲、新闻、战讯、时评及音乐等。

　　二为应战时急需者，计有：一是广播信箱。如负责国际宣传的中美人士，均可利用该台作简单通讯，由美方收听抄录送达。二是杂志论文。由在渝外国记者等就时事及地方背景所作报道，播由外方收听刊载在杂志上。三是密码广播。对国外传达指示，在"国际台"用秘密电码，播由国外国民党党部及使领馆收听。四是乡情报告。由该台用粤语报告各地乡情，慰藉侨胞思家之念。五是对远东盟军广播。由驻华美国军部及大使馆在该台播送新闻、音乐剧等,由"各地盟军收听"①。

三为特约广播:因敌方干扰太强烈,"国际台"电波有时不能使美国听众容易接收,"国际台"便帮助美方 NBC、BNCI、CBS、MBS 等广播网,及 WLW、WMRA、WHO 等广播电台,用当地的设备代为收转,以适应广播战的局面。

1941年,"国际台"每天用国语以及沪、粤、闽、台山、台湾方言,加上英、德、法、意、日、俄、荷、阿拉伯、马来、韩国、泰、缅、越等语言,播出14小时以上的节目,日常完成这些节目的播音员已经全部来自本国,形成了自己的播音力量。有文章为中国的播音员鼓劲:

> 我们广播的人材都是一流的,每个播音员至少要精通二国以上的言语文字,他们能对于国情国策的明了而无漫无边际言不由衷的弊病,并且能受到爱国心也可以说是战斗意志的激励,在麦克风前带给万千听众以热情,更易增强宣传的效果。②

表8-3 "国际台"传音科"中国之声"部分播音人员表(1943年)

姓名	性别	年龄	籍贯	学历	职别
彭乐善	男	39	湖北襄阳	金陵大学文学学士	科长
刘海仑	女	44	广东台山	美国华盛顿大学学士	总干事
刘源桃	男	33	广东宝安	荷兰商业专校、国立中山大学毕业	德、荷文编辑
张铃江	女	31	广西桂林	日本东京帝国女子专门学校	日语报告
黄鸿涛	男	43	浙江镇海	上海震旦大学、哈尔滨俄文法政大学	俄语播音
林金兴	男	28	广东丰顺	广东第二师范、泰国高级师范	泰语播音
成圣林	女	30	湖南	日本高等女子专科学校毕业	日语报告
谭兆禛	男	40	广东中山	哈尔滨法政大学毕业	俄语写稿
郭殷	男	34	广东三水	香港大学文科毕业	
钱韵	女	30	江苏江阴	杭州之江大学	干事
陈欸勋	男	26	福建龙溪	上海暨南大学肄业、中央军校毕业	马来语播音

---

① 《国际广播电台》,载《广播通讯特刊》,1944年第10期,第100页。
② 出伍兵:《广播战中的各国客卿》,载《广播周报》,1941年第194期,第5页。

续表

姓名	性别	年龄	籍贯	学历	职别
黄莹璠	女	28	湖北江陵	北平大学女子文理学院经济系	助理
甘佩兰	女	37	广东中山	秘鲁大学毕业	西班牙语
刘福同	女	33	安徽怀远	金陵大学、齐鲁大学	
苏甦	女	27	福建	福建师范训练班毕业	粤语播音
万德萃	女	25	湖北潜江	武汉大学经济系肄业	国语播音
于铭贞	女	31	山东黄县	贵阳师范学院毕业	
刘香薇	女	26	广东番禺	广州高中师范毕业	
力伯津	女	27	福建永泰	北大附中、比利时鲁文大学家政系肄业	
席铎	男	38	江苏仪征	金陵大学毕业	二等播音员
高歌	女	31	陕西米脂	日本福冈女子高等语言学校	播音员

资料来源　全宗号0002案卷号00005诸件,重庆档案馆。

早期前辈还有英文编辑李炳瑞、戴赉、戴费玛利,法文编辑马光璇,俄语报告裘苏信,马来语报告欧阳汉,阿拉伯语报告张秉铎,印度语报告麦睦德等,另一些担任播音工作的人员分属中宣部国际宣传处和国民党中央党部等部门。以上这些具有多种外国语言能力的播音员大多是"国际台"正式成立时在重庆报考或经人介绍进台的,正当风华正茂之年。

"国际台"还聘用了一批来自西方国家的语言文化专家,他们多在抗战初期就来到中国,在台里时间相对固定,为"国际台"的创立作出了重要贡献。先后还有1941年在国际台担任英文编辑、被评为"写作甚佳"的合众社记者爱泼斯坦,酷爱无线电技术、向电台赠送投影设备的美国新闻处副处长司徒华。董显光在汉口"捡"来的马彬和在国际宣传中的特长很快发挥出来。

马彬和是出生在苏格兰的英国人,就读牛津大学基督学院时,对中国古典文学已发生兴趣。来华之后,决心要过全部中国生活,报中国名、穿中国衣、讲中国话、吃中国饭,在中国国难时期,把生活压低到最节约、最低廉的水准。

到了重庆后的马彬和,人事关系一直属于"国宣处",而每天到"国际台"上班。他给彭乐善、曾虚白、程锡祚和陆锵等人留下的印象十分深刻。从南温泉政治学院毕业分配到台里的陆锵初次见到这位牛津大学学子互通姓名时，不禁为他的中文修养大吃一惊，陆锵说自己姓"陆"，他马上问是不是陆象山的"陆"。

有一次在防空洞里听马彬和讲朱子治家格言，陆锵竟希望防空警报持续的时间长一点儿，可以多听听马彬和先生的宏论。他谈宋明理学别有一番风味，连饱读诗书的处长曾虚白也喜欢听。马彬和对人彬彬有礼，人如其名。他因工作的事给传音科科长彭乐善写信，签名的时候恭恭敬敬写上："弟马彬和顿首再拜。"

在英汉文翻译方面，"国宣处"和"国际台"往往把一些最重要的稿件交给马彬和去处理完成，其中包括蒋介石的稿件和外国首脑的蜡片录音。在集结成册的蒋委员长文告的英文版中，译者的大名也署着 Ma Pin-ho，以见对他英文水平和国文修养的肯定和信任。当时在重庆能够将中文直接译成英文的外国人首推金陵神学院的美籍教授毕范宇博士[①]，毕博士曾将孙中山的《三民主义》翻译为英文。他见到马彬和流利的笔调后深为叹服，赞道：

委员长的文稿经他译成英文广播时，简直变成了清丽的散文！

马彬和写稿和住宿都在两路口的"国宣处"，每天写完稿，就步行十公里去小龙坎播音。当时重庆最方便的交通工具是人力车。他认为人力车把人当作牛马使唤，最不人道，坚决不肯坐。就这样，他每天写三五千字的播音稿，走山路去进行广播。有时在路上遇到空袭，他从不惊慌失措，也不愿钻进防空洞，在旷野里看着炸弹一颗一颗地掉下来爆炸，并说，炸弹落下没有一定的方位，假使不注定要被炸死，就不会落到你的头上。

有人担心问："假使你被炸弹炸死了怎么办？"

他会觉得这个问题很奇怪，回答："什么，死？哪里会炸得死呢！"

为了维持对英国广播节目的准时播出，他不光敬业，还极其认真。曾虚

[①] 毕范宇（Francis Price）(1895—1974年)，出生于中国浙江，美国美南长老会传教士，汉学家，上海国际礼拜堂牧师，抗日战争期间曾做过蒋介石的顾问。

白回忆说：

> 他的广播是自写自播，决不假手他人的。以他简练的字句再由他以牛津口音播出去，当然使英语听众听了十分过瘾，在宣传上得到不可限量的收获。但，他的写和播天天搅得他满头大汗，筋疲力尽。

在陆铿的回忆中，凡是担任"中央台"、"国际台"播音工作的人没有一个迟到的，风雨无阻。当时"国际台"的播音室还在小龙坎，有一次日机轰炸全城停电，又偏遇倾盆大雨，大家想马彬和今晚不会来了，因为他住的地方在十公里之外。哪知在离伦敦广播节目播出还差五分钟时，只见他一袭阴丹士林布的长衫，拿着一把淋着水的红油漆纸伞，翩然而至，而长衫的下摆和裤脚全湿了。"大胡子"只问了一句：

> 停电，我们的广播不受影响吧？

自备的电力设备能够保障在停电时的播出，当时，"中国之声"提出的一个工作信条就是：抗战继续一天，我们的声音就要保持一天。①

刚进"国际台"在增音室上班的程锡祚是在参加马彬和办的英语学习班时认识他的。马彬和办班的目的出乎所有人意料，竟出自于需要钱。马彬和的生活是怎样的呢？

当年在"国际台"做事的普通工友靠月入21元要养活一大家人，"国宣处"给马彬和的是600元的专家月薪，这笔收入足可以使他过比别人要舒适得多的日子。但他坚持只要60元，说他在军委政治部每月拿60元，住公家宿舍，吃公家饭厅，60元足够了。

---

① 陆铿：《陆铿回忆与忏悔录》，时报文化出版企业有限公司1997年版，第39页。陆铿，（1919—2008），号大声，云南保山人。1940年毕业于重庆政治学校新闻专修班，在中国国际广播电台作助理编辑兼播音员，是中国最早的广播记者。第二次世界大战期间担任中国驻欧洲战地记者，抗战胜利后升任国民党《中央日报》副总编辑兼采访部主任，1978年离开内地去香港，在香港和美国办刊，2008年在美国旧金山因病去世。

马彬和的专家待遇让他必须领这些钱,坚持不过的他领了钱,决定把自己认为多的钱捐助给慈善事业或赠送给抗战有关的社团。在刚到重庆的几个月中,他经常把每月省吃俭用省下来的钱全都送到上清寺附近的八路军办事处;不久改变了办法,把余钱送到国际红十字会;过了一阵,他又感到不满意,另想处理办法。于是,他在巴县中学后面学田湾的山坡上,自己花钱盖了一座草屋,同时亲自到街头巷尾去收留一些流浪儿童,让他们住在草屋里,并且自己搬进去,跟他们共起居、同饮食,照顾他们。后来这些流浪儿童人数增多了,他一个人照顾不了,就招了一位中国朋友住在一起,帮他打理这些孩子的生活。

这个计划的实施,令光棍马彬和月入600元也不敷支配了,他要求"国宣处"加工资,同时也在另筹财源。他没有什么别的办法好赚钱,唯一办法是教授英文。于是,他在公余之暇,多半在吃过晚饭之后,开始教英文来维持他那些流浪儿童的生活。

马彬和教英文既没有固定的教室,也没有固定的学费,谁愿意跟他学英文,不论程度高低,都可以到他那里登记。登记到了他认为足够的人数后,他就向附近学校或任何公共场所接洽开课的课堂。课堂场所能维持多久,要靠他接洽结果,因此是流动的。

他嘱咐学生们,为了帮助那些穷孩子,听完了课,各人量力放几块钱在自己坐的桌子上。听课的人有的给了,没有给的也就算了,他从来没有注意到谁给谁不给。讲完课,学生离开,他走下讲台到空桌子上捡起零星钞票,带回去填饱孩子们的肚子。

马彬和习惯把弄脏了的油条吞进肚子里,请串街理发师用布包袱里的行头理发,有时索性不理发,把脑后的长发打成一束飘然过市。马彬和抽烟很厉害,他在香烟摊上买烟时随便付一些,有时商贩向他说不够而他又缺钱时,他会摆着手说:"够了,够了!"

一个坚持要过最低标准生活的外国人,一个从来舍不得用完整稿笺纸只用纸边便条的专家,却用所有的积蓄来帮助人——马彬和就是这样一个貌似怪诞实际充满着人情味的人。

程锡祚是往桌上放钱的学生之一,迟晓也是。半个世纪以后的程锡祚还能大声读出"Voice of China",讲述马彬和的故事。他解释说:"我的英语是马先生教的。"

"国宣处"工作人员与部分合作的外国专家合影。前排右一为白修德(美),右三为马彬和(英)、右四为武道(美)

五、新年

1941年的新年就要到了。

冬天虽然没有轰炸,但这个新年人们除了政治上的祝福之外,几无所有。重庆的生活越来越困难,人们从四面八方涌向战时首都,煤、炭、米、油等供应紧张,加上西南各省奸商操纵物价致战时首都人民生活十分困苦。新的电台在大后方各地不断建设,人员也急速增加,对一个有越来越多职工和家属的单位来说,以大米为代表的粮食供应成为了重要问题。由于计划米价和市场价相差巨大,无法买到计划米的新职工和家属生活倍感压力。当时的住房和大米这类事情都由单位来管,"国际台"曾致函重庆市粮食管理委员会云:

> 新增员工均因无米改发补助费数月以来,不敷之米每以购买困难颇费周章。现任公务员及其家属既不能购买普通居民平价米,又无另购之补助费,食米乃每月所必需,不致每月发生恐慌,相应函请贵会查照本台名册不敷之数按月准购食米10石4斗以维伙食而免断炊之虞。[①]

这种报告时常都要写,连续写了好几年。经过努力争取,要求会得到部分满足。粮食当局的回复是:"经填发洽售食米训令一件,准由贵台按日购买食米2石1斗在卷。"

为了让来之不易的大米都吃到职工的肚子里去,"中广处"请来炊事员开起食堂为职工提供"平价饭",但吃"平价饭"也是一笔巨大的支出,有人调侃起自己的生活状况来:

> 每月收入,除必要支出外,所剩无几,每月初尚有法币露面,未几角票相继出现,一周后,袋中所存者仅热气而已,故月中以后每晨均以"枵腹从公"之精神奋勉工作,以大量开水代作豆浆,聊充饥肠,自此妙品发明后,传音科内之开水消耗量激增,工友为运输给养倍极忙碌。[②]

无论是解放区还是大后方的军民,迈进1941年这个新年时都缺粮。在肚子不饱和军事、政治的僵持中,重庆"国际台"传音科为"中国之声"的听众写了一篇新年献词在广播中播出,标题是《一九四一年的展望》。内容如下:

[①] 国际广播电台文件,1941年7月11日,民国档案,重庆档案馆。
[②] "广播花絮",载《广播通讯》,1943年第6期。

欧洲的暴风雨在1940年刮得大地上飞沙走石。1941年,这一阵暴风雨会不会停止呢?我们瞭望欧洲的气象我们实在看不出雨过天晴的预兆来……

在东方,1940年是国际强盗打家劫舍穷凶极恶的年头。1941年,这个强盗会不会立即被捕伏法呢?不,我们站在抗战的司令台上,我们感觉元凶就诛的日期还是早一些。

有些人把中国的抗战分做三个阶段,第一个阶段是敌人进攻,我们退守。第二个阶段是敌军与我相持。第三个阶段是我军大举反攻敌人陆续撤退……

我们带着望远镜仔细观察抗战的形势,我们发觉我们的抗战事业已经进入了第二个阶段。当去年6月14日敌寇进入宜昌市区的时候,当去年7月18日,敌人胁迫英国封锁滇缅交通的时候,意志薄弱的人眼光上曾蒙着一层阴影,他们对第二个阶段的抗战信心,似乎曾支援过一些时日。可到了10月18日,滇缅路这条动脉又沟通了!11月24日,敌军更狼狈的退出南宁。这一串的事实使国家的前途放出灿烂的光彩,使第二阶段的抗战信念特别增强。大势看去1941年的抗战,大体上还会在第二个阶段里进行,在这个年头,我们工作的纲目是:如何稳定经济的状况?如何使外国的援助发生最大可能的效果?如何使军事行动与国际局势相配合?我们工作的目标是:提高反攻的志气,充实反攻的准备。我们深知:只有以铁棒打击强盗,强盗才会退走;只有以刀剑架在元凶的颈上,元凶才会伏诛。

我们大踏步的赶往了1941年,且自问:有没有准备反攻的决心!有没有从事反攻的志气![1]

---

[1] 国际台传音科:《一九四一年的展望》,载《广播周报》,1941年第193期,第2—4页。

表8-4 中央短波广播电台("国际台")(XGOY)节目时间表
1939年12月订

重庆时间	对英、法、德、意(定向播音) XGOY
4:30—4:35	国歌,国乐,节目报告(国语)
4:35—4:45	新闻报告(德语),节目报告(德语)(1—6),音乐(7)
4:45—4:55	新闻报告(法语),节目报告(法语)
4:55—5:00	国乐
5:00—5:10	新闻报告(英语),节目报告(英语)
5:10—5:15	抗战歌曲
5:15—5:25	时事论述(英语)
5:25—5:35	时事论述(法语)
5:35—5:45	粤剧
5:45—6:00	新闻报告(粤语)
6:00—6:10	时事论述1、3、5、7(日语),2、6(意语),4平剧
6:10—6:15	国乐
6:15—6:20	总理纪念歌,停止 对北美及日本(定向播音) XGOX,15.2米
8:30—8:55	国歌(英语报告)2—6,西乐1、7
8:55—9:05	国乐,节目报告(国语)
9:05—9:25	新闻报告(国语)
9:25—9:35	平剧
9:35—9:45	时事谈话(粤语)
9:45—9:50	国乐
9:50—10:00	新闻报告(英语),节目报告(英语)
10:00—10:05	抗战歌曲
10:05—10:15	时事论述或演唱(英语)
10:15—10:20	时评(英语)或音乐
10:20—10:30	时事论述(日语)
10:30—10:50	新闻报告(粤语),节目报告(粤语)
	对东俄及本国东北部
17:30—17:35	国歌,国乐,节目报告(国语及俄语)
17:35—17:45	时事论述1、3、5、7,新闻报告2、4、6(俄语)
17:45—17:55	平剧

续表

重庆时间	对英、法、德、意(定向播音)　XGOY	
17:55—18:15	报时,新闻报告(国语)	
18:15—18:25	新闻报告(英语),节目报告(英语)	
18:25—18:30	抗战歌曲	
18:30—18:40	敌情论述(国语)	
18:40—19:00	国乐1、5,西乐2、4、6,平剧7	
19:00—19:20	时事谈话或演讲(国语),停止 对日本　XGOY	
19:20—19:25	日本音乐歌曲	
19:25—19:35	新闻报告(日语),节目报告(日语) 对本国南部及南洋群岛　XGOY	
19:40—19:45	国歌、国乐、节目报告(国语)	星期六:西乐、国乐音乐会和话剧转播,由XGOA、XGOY联播
19:45—20:05	新闻报告,节目报告(客语)	
20:05—20:25	新闻报告,节目报告(闽潮语)	
20:25—20:45	新闻报告,节目报告(粤语)	
20:45—20:55	时事论述(粤语)1、4,(闽潮语)2、5,(客语)3、7	
20:55—21:00	抗战歌曲	
21:00—21:10	报时,新闻报告(英语),节目报告(英语)	
21:10—21:20	时事论述或演讲1、3、5、7(英语) 新闻报告2、4、6(德语)	
21:20—21:25	抗战歌曲	
21:25—21:45	新闻报告(马来语)1—6,音乐7	
21:45—22:00	军乐,简明新闻	XGOA、XGOY联播
22:00—23:00	纪录新闻(国语),总理纪念歌,停止 对苏联(莫斯科)及小亚细亚　XGOY	
23:05—23:25	国歌、国乐、节目报告(俄语) 新闻报告1、3、5、7(俄语),时事论述2、4、6(俄语)	
23:25—23:30	休息	
23:30—23:50	新闻及时论(阿拉伯语)1—6,平剧7,总理纪念歌,停止	

资料来源　《广播周报》,1939年第183期,第1页。

第九章　收音、侦听与干扰

一、收音台和中央广播事业指导委员会下的侦听组

广播收音台的技术功能一方面是根据指示收测电波里对象的有效信号，传送到增音室放大，再通过发射系统传输给当地接收。歇台子收音台曾经大量使用收音信号进行传播，完成过美国国家广播公司的罗斯福总统和丘吉尔首相演讲以及诸国广播节目的信号接收和输送。另一方面的任务则是监测、侦听。"中央台"早期在传音科里成立了一个侦察组，侦听有关节目。其目的：一是侦察外国电台关于中国情形的宣传态度，了解他们的节目；二是侦察国内各广播电台节目和转播情形、技术效果，制成表格作为报告。

1940年1月11日，国民党五届中执委常委会第138次会议通过中央广播事业指导委员会管理侦听工作的决议。内容如下：

为遵照总裁指示，加强指导监督效能，充实工作机构起见，拟专负广播事业指导考核之责，并将中央广播事业管理处原有考核侦察工作，划归本会办理，所需经费每月共约陆仟元，亦在广播事业管理

处经费项下划拨。拟具修正组织大纲，呈奉，总裁批准照办。[①]

这项决议把收音台的侦听业务由"中广处"划归"广指会"直属，也就是划归分别任这个机构主任委员和副主任委员的陈果夫、吴保丰直接管理，行政上则依然属"中广处"，"中广处"收音台的人也是"广指会"里的人。

侦听及侦听后采取的措施最能反映主政者的政治立场和意识形态核心意图。到重庆以后，侦察组和收音台合在一起，为保障不受干扰保持高灵敏度，军委会规定：

> 歇台子"中央台"收讯台为中心两公里内不得添设无线电发讯机，四公里半径内不得添设1 kW以上无线电设备。[②]

在各种设置中，收音台又称侦听台，显得更加神秘、低调和特殊。从远处看，歇台子收音台院子里有四组菱形天线，高灵敏度地接收来自欧洲、北美和南美地区的广播信号。马可尼式收音天线原选定对美洲25米、对欧洲31米，重庆收音台需要收音的范围较宽，不止这两个点，故选择了菱形天线；材料也经过改进，由300根杉木条取代角铁制成的天线架，外层涂有桐油以防湿腐。到1940年，台里的主要设备有马可尼RG35A收音机一架，氧化铜整流器及130V、6V蓄电池各两套。

由于轰炸太严重，歇台子的防空工程还没有完工，当年曾经把这几件比较笨重的东西搬到小龙坎发射台的地下室里暂存。坚持工作的是比较轻巧、可以随时转移的一架4aB直流收音机、一架146-10aB收音机、一架NC-100XA收音机和一台英国普赖斯托录音刻片机。

只有两间屋子的收音台办公室，职员不到10人，全是大学或专科毕业生。负责人陈湘藩出生于民国初年，湖南衡山人，毕业于北京大学工学院，在"中央台"担任助理工程师。

[①]《中央党务公报》，1940年第4期，第80页。
[②] 军委会训令，全宗号0344案卷号01476，重庆档案馆。

对国际广播的长期收听可以探索一国政府活动的端绪,掌握更多的资料,其分析结果会更接近科学的判断。根据某国播音的倾向预测该国政府的行动而推断其政策,成为第二次世界大战期间各国当局对广播电台的又一种需要。在这条战线上比较典型的案例有1940年6月法国雷诺内阁倒台的一幕。当时海底电线通信受阻,美国报纸的收电事务全陷入停顿,从新闻联合会无法得到任何新消息。哥伦比亚广播公司收音局的三位职员在坚持了48小时对法国政府所在地的波尔多广播电台的收听后,对方终于传来了记者报道法国向德国投降的声音,收音员把它们抄录在5分钟内容里,传向全美。

重庆在抗战中对国外16家电台进行了收听,以此获得转播信号和进行政情、舆情分析。下表是歇台子收音台1945年2月至7月对部分外国电台收测周报表的摘录。

表9-1 歇台子收音台收听报告

台名	呼号	重庆时间	强度	杂扰	衰落	总评
BBC英国广播公司	GRW	6:00—9:00	3.0-	1.8	2.0	2.2+
	GRV	15:00—17:00	2.8	1.6	2.0	1.8
	GRK	18:15—21:45	1.8	3.0	2.9	1.2
	GWC	14:00—15:00	2.0	2.0	2.2	1.3
	GVQ	15:00—17:00	2.0	1.5	3.0	1.3
	GWP	15:00—17:00	1.8	2.1	2.5	1.1
Moscow莫斯科中央一台		9:00—10:00	3.3	1.0+	2.0+	3.0+
		18:15—20:45	3.3+	2.5-	2.2	2.3+
S.Fren旧金山广播电台	KGEE	18:00—21:00	3.3	3.3	2.5	2.6
	KWLO	18:00—21:00	4.0-	3.2	2.0	3.0
	KGEI	6:00—8:00	1.3+	2.2	2.8	1.8
	KGEX	6:00—16:00	2.2+	2.2	2.4	1.5
	KGEA	7:00—8:00	3.5+	2.6+	2.1+	2.0
	KWCD	18:00—22.00	2.8+	3.4	2.7-	1.4+
	KGEK	18:00—22.00	3.0+	2.8-	2.2	2.0+
	KWCO	18:00—22.00	3.4-	3.0	2.0+	2.4-
Australia澳大利亚	DLC6	18:00—22.00	3.4-	3.0	2.0	2.4

续表

台名	呼号	重庆时间	强度	杂扰	衰落	总评
	DLR4	18:00—19:00	未收			
AIR全印度广播公司		8:00—9:00	3.7-	2.0+	2.0	3.0+
		18:30—20:15	3.0	2.4	2.4-	2.0-
Honolulu檀香山电台	KAHO		3.0-	2.0+	2.5-	2.0-

资料来源　歇台子收音台收听报告，全宗号0004案卷号00109，重庆档案馆。

国民党中宣部国际宣传处也有一支外语队伍对各种语言的外台进行侦听，但对国语广播不承担责任，推诿了多时，中宣部只能寄希望于"广指会"的侦听，并特别强调：

> 收听敌伪电台国语广播向由贵会侦查组办理此项工作，至为重要，嗣后仍请继续注重设机专听，如收有重大消息，回请立即通知本部。[1]

对收音台强调了侦察的功能后，除了日常的收音需要外，主要工作就是收听、记录、刻制友邦和敌伪重要的消息，编成"敌情研究"与"敌方谬论"向上峰报告，提出针对收听情况制定的工作建议。在这个一半公开一半秘密的世界里，职工们或者"耳朵们"利用现代设备高度关注着所有广播里发生的事情，然后梳理成序，再根据要求对重点进行追踪监测记录，写出报告。到1940年5月底，根据"广指会"侦听组成立4个多月时间来的侦听统计，共收音538小时，抄录敌伪广播新闻921件，汪逆伪组织宣传演讲3件，其中也包括汪精卫的"还都宣言"。

广播干扰与收音台工作无关，但与"广指会"的管理有关。广播干扰是被动地防止本地区人民收听他台的技术手段，用小型广播机以对方同周率施放节目甚至噪声，以影响他台在本地区的收听效果。干扰不由收音台执行，重庆的干扰台设置在大田湾的山坡上，于抗战中屡屡使用。

1940年4月30日下午5时30分，汪精卫在南京与在东京的日本首相米内

---
[1] 国民党中宣部文件，1942年6月5日，全宗号0004案卷号00059，重庆档案馆。

举行交换广播演讲,重庆方面施行了强大的干扰,结果是"除东京台JOAK电力宏大尚能隐约辨听外,余均不能入耳"。

根据1940年5月30日"广指会"第14次会议确定,由川康藏电信管理局担任干扰敌伪XOJC 9300KC及XEI 9537KC两种频率的任务。并且由各单位确认了需要干扰的敌伪电台,分别是:

1. 军委政治部函复认定东京、南京两处敌伪电台的五种周率(自1800KC至8000KC);

2. 军令部函复可于必要时提出一座电台在25至40米及60至80米两波段内自由调节实施干扰应用;

3. "中广处"函复认定干扰敌中波各台(北平650千周波、南京660千周波、上海900千周波、汉口1010千周波;

4. 遇有敌伪重要播音时,当即由(广指)会支配分别对准干扰,以收通力合作之效。①

"广指会"对国民党党、政、军地方所有广播电台实行节目审查,对敌伪台和"异党"电台实行侦听及干扰。因为战争原因无法提前审查"同党同行"而非"中广处"的各台节目,也以"广指会"的名义进行侦听,并函告电台整改意见——这已成为一种主要方式。

二、"找到"江西台和"指导"成都台

1933年,"中广处"向江西省下拨一套500瓦广播机件,设于南昌,这是江

---

① 中央广播事业指导委员会会议记录,全宗号一一案卷号10793,中国第二历史档案馆。

西的第一座广播电台。1936年这座电台划归江西省政府接办,并扩充设备,加大功率到3千瓦。开播不久中日战争全面爆发,1938年5月的南昌会战失败后,江西台迁到吉安,后又到泰和,再转到宁都。

在大后方的侦听里江西台的呼号早已消失。1940年2月9日,陈湘藩报告:

> 查用NC-100XA收音机收听在962千周波处经数日之收察确系江西广播电台XGOJ,晚20时40分预报节目继即省新闻,侦察组将节目记下亦且函询该台是否播音。

第二天,"中央台"传音科科长何柏身指示,要求江西台寄送有关情况到"处台会合一"的"会"审查。确定是重庆国民政府下的电台就要审查其节目,一般程序是各台把自己即将播出的节目时间表提前交给"广指会","广指会"把审定过的节目公布在《广播周报》上,也有条例规定在极端困难的情况下由各省党政机构代审。

一份公文随即寄往江西吉安:

> 吉安江西省政府公签顷处:本会侦察组报告在962千周波处收得贵府广播电台播音,呼号XGOC,音质音量尚佳,当此抗战期间贵府恢复播音增强抗战宣传至为佩颂,为明了该台内容起见,拟请将呼号波长地点电力见告并捡节目时间表4份送会备查。①

被"找到"后,1940年9月江西省建设厅一纸"电请"发往重庆,内容是迫切希望"中广处"接管江西台。"中广处"研究后同意并派侯恩铭前往吉安和宁都处理。侯恩铭到达后亲身感受到了江西台在战火中办台的艰难,在宁都的电台设立在遥远的山区,设备藏匿在偏僻的岩石下,播音室建在村落里,没有市电供应,也缺乏节目资源。

侯恩铭和原台里人员经过计划遂准备把电台迁移到泰和县城。第二年6

---

① 中央广播事业指导委员会文件,1940年2月12日,全宗号0004案卷号00059,重庆档案馆。

月,因赣东战事紧张计划落空,又只好把设备抢运到赣州存放。8月16日在押运途中侯恩铭不幸落水殉职,"中广处"再折一人;又调王溶如继续,于1943年1月,人员、机件全部抵达赣州并开始建台,到1944年开始试播。

按国民党和国民政府的分工,中央广播事业指导委员会负责所有电台的宣传管理,审理各台节目;国民政府交通部电信总局负责无线电广播资源,对所有电台有批准执照权,同时也拥有自己属下的广播电台。两大机构的负责人多出自交通大学,有同窗之谊,但因责权利益交织,相互间关系微妙,时有矛盾。

地处大后方的成都广播电台成立于1936年11月1日,呼号XGOG,功率有10千瓦,隶属于国民政府交通部,覆盖四川省。交通部的广播电台原来还有北平台和天津台等,在上海也有广播,抗战开始后仅剩成都台一家。根据"广指会"的指令,歇台子收音台对该台也进行了针对性侦听。1942年10月1日有报告称:

> 职组近周来侦得交通部成都广播电台于每日下午8时30分起至9时止,均转播苏联莫斯科电台之华语新闻节目。查该项广播系尽量宣传该国战斗力之强大及建设如何突飞猛进,颇少报告中国抗战情形。以职视察,虽为同盟国可互为宣传,然该台与其转播莫斯科电台之主新闻,不若转播美国旧金山KGEI 9610千周电台每日下午9时至9时15分(陇蜀时)"中国胜利节目"较为合理。因该台于该项节目内,完全宣传中国之胜利情况也。[①]

侦听组分析认为,成都台转播莫斯科电台属于"自动",也有可能是"有关方面洽播",提出希望该台转播美旧金山KGEI对华"中国胜利"节目的意见,报告"谨呈"给主任委员陈果夫和副主任委员吴保丰批复执行。

---

① 侦听组报告,1942年10月1日,全宗号0004 案卷号00059,重庆档案馆。

三、记录南京广播与东京广播

侦听南京和北平的两个伪"中央台"是歇台子收音台最重要的任务之一,并留下众多记录,其中包括汪精卫 1940 年 3 月 23 日在南京的广播演讲和 1941 年 6 月 24 日在东京的广播演讲。南京伪"中央台"消息一部分来自日本同盟社和其南京分社;另一部分则出于南京伪政权的"中央通讯社",这个通讯社在日本、上海、香港、广州、武汉、苏州、杭州等地设立了分社。

下面是收音台刘长青侦听 1940 年 3 月 20 日一天的敌伪广播新闻所作的记录。收听过程中"北京中央台呼号不清,改用 640 千周",即南京伪"中央台"。内容是:

(1)南京 20 日电　关于"中央政府"成立日期名称首都国旗诸问题由"中国国民党宣传部长"林柏生对记者谈话时言及"中央政府"名称仍为"国民政府",首都定南京,国旗仍用青天白日满地红旗,但须加以特别标记尚未决定,成立日期定 3 月 30 日。

(2)南京 20 日电　"中央政治会议"于 20 日上午 9 时 15 分在中山北路国际联欢社开幕,出席人数为"中国国民党"代表 10 人,"临时政府"代表 5 人,"维新政府"5 人,"蒙古自治政府"代表 2 人,"中国国家社会党代表 2 人","中国青年党代表"代表 2 人,社会负有重望者 2 人及武汉、广东方面列席代表 2 人,计 30 人,首由"汪主席"致开会词,略谓吾人为完成"和平建国"之志愿,树立日华良好关系,建立"东亚新秩序"而召开此次会议并建立"国民政府",各议员闻听之下甚为感动"汪主席"并提议为纪念去年 3 月遭"重庆政府"暗杀殉国之曾仲鸣先生全场直立默念 1 分钟,随后即进行会议至下午 1

时始讨论完毕，第2次会议定21日上午10时继续举行，"汪主席"又决定20日下午3时接见日华记者，下午5时接见欧美记者。

(3)上海20日电　高宗武自脱离"汪主席"之和平运动后即与陶希圣在香港发表声明以歪曲汪先生之"和平运动"但彼离渝后，"重庆政府"曾下令通缉现在已不能重返重庆，故2人大有进退维谷之苦。

(4)南宁19日电　在邕钦公路东侧霸山进行"扫荡"之日军于19日将邕钦东侧之"重庆军队"已"扫荡"无遗，霸山附近无"敌"踪。

(5)大同19日电　在日军占领区域内之残败"党军"因受新中央"政治会议"明日即行开会及"新中央政府"即将成立之影响，希望和平甚急，2月28日傅作义一部归顺日军。统计3月份归顺之"党军"如下：3月5日阎锡山之一部，3月9日共产军一连，3月8日共产军之一部，3月11日抗战自卫军一队，3月18日抗战自卫军一团，3月15日傅作义一部，"重庆军队"当局对此现象甚为不安，已组织团体专事虚伪宣传，企图阻止这种事件之发生，但醒悟之"党军"仍纷纷来归。

(6)山门19日电　驻扎顺德之皇协军进攻顺德西南方之共产军当获俘虏23名步枪40枝。

(7)罗马19日电　美国副国务卿威尔斯19日下午与外相齐亚语进行谈话，内容不详，众料或谈及德意两巨头会见一事威尔斯定20日返美。

(8)罗马19日电　威尔斯19日晚在美国大使馆接见美记者称：余并未参加任何谈判亦未提出和平建议。

(9)罗马19日电　墨索里尼机关报主笔项在报端发表谈话内称：墨索里尼希特勒两巨头之会晤在为谋得两国之共同利益。

(10)柏林19日电　关于美国通信(讯)社假传德国提出11项和平条件一事，德外交部发言人发表谈话称：自波兰战争结束后每提之和平条件，遭受英法拒绝后德国对和平问题已无加以讨论之必要，现德国决心本一劳永逸之精神，争取胜利借以终止西欧列强对德国安全之一切威胁。

(11)"北京'中央台'"装置新机。①

东京中央第一台9500千周,下午8时1刻记录如下:

南京19日电　本日下午6时"中国国民党宣传部长林柏生"发表"中央政治会议组织要纲"及"中央政治会议"条例:
甲　组织要纲
本会是根据"国民党六中全大会"决议由"汪主席"联合"即成政府"及各党派社会有重望人士组成。
乙……②

对东京中央第一台的侦听分日语和国语,重庆记录汪精卫等在日本发表的广播演讲用的是国语,"广指会"也要求由重庆直接侦听日语内容。除了歇台子收音台对日伪广播的侦听外,"国宣处"的对敌科和军委会的情报机构也有此项任务,重点对敌人政情、舆情进行分析,并编译成"敌方新闻纪要"报告分送各上层机关。如"国宣处"记录1940年1月16日新闻的报告:

(一)敌米内内阁已组成其阁员名单……(二)倭金融界对……抑制通货膨胀重行检讨。(三)(日)静冈县发生大火,烧去全市三分之一,计有家屋8000余户被焚,罹灾者达50000人。(四)敌传汪(精卫)王(克敏)梁(鸿志)等逆即召开伪中央政治会议讨论树立新中央政权之方策。(五)敌传"香港15日电驻华美大使詹森定于29日到汉口且定2月1日由汉起程赴沪,此行将为外国大员首次访问日军占领后之汉口"。(六)敌传重庆政府机关报(香港)大公报反谓,米内新阁之成立可以想见日本之地位将非常强化,米内大将精通中国情势

---

① 1940年3月21日侦听报告,全宗号0004案卷号00059,重庆档案馆。
② 侦听组报告,全宗号0004案卷号00059,重庆档案馆。

乃系具有全海军之人望。①

军统情报人员对东京广播的记录分析如1940年6月15日：

> 以近卫公为中心之新政治体势确立运动，军当局对此目下保持缄默，惟世间之部即以为军当局对新政治体势之确立未怀抱有热意，然视过去陆相、军当局屡次之声明，或驻华派遣军总参谋长之声明，即可知军当局如何希望国内体势之强化。军当局对此种观测颇抱不满，故军部之此种态度渐趋明了时，则在新政治体势确立运动之促进上其影响必甚大云。②

四、"对付"延安新华广播

在从1927年到1949年国民党进行的三次重大战争中，唯有抗日战争是在以国共合作为基础的全民族统一战线下进行的。合作是主流，但在两党关系中，意识形态斗争一直没有被放下，而是进入内部和秘密状态，有时又会骤然公开爆发。

1941年1月皖南事变发生后，国民党利用"中央台"、"国际台"和报纸对国军的行动进行了辩解。一时两党关系非常紧张，由于担心中共的报复，重庆甚至有了国共两军即将开战的传言，国民党又秘密下达了一系列针对中共采取的紧急措施。在宣传上，军委会渝办四科曾向社会部发出密件，以压制影响越来越大的《新华日报》发行。内容为：

---

① 国际宣传处原编译者提醒：按重庆《大公报》日前曾刊该报启事，谓"广州敌伪假大公报名义发行伪大公报，其时评翻印港大公报而其标题式样亦略与同"，今竟在敌阁新成立之际发"日本之地位将非常强化"之论调，凡此如非广州之伪《大公报》所为，则颇值吾人注意。见敌方新闻纪要，全宗号0008 案卷号00043，重庆档案馆。

② 敌方广播新闻，全宗号0008 案卷号00039，重庆档案馆。

> 密鉴据报新华日报日前之销数呈达一万五千份,已与大公报之销量相等数字……除防止工友订阅该报外,同时会商中宣部,决定对策,务使该报销数量逐渐减少,党报及同情于本党之报销量逐渐增加,以利宣传。①

4月27日傍晚,军政部特务团第二营的于姓营长突然造访小龙坎发射台,对"中央台"、"国际台"宣称得到密令,"敌人(日军)决定在近期内将降落伞部队在陪都试降,共产党也准备暴动"②。于营长强调了这件事情的严重性,他奉军令率部保护"中广处"所属机构,要求"贵台从速在台内建筑临时营房将连部或营部驻扎在内,增强武力,并同时赶筑工事以防万一"。

因为是下班时间,对于营长的突访,处里只有一位叫江志恒的普通员工接待。江志恒认为"事属关系重大"不敢怠慢,及时向上进行了汇报。第二天一早,"国际台"工务科科长董毓秀与该营长进行会谈并商洽决定以下几点:

一是台中经常岗位不足请由营部设法增添;

二是部队移驻台中一事因现无空房,可待一时,有房时再行商量;

三是简单工事由营部会同本台商定地点,由营部自行修建。

就在这样的背景下,空中出现的延安新华广播的电波信号,使"广指会"和"中广处"如临大敌。1941年4月30日,"广指会"依照歇台子收音台侦听的报告,"密呈总裁":

> 窃查共党最近由苏联派飞机运输广播器材一批抵达延安创办一短波电台,据本会侦察组报告,该台台名为新华广播电台,呼号为XNCR,自本月14日起试验播音,每日播音三次,播音时间按中原时间14时至15时(重庆时间为下午1时至2时),波长为30.5公尺,周率为9800千周波,18时至19时与22时至24时(重庆时间为下午5时至6时及9时至11时),波长为61公尺,周率4940千周波,节目内

---

① 军委会四科1941年2月12日文件,全宗号一一(2)案卷号3692,中国第二历史档案馆。
② 国际广播电台文件,1941年4月30日,全宗号0004 案卷号00059,重庆档案馆。

容有共党对各地发布之重要文件,新华日报社论,音乐,歌咏等语,除密电河南广播电台设法干扰并由中央广播事业管理处商承中央宣传部会商关系机关办理。①

"广指会"对延安新华广播利用重庆的电台同频率施行了干扰。由于担心"新华"对华北的影响,5月6日,"广指会"由钱凤章向河南广播电台签署《电询干扰新华电台播音办理情形》函:

> 洛阳河南广播电台:指密艳电计达共党新华电台播音已否设法干扰,希将办理情形速复五要!

隶属河南省政府的河南台也收听到了新华台,但认为自己要施行干扰的条件不具备,据此回复:

> 查本台波长为(33)公尺,如改变(61)公尺,各级零件数值均须加大,天线亦须改装材料无从购办,究应如何干扰,理合备文呈请。②

"中广处"以航空信件告诉河南台,新华台波长已由33公尺改为66公尺,河南台要做到并不困难,可将各线圈数加长,或另制一套线圈即可,"中广处"可以解决所需的铜线等材料。

在实施干扰外,一时也没有多的措施办法来"对付"新华广播,甚至无法找到相对应的责任人。负责新闻检查的军委会渝办四科接到侦听报告后质疑新华台究竟有几座,设于何处何时成立及隶属机关之名称等,声明:"本部以未据报请,审核无从稽考,难以取缔",建议"饬陕西电政管理局详细侦察秘密具报并向新华日报查询。"③

---

① 中央广播事业指导委员会文件,全宗号0004案卷号00059,重庆档案馆。延安新华广播从1940年11月开始试播,对接下来发生的皖南事变真相作了大量揭露——作者注。
② 河南广播电台致中广处电文,全宗号0004案卷号00059,重庆档案馆。
③ 军委会四科文件,全宗号0004案卷号00059,重庆档案馆。

国民党中宣部则认为应由"交通部查明取缔",潘公展于6月20日"笔示""中宣部"和"广指会",要求有侦听新华台广播的详细报告:

> 延安电台逐日有广播且每日多广播解放日报之社论,闻十五日社论题为"晋南战役之严重教训"内容极荒谬,前曾通知中央电台每日收听将收听纪录抄送,但并未见到此项材料……如能查明其呼号波长等等,应指定专责机构或人员逐日收听具报,仿照国宣处之敌方广播纪录办法办理。①

五、有多少个美军电台?

太平洋战争爆发后,美国空军开始在中国西南地区驻扎,并利用公开广播频率建立电台为部队服务。因为昆明逐渐成为美军活动的中心,美军通过美国新闻处正式向"中广处"无偿借用昆明台每天三小时播出时间,这项租借自1945年7月起到1946年1月结束。此外,美军还擅自建立起多个自己的无线电广播电台,重庆方无法得到这些广播的确切信息,只能通过监测广播信号进行追踪。歇台子收音台于1945年1月31日向"广指会"报告:

> 职于昨晚收听收音机时续又发现美军在华广播电台一所,其周率为630千周,呼号为CBI5,复又收听前此发现美军之1450千周CBI电台,其呼号亦已改为CBI4,由此两台呼号观之,是则美军在华广播电台至少应有5所。现除发现其4、5两台外,其余1、2、3台则尚待发现。②

---

① 潘公展:《谕中宣部广指会》,全宗号0004 案卷号00059,重庆档案馆。
② 侦听组报告,1945年1月31日,民国档案全宗号0004 案卷号00059,重庆档案馆。

"广指会"通过"中广处"指令昆明台,让黄天如组织人对美军广播进行侦听调查。老播音员黄天如在前一年的10月调昆明台任台长。1945年2月27日处里收到黄天如的回复:

奉命侦查美军在华自设之广播电台兹经查得XOAW电台一处谨将情形报告如下:

一 该电台原有呼号为CBI5近改称为驻昆美军无线电台XOAW, The Radio Station XNAW The Amercian Fovcesin Kunming,周率620千周,电力1千瓦,台址昆明吴进桥(近机场)。

二 该台播音节目分为二段(一)上午11时至下午1时;(二)下午5时至11时,每星期六第二段延长1小时至12时,每星期日取消第一段,第二段提早自下午1时开始至11时止。

三 该台节目以每15分钟为1单位,每单位开始时报呼号一次,除正午12时30分至12时45分,下午7时至7时15分又下午10时至10时15分为新闻作英语报告及每晚10时45分至11时为名诗朗诵外,其他均为爵士音乐跳舞音乐士兵节目笑林故事述说及古典音乐等。

四 该台除新闻外其他均用美国特别军队专用之大号唱片,其所报新闻内容均取材于本市发行之战地服务团WASC公报。

五 节目进行时间不甚准确呼号亦有小异。[①]

作为现代战争的要素,美军已经在战场上普遍使用小型广播电台。1945年6月12日,陆军第十集团军司令巴克利中将使用广播向冲绳岛上的日军喊话令其投降时,一发炮弹在他身边爆炸,成为美军在二战中军衔最高的阵亡者。事实上驻华美军从1944年10月起,先后在中国的桂林、昆明吴进桥、重庆白市驿三地设立为美军娱乐服务的广播电台,后又增加了成都、陆良、军街、沾益、泸县等多个广播电台。对于美军在中国擅自开设广播电台涉及国

---

① 黄天如报告,1945年2月27日,全宗号0004案卷号00059,重庆档案馆。

家主权,"广指会"态度暧昧,示文此事:

一是将本会已在办理之详情及外交发文全套先发宣传部;

二是通知军部,联合国在华设立临时军用无线电台办法内不包括广播电台;

三是请侦察组再行详细侦察该电台。[1]

六、张家口伪"中央台"

1939年初,日本中国事务局前向内阁提出一个计划,要求拨日元四五十万,在我国的北平、青岛、上海、厦门、张家口等地各设无线台一座,企图增强日本本土和我国沦陷区的联系。[2]日本的建台计划陆续在中国的沦陷区展开,对这些台的侦听也成为重要工作。1943年4月3日,侦听组成员陈沅向陈果夫和吴保丰用书面直接报告:

> 窃查职组近日侦得伪蒙疆张家口"中央广播电台"于每日蒙疆时间20时至22时,试验播音(合陇蜀时下午6时至8时)。其呼号为XGCA,9625千周,31.17米,每隔3至5分钟于每节节目中均报告呼号波长,经数日来侦听结果,该台(在此地收听)音质尚佳,甚强较本处4千瓦短波机声大一倍有余,堪称在短波波带上又竖起一大劲敌。复查该伪台之波长适在本处4千瓦9720千周30.48之附近,其呼号又为XGCA,且亦为"中央广播电台",颇易相混,拟一面报呈中央,一面密达会处所属电台使知真伪。附3月31日晚试播节目:
>
> 6:00—6:15 歌咏
>
> 6:15—6:30 华语新闻

---

[1] 中央广播事业指导委员会文件,全宗号0004案卷号00059,重庆档案馆。
[2] "广播点滴",载《广播周报》,1939年第179期,第17页。

6:30—6:40 平剧

6:40—6:45 时事鲜说（话题）"日本果然侵害中国吗？"

6:45—7:00 西乐

7:00—7:30 纪录新闻

7:35—杂耍唱片及停。[①]

以鼓吹"满蒙一家"政治意图的张家口日伪广播电台于抗战初期就开始建立，在监听到又一个伪"中央台"的信号后，重庆对它进行了干扰。

4月8日，中央广播事业指导委员会把这份侦听报告转报呈国民党中央执委秘书处，同时电告全国各台，即"中央台"、"国际台"、昆明台、贵州台、湖南（长沙）台、陕西台、甘肃台、西康台、上饶台、福建台、江西台、成都台、桂林台、广东省台、湖南省台，要求各台"随时插播我中央广播台之波长呼号"[②]，以正视听。

[①] 侦听组报告，全宗号0004案卷号00059，重庆档案馆。
[②] 中央广播事业指导委员会文件，全宗号0004案卷号00059，重庆档案馆。

第十章　沉默的收听者

一、各国收音机数量和发展

电波没有国界,功能良好的收音机可以满世界收听节目。下面几组数据较为概括地说明第二次世界大战时期全世界收音机数量情况。

第二次世界大战给收音机的发展带来突出的效应,根据美国《时代》杂志统计,1942年各国收音机总数约1亿零1千架,听众总数在3亿人以上。其分布情形如下:

表10-1　1942年收音机分布图

地名	收音机(架)
亚洲澳洲新西兰	7000000
欧洲	40000000
西半球	60000000
非洲近东	1000000

"联合国家"拥有的收音机,占上表总数的75%,而美、英、苏、中四大强国收音机总数为7610万架。其分配情形如下:

表10-2 美、英、苏、中的收音机分配情形

国名	收音机（架）
美国	55000000
英国	15000000
苏联	6000000
中国	100000

1943年的美国《生活》杂志曾载文称，美国现有收音机数为5600万架，英国1800万架，两国较上表多出400万架。美国无线电工业发达，对收音机的大量生产远非他国可及，除出口不计外，其在国内市场售出之机数，1940年为900万架，1941年为1100万架。

德、意、日三国收音机总数为2260万架，以德国为最多，日本次之，意大利更次之。其分配情形如下：

表10-3 德、意、日的收音机分配情形

国名	收音机（架）
德国	16000000
意大利	1600000
日本	5000000

中国于1936年加入常设地址在瑞士日内瓦的国际广播联合会（International Brondca Union）。这个组织成立于1925年，到1940年共有38个成员国，日常事务为调查登记各国广播电台的功率、波长、播音时间、节目配排、听众人数、收音机数量等，然后编印为月报和各种报表，分寄各会员国。在国际广播联合会的统计中，1941年4月底，德国收音机数为15225265架，同年9月意大利收音机数为1515000，而同盟社发表的1941年日本收音机数为4862137架。此三数字与《时代》上所列举者大致相同。

中国收音机数目在抗战开始后难有完整的统计。"中央台"1928年夏成立时，据称统计全国的收音机市场，总计不足1万架。报章杂志引用战前数字

在9万架以上,到1943年增加并不多,除沦陷区外在10万架左右。国际广播联合会统计,全中国收音机总数不含东北地区在1938年为60万架。中国民间收音机大多集中在东南沿海一带,内地很少。在重庆的宣传者看来,沦陷区收音机之多"诚为我广播宣传上的一大便利",也表明同胞与政府联系的存在。而内地收音机之少,则有报纸及其他各种政治教育工具以代替。

1939年5月15日,日本人创设和经营的满洲电信电话株式会社统计各地出售收音机情况是"全满听户,已达15万6千2百余户,是以预期于本年末可突破20万户",到1943年日本人称东北收音机已增至25万架。

中国另一个收音机发展迅速的地区是台湾,"七七"事变爆发后的1937年全台新增的收听户超过1300户。太平洋战争爆发的1941年又再增加了12700余户,由于日本人收听户基本已经饱和,这些新增的收听户大多数是台湾本地人家庭。中日战争爆发后,台湾本地人收听户大量增加,其主要原因是关心时局的变化。

日本因科学先进和工业发达,广播在理念和送达上都受到推动,电台和收音机的生产普及步入先进国家之列。20世纪30年代中期的《中国无线电》等刊物几乎每期都有呼吁抵制"仇货"的文章,但日本收音机虽然电路陈旧,性能不如外差机,成本却非常低廉,不仅能吸引大量使用者,还有不少商家为之效力。为掩人耳目,一些店铺甚至将日货伪装成国货、欧美货出售。"七七"事变之后,日本收音机更借助军事上的侵略,强势倾销。中国的东北、华北地区还分别建厂组装标准4号、3号、11号、13号等再生机。

1942年9月23日,南京伪政权行政院曾下达汪精卫亲自具名的训令,批准南京"中国广播事业建设协会"推销日本收音机的报告。报告云:"为普及广播宣传起见,特向日本定制优良收音机,以最低廉价格出售……俾广播宣传早收成效。"[①]仅这一次,南京伪政权各级机关便购置了5000架日本"标准"牌收音机。在日本占领的"淮海省"省会徐州,由徐州广播电台依照听户登记调查,1944年度"较去年度增加听户在一倍以上,去岁听户仅一千余,现在已增至二千余。此种收音机之来源,除由该台配售者外,并由民众自动由京沪

---

① 陈汉燕、徐蜀:《广播情怀——经典收音机收藏与鉴赏》,人民邮政出版社2013年版,第6页。

各大都市购来者甚多"[1]。

日本收音机种类很多，除"标准"、"普及"系列外，还有"松下"、"满铁"等，电路多为直放式。二战时期日本人的盟友德国产量最大的收音机，也是简单的直放三灯或四灯机。究其原因，直放机[2]成本低，利于普及；德、日两国国土面积都不大，电台功率却不小，一般收听也够用了。另外，收音机性能差，正好可以控制民众只听本国政府的宣传，而听不到国外的宣传广播。

中央广播事业管理处在"七七"事变前预估全国的收音机已经超过60万架甚至有上100万架的可能，认为只要继续免除收音月捐，这个数字还会迅速增加。随着战争进程，由于在广播电台数量上的劣势、电力降低、军事机关采取过严的取缔措施并禁止民间收音机等原因，重庆政府推广收音机的计划变得十分缓慢。作为国民党和国民政府的专业部门"中广处"成立的收音科，只好把目标放在培训收音员，建立各省的收音室计划上，曾经为军政机关培训过多期数百名收音员。这些年轻人学习结束后背着收音机回到军师团部队，或者省、市、县政府，收听"中央台"节目，抄录新闻办成简易报纸进行传播。

表10-4　四川省91县1942年度收音机概况

收音机种类	七灯	六灯	五灯	四灯	三灯	二灯	共计
架数	59	12	11	6	7	2	97
百分比	60.8	12.4	11.3	6.2	7.2	2.1	

资料来源　《广播通讯》，1943年第2期。

在这个资料的附言里说明，有三个县各有收音机两架，一个县有三架，平均每县仅一架收音机。由于收音机数量太少，给统计带来便利。收音科从1940年起推行各省普设收音室办法，指导协助各省训练收音员，并廉价购买收音机，按半价供给各省领用。到1944年，鄂、湘、粤、赣、川等省的后方区都已办成，每县均设有公用收音室，以资倡导。陕、甘、滇、池、黔、青等省，也个别设置了收音室。

---

[1]《徐州增加收音机听户》，载《中华周报》，1944年第8期，第10页。
[2] 直放机，没经过变频直接放大式收音机，电路简单，一般只用1—4只晶体管和一些基本元件。

表10-5 "中广处"对各省收音室调查表(1943年度)

单位:家

省别	调查	收音室	设备损坏	因故停收	补助收音机(架)	建立联系
四川	419	229	179	11	74	267
广西	127	47	53	27	70	67
甘肃	108	87	11	10	88	31
广东	104	35	52	17	90	90
湖南	90	84	6		79	65
江西	88	75	7	2	21	51
河南	82	45	34	3	3	39
贵州	74	37	19	18	24	45
云南	59	40	18	1	2	16
安徽	51	44	7		50	42
陕西	50	35	8	7	25	24
西康	18	18			14	3
湖北	13	10	1	2	26	7
宁夏	8	8			5	5
青海	5	5			1	4
福建	5	5			2	3
绥远	4	4			2	2
山西	2	2			1	2
新疆	1	1			1	1
浙江	1	1			1	1
共计	1309	816	395	98	579	765

资料来源 《广播通讯特刊》,1944年第10期。

计算每个收音室能够影响听众为100人,这些专门收听点直接影响人口不过百万,中国各省区人口少则上千万,作为国民政府推动的主要收听方式,收音室起到的作用依然有限。

二、日伪禁止收听"敌台"

二战中的各国对收音机实行了严格的管制措施。无论是同盟国还是轴心国皆有禁止人民收听短波的广播法规和临时措施,违者将受严厉的制裁。

在互为制约的收听战中,日本媒体吹嘘称本国收听广播人口众多,而日本政府却对收听外国广播实行了严厉限制,报纸上常出现禁止收听中国短波电台日语节目的文字,也常用广播反驳中方宣传。各沦陷区日军都有收音机关,承担查禁当地收听重庆政府等各波长电台10多种广播节目的任务。东京禁止一般国民和占领区人民听取的外国广播主要指交战国的广播。此时,活跃着交战国的电台是英国伦敦BBC、美国旧金山KGEI、澳洲希道尼ABC、重庆XGOY。

通过军统对沦陷后香港听众的调查,收到的回函是:我国国内广播电台对香港广播已收到相当效果,港中收听者极众,曾因收听广播而被捕者已有三起。[①]

BBC驻华代表第特拉福于1940年因在东京收听外国广播消息而被捕拘留,历经交涉,付罚款500日元,由英国大使馆保释才获得自由。当欧战爆发之初,德国纳粹党最高当局即颁布禁令,禁止人民收听国外播音,其告示中有一语云:"凡国外电台所播之消息,均属谣言,足以影响人民之信仰,凡违反禁律者可以处死。"[②]也有把威胁变为杀戮的行为,日本占领菲律宾后,与在朝鲜及中国台湾施行的政策一样,逐渐采取暴力压制对付当地民众,都有有人被处以极刑的案例。"中央社"报道:

> 马尼拉广播谓,日本军事法庭已判决55人,其中44人以"偷听

[①] 中广处1943年9月27日文件,全宗号0004案卷号00059,重庆档案馆。
[②]《实用无线电杂志》,1940年第7期。

同盟国家短波广播之后传播反日宣传"之罪名,被判处死刑。此举适足以增加菲人之悲愤与反抗而已。彼等指出外间之真正事实,刻仍经过未占领各岛之短波收音机,达于菲律宾人民。即在已占领区中,仍有若干有收音机之菲人,冒生命之危险,以期获知外间消息。①

除禁止收听之外,管制收听的方式主要从管制收音机下手:一方面是从技术上要求只能收听本地广播。各国和地区都限制短波收音机的使用,推行的收音机都只具有收听本地、本方宣传的功能,太平洋战争爆发后,平津日军立即"没收"各地英、美侨民收音机,数日后复予以发还,但其线圈已被拆除。②另一方面则是实行收音机登记制度。北平《立言画刊》1940年第80期的一条短消息称:

> 本市(北平)警察局自举办广播无线电收音机以来,登记甚为踊跃,该局以普遍计,以展限三次,已于上月十八日截止,各装户已登记者,已达两万户……未登记者及新装者,仍须前往该管警察区分局登记,可按照新购登记办理进行登记,否则未登记者,经查出一律没收机件云。

南京也是如此。南京民间少有收音机,即使有,大多数也性能不高,只能收听当地电台的中波广播,对少数进口收音机,日本人一律登记拆查,并剪断短波线圈,贴上封条。③

在沦陷区收听短波广播并不浪漫,除上述被杀戮的情况,牢狱之灾是普遍的。

北平(1939年)12月5日电 在日本"满洲国"不论何人包括欧

---

① 《中央日报》,1942年6月12日。
② 彭乐善:《广播战》,中国编译出版社1943年版,第103页。
③ 汪学起、是翰生编著:《第四战线——国民党中央广播电台撷实》,中国文史出版社1988年版,第160页。

美人士在内,购置短波收音机均被禁止,最近已将此项限制扩展于中国被占领区域,据满洲国官方消息,经三次搜查结果,有外(国)人十九名被捕。据警务当局称,彼等所犯之罪有使用短波收音机秘密收听莫斯科、纽约、伯力及其它所发之反日播音。[①]

在汪伪时期的南京曾经有这么一位说书人,"每当在讲述'唐僧取经'、'武松打虎'之余,每每串插上一些英勇的抗战故事,和正确的时评"[②]。八年中听过他说书的不下十万人,所以人家都喊他是"重庆的广播电台",因此坐了五次牢,还差点丢了性命。

一位济南的无线电爱好者详细介绍了他在日本人占领下使用收音机的经历:

> 在敌人高压手段下,一根像样的天线都要受到无理的讯问与调查;使用一个五灯以上的超外差收音机被发觉后立刻要捉到洋官里去;由此便可以想象得到一部短波收音机的持有者,是要负着多么重大的罪孽,遭受到多么严酷无情的处罚!
>
> 但纵使这样,还是抑制不住我们对短波的兴趣:偷偷地从马桶底下拖出一架五灯超外差的RCVR(调幅收音机),用不着什么良好的ANT(环形天线),打开SW(短波),立时可以收到千万里外的信号,多么神往的一回事!不过没有人敢对XMTR问津,敌人有优良的侦探测机,破坏一个STN(收听点)不费吹灰之力。敌人中有很明了通讯的家伙,当他检查笔者书桌上一部自制四灯再生交流的IVI(系统)时,他很精确地把外罩打开,检视真空管的号码,线圈的行状,最后把它搬起来,离开桌子,检查有无其它的牵连(不过他是白昼来的,如果是晚上来的话,他可以发现我的设备能清晰地收到昆明广播电台的播音,毫不费力),没有人敢在铁蹄下的都市中,喊出

[①]《广播周报》,1940年第191期。
[②]吴育英:《重庆广播电台》,载《中央周刊》,1946年第40期。

一声CQ(重庆)。[①]

听者依然要冒险听,曾经在"新都"长春上学的听众立群,在到达大后方后回忆并呼吁道:

> 在夜间便都想法听听祖国的广播,有的听到了谁谁演说。第二天大家便纷纷的偷着传,一传多少天也传不完,就是一点事,可是大家一想起来就讲,可也讲不厌。祖国的广播电台,也应该吼起来啊,大点声,要在夜间12点以后,多说实话少讲大道理,广播,要有计划的,继续的向东北广播下去。这在将来会证明,是最有用的。我们不要在后方纪念(918事件),忘掉了那三千万民众啊![②]

表10-6 亚洲各地广播收听人数统计(1938年)

地名	收听者(人)	千人中的收听率(‰)
中国	600000	1.3
日本	4165729	57.6
中国东北	127417	3.7
印度	64480	0.2
荷印	70984	1.2
暹罗	29564	2.6
菲律宾	36531	2.8

资料来源 《世界广播动态之一斑》,载《广播周报》,1941年第195期。

三、重庆的收音机

在"公营"收音机之外,重庆的收音机拥有者分三部分:一部分在商户手

[①] 舒良琦:《业余在济南》,载《无线电世界》,1947年第9—10期,第35页。
[②] 立群:《在长春》,载《今日东北》,1944年第3期。

中,被用来了解市场和社会动态,吸引顾客;一部分则在有经济实力的家庭住户里;还有一部分则是相当数量自装的矿石收音机,因统计困难不纳入数据。

重庆市警察局在1939年2月初对民权路、米亭子、周庙巷、中华路、青年路、大同路等商业集中地进行调查,这些商铺经营的品种有百货、西药、绸布、呢绒、皮革、服装、银行、拍卖、照相、糖果、西点、纸、纸烟、茶社等多项,共发现有收音机55架。这个数据虽然不能说明全部,但代表了重庆市商户主要拥有情况。收音机的牌子以美国产的"飞歌"为主,还有"电工"、"爱美"、"飞利浦"等进口和国产牌子,从性能上也只能收听本地广播电台节目,但有近一半没有办理登记手续。

1940年9月,重庆市警察局再次对全市以住家为主的民间收音机情况进行了大规模入户调查。拥有收音机的尚属富裕人家,收音机是具有经济社会地位的象征,又能代表"现代"和"进步"。这些户籍真实存在,但距今年代久远,许多地址已经变化,祖上辈的居民也大多谢世,列情形如表,以供后人对当年社会生活的了解。

表10-7　重庆市民间收音机调查表

分局	街道门牌	所有者姓名	架	品牌灯数
一分局	大河顺城街15号	周启明	1	英国牌四灯
	中正路168号	美丰银行	1	人力斯十灯
	陕西路211号	广东省银行	1	打路市四灯
	打铜街28号	川康银行	1	新首新八灯
二分局	临江路82号	王洪生	1	RCA(奇异)四灯
三分局	九道门24号	陈卓余	1	爱门真空管六灯
	镇守使街2号	瞿乃松	1	三灯
	林森路257号	安汝毅	1	无线电
	林森路194号	赖善诚	1	
	邮政局巷21号	刘层九	1	五灯
	邮政局巷20号	邓祖诒	1	七灯
四分局	民生路261号	中益电工研究会	2	RCA八灯
				RCA四灯

续表

分局	街道门牌	所有者姓名	架	品牌灯数
	民生路219号	弘新药房	1	外强式四灯
	中一路200号	信通华行	1	韦司五灯
五分局	林森路624号	陶名溢	1	奇异五灯
六分局	国府路1号	慎昌商店	1	真空管式四灯
	中四路28号	鲜英	1	
	中四路96号	魏学仁	1	外斯特毫斯六灯
	中四路96号	杭立武	1	六灯
	中四路97号	陈诚	1	八灯
	枣子岚垭97号	徐文明	1	六灯
	枣子岚垭90号	颜成基	1	真空管式四灯
	临华后街36号	郭一予	1	外斯特毫斯六灯
七分局	康宁路3号	卢铸	1	真空管式五灯
	康宁路13号	重庆市政府	1	奇异牌七灯
	中二路150号	观音岩社会服务处	1	超外差六灯
	老两路口1号	青年会办事处国书馆	1	真空管式四灯
	上清寺街234号	朱世杰	1	
八分局	新市场35号	熊允文	1	
	新市场64号	张锡山	1	
	浮图关后街9号	康泽	1	
	庞家岩11号	彭字沛	1	
	化龙桥正街61号	蒋恨良	1	
	李子坝河街59号	23集团军办事处	1	
	建设新村9号	建设银行	1	
	李子坝正街21号	李根固	1	
九分局	江北正街141号	张敬元	1	
	江北正街97号	蔡维堂	1	
	抗建村8号	英贻经	1	
	四方井1号	袁业齐	1	
	六事局街14号	刘咏尧	1	
	下横街37号	杨国清	1	
十分局	陈家馆街200号	陈国庆	1	
	陈家馆官山城33号	王慕华	1	

续表

分局	街道门牌	所有者姓名	架	品牌灯数
	陈家馆官山城48号	娄才与	1	
	陈家馆官山城66号	韦一诚	1	
	陈家馆官山城121号	周德成	1	
十一分局	马鞍山9号	刘世伟	1	真空管七灯
	马鞍山11号	马地胜	1	RCA六灯
	马鞍山17号	史托次纳	1	PHILCO十一灯
	马鞍山18号	罗梅坊	1	飞利浦十灯
	普善巷1号	夏士德	1	真空管六灯
	普善巷7号	摩洛台夫	1	RCA八灯
	普善巷7号	艾克泽	1	飞而柯十一灯
	普善巷4号	胡兰生	1	十灯
	新码头1号	费地	1	PILOT十灯
	新码头2号	名马舍夫斯基	1	Teltlu七灯
	马房湾56号	聂茂和	1	4994五灯
	施家坡79号	民生公司无线电台	1	十灯
	石溪路31号	江苏旅渝中学武海楼	1	二灯
	石溪路41号	江防要塞准备总队	1	真空管三灯
	恭坝子巷20号	李东生	1	真空管四灯
	谦泰巷45号	潘晓曦	1	真空管三灯
	半边街30号	秦祉祥	1	真空管四灯
	弹子石后街11号	刘希孟	1	西门子五灯
	窍角沱街1号	裕华纱厂	1	新式四灯
	窍角沱街1号	杨士刚	2	新式五灯
				新式六灯
十二分局	烟雨段4号	蒋志卿	1	牌号不明
	烟雨段42号	胡振良	1	再生式四灯
	中美村47号	刘自成	1	牌号不明五灯

资料来源 全宗号0053案卷号00040,重庆档案馆。

重庆警察局的警员"奉总裁之命"挨家挨户调查填写的这份登记表内容,是重庆第一批有记载的收音机人家,与前一次商铺调查并不重复,对损坏作了注明。除个别尚未登记要求"立即前往登记"外,遍布长江和嘉陵江两岸的新市区每一个分局所辖街道共计收音机72架,其中包括外国用户、党政官员、知名人士和平民。从收音机的厂家来看大多来自欧美,从接收功率来看三灯到十一灯都有,外国人和有实力的商家使用的收音机质量较高,只有一架属日本货的再生机,说明重庆民间市场对"仇货"的净化,在统计中没有包括矿石机和对隐藏不报者的估计,数据的确信度比较高。

美丰银行老板康心如曾于1936年花650美元购买了一架"飞歌"收音机,登记为住居地,这次以银行地址登记了另一架"人力斯"十灯收音机。

没有把公营单位的收音机纳入调查,但也对个别作了登记。1939年5月15日,卸任市长蒋志澄向继任市长贺国光交接了一架前任市长李宏锟留下的"奇异"八灯收音机,字据确凿,被写入了政府咨文,以示对公家财物的清白。但在这次的调查表里,这架收音机由八灯变成了七灯。

四、控制"公营"和取缔"民间"收音机

在抗战初期大后方的报纸上还能看到这样的广告:

> 供少儿收听"中央台"教育节目的德制胶壳矿石收音机8元一架,单管收音机25元一架。①

蒋介石在1943年发表的《中国之命运》中提出,"须广设收音机1800万于全国各地"。根据这个要求,"中广处"随即制定了从胜利之日起,在五年内"准备至少200万架,包括五灯、三灯、一灯的交流直流和矿石收音机,分配给全国各地听众"的计划,但现实政策与计划之间有巨大反差。

当局实行的政策是一方面积极建设广播电台,加大功率,以影响沦陷区

---

① 《新蜀报》,1938年4月26日。

和国外人民；另一方面对大后方的宣传需要交由报纸来完成，对本地收音实行严格控制。

随着战事紧张，对收音机的控制越来越严格，政府出台了一系列管理制度，直到取缔私人收音机。重庆和大后方成为二战中对收音机管制最为严酷的地区之一，仅次于对军事用途的收发报机和武器的管制。一架从小龙坎发射台借往北碚公营机关的收音机，不光要有借出单位的保证条，还要有重庆卫戍总司令部同意移动的路条，其文字和机件完全吻合方能得到放行。

重庆对收音机的管制主要体现在四个方面：

一是实行收音机登记制度。自1940年3月6日重庆卫戍总司令部颁布的收音机稽查办法，此法"奉军事委员会委员长辑令公布施行"。

二是对广播收音机进行稽查。列有多项规定对户主数据、机件性能、收音机产地、出入境移动等情况进行登门检查，稽查员于必要时要"查询用户及其它关系人之行动及私生活并得检查来往信件"等，对违反者视情节轻重予以停止收听（保留机件）、没收机件、罚金或徒刑的处罚。①

三是控制公有收音机购买。公营单位购买收音机须报经市政府批准，在重庆档案馆现存档案中还能看到重庆市警察局、英国驻重庆总领馆、第十一集团军驻重庆办事处这样的公营单位向市政府申请购买收音机的报告，有在任市长贺耀组的亲批。

四是在于"取缔民间收音机"。由于敌伪广播的包围，且不断推送宣扬大东亚共荣的节目，1940年8月9日，蒋介石向重庆卫戍总司令部总司令刘峙和重庆市长吴国桢以"中正"的名义手谕：

本市民间收音机应取缔，禁止此事应先从秘密调查与令自动登记着手。②

重庆卫戍总司令部参谋处即转"查取缔禁止本市民间收音机事关警察

---

① 重庆卫戍总司令部文件，全宗号00030案卷号00051，重庆档案馆。
② 全宗号0053案卷号00040，重庆档案馆。

局范围,拟请转饬该局办理"。

取缔"民间"拥有收音机的做法已近极端,与二战中各国收音机数量积极增长的大趋势背道而驰,其消极影响必然使大后方的收音机数量停止不前甚至倒退。

国民党政府对收音机的谨慎态度还有一个佐证:1943年7月,桂善铃、谭自新等240位重庆市民联名上书重庆市临时参议会,"要求在防空设备里装置收音机及手摇通风机",参议长康心如认为此要求"关系本市市民集体安全綦重"转呈市政府"查酌办理"。①

办理的情况是重庆市政府积极推行了安装通风设备措施,而没有理会设收音机诉求。

严酷管制的目的是严禁收听敌台,当局对此多次发文,各种机构也对此保持高度警惕。在敌台包围的情况下,控制收音机的做法也出于当局管理的被动和无奈。重庆严厉禁止收听的敌伪台很多,以东京的华语广播和南京伪"中央台"为代表,还要防止敌伪台耍花样,冒用大后方电台呼号与周长。1941年4月9日,国民党中执委转发各党部中央广播事业指导委员会代电称:

> 据本会侦察组报告,南京伪广播电台前仅沿用中央电台660千周波呼号为XOJC。近已改用中央广播电台XGOA呼号,冀图鱼目混珠,淆乱听闻等情,查敌伪广播宣传猖獗异常,近竟盗窃呼号,用意所在,无非因我广播宣传已深得听众信仰,故出此丑恶伎俩以求一逞,亟应昭告全国听众勿为所弄。拟请钧会通饬党政军各机关,凡装有收音机者应一律收听我"中央台"1200、9720、5985三种千周波,勿再收听伪"中央台"660千周,以正听闻。②

接到中执委秘书处的文件后,国民党中央、国民政府对所属机关部门、地方各军宪警部队、各厂矿企事业单位甚至街道民居进行了广泛传达宣传,在

---
① 重庆市临时参议会文件,民国档案,重庆档案馆。
② 国民党中执委文件,全宗号0083案卷号00441,重庆档案馆。

重庆档案馆保存的档案中能看到收转这份密令的有四川省政府、军政部兵工署、建设厅、经济部工矿调查处、经济部兵工署迁建委员会、兵工署24厂、綦江铁矿、国民党重庆执行委员会、重庆市社会局、大公职业学校等，行文层层署明文号，有的直接发为训令，说明社会对收听敌台的警惕和重视。

1941年10月1日，吴国桢市长还专门发布训令，告诫个别军人不得将敌人广播内容告诉他人。

第十一章 宋氏姐妹时间

一、对世界讲"中国人所要说的话"

回顾蒋介石夫人宋美龄在整个抗战中不同时间地点、不同主题的对外演讲,从中可以聆听出两个鲜明的内容:一是揭露日本军阀在政治上的虚伪和军事上的残暴;二是呼吁国际社会特别是美国对中国的同情与援助。人们认识宋美龄更多是在她为中国抗战呼吁方面,她的语言风格被一个时代所熟悉。

在这些演讲中,最重要的都发表在国内外各家广播电台的直播和转播中,以对美国听众的英文演讲

1939年3月8日,在重庆举行的妇女献金大会演讲中,宋美龄曾告诫女同胞们:欲求解放妇女,必先解放国家。她说,国家没有解放,我们全国的女子就得不到真正的解放,我们国家今天受敌人这样的欺侮侵略,整个民族处在暴力的重压之下,全国同胞流离痛苦,我们不先把这个危急的国家扶救起来,我们四万万五千万人无分男女,都要做亡国的奴隶,更从何处谈女子的解放,更向何人去要求女子的解放(中央社图片)

为多。1937年，日军向上海发动进攻后，宋美龄在当地的广播上发表了一篇题为《告美国民众》的对外谈话。该文载于1938年军委会政治部出版的《蒋夫人谈战争与和平》一书，比较原始地保留了宋美龄的语言风格，后又有版本汇编。2014年由台海出版社出版的《宋美龄自述》收入了上述书的内容。宋美龄在这次广播中一直试图唤醒西方世界对中国道义上和物质上的支持。她警告全世界，中国乃第一个受法西斯主义侵略的民主国家，然而由于强权国家的短视，竟使得自"九一八"以来的侵略成为世界的威胁，而这些国家也将会为它们的短视付出代价。

宋美龄说：

所奇怪的是，列国竟都袖手旁观，完全没有考虑到制止的步骤，是不是日本军阀每日虚构事实的宣传，竟能使各国相信？还是因为日本有催眠的技术，麻醉了世界的政治家呢？"这并非战争，只是一种事变"的日本咒语，似乎赋有蛊惑的魔力，驱使世界保守缄默，甚至八月二十八日日本首相近卫的宣言，声称日本意欲"鞭笞中国使之屈膝，不敢再有抗战精神"，似乎也不足惊醒世界，使他们感觉到这是正在进展中的漫天奇祸！

数天以前，有几千难民聚集在上海南站候车离沪，空中忽然飞来了日本的飞机，恣意地丢着炸弹，结果有三百无辜人民，血肉横飞，受伤的也在四百人以上。那车站的附近，并没有兵士，这种惊人的惨杀，绝无理由。只隔几天以后，许多难民乘车离沪，在距上海若干英里的松江车站，也遭袭击，于是又有三百多人粉身碎骨，同归于尽，另有数百人身罹重伤，车上连一个兵士都没有！

请告诉我，西方各国坐视着这样的残杀和破坏，噤无一词，是不是可以算作讲求人道，注重品德，遵尚仁义，信仰耶稣文明的胜利征象呢？再则，现在第一等强国，袖手旁观，好像震慑于日本的暴力，不敢出一语相诋评，是不是可以看作国际道德，耶稣道德，或所谓西方优美道德坠落的先声呢?①

为了向外特别是向美国表达中国的困境和需求,"国宣处"和"中广处"做了广泛的联络组织工作。1939年10月26日,宋美龄应纽约《前锋论坛报》妇女座谈特刊的邀请,以《向文明挑战》为题向美国广播。时值武汉沦陷,宋美龄感慨地对美国听众说:

> 八年以前,日本既没有丝毫理由,并未经过宣战手续,突然用兵侵犯我们东三省,实行占领。他们撕毁条约,用国际法的碎纸点起野蛮的狂焰,用种种威胁和杀人凶器,向民主主义挑战。对着这样的狂暴的行为,民主国家却绝无表示。那时大家劝告我们始终要听从国联,遵守条约。我们尊重信义,因之也并未有所行动;可是我们的信赖,究竟得到多少的反响,我们的等待,又有如何的结果?
>
> 日本迅速利用了民主国家畏葸犹豫的机会,在中国的疆土内东三省以外的各地方进一步发动战争又已经两三年了,我们奋起抵抗并不依赖外力的援助,我们以实力薄弱的国家,对付坚强的暴力,我们毕竟给敌人以严重的打击,我们仍在抗战,而且要继续抗战下去……当侵略者的日本已经公开向文明挑战,而只有我们在作孤独抗争的时候,我们觉得民主国家对于文明的命运实在漠不关心,谁能说我们这种感想是过分的呢!
>
> 中华民众只希望美国做一件事,就是美国发表了不能忍受日本摧残国际权利的宣言以后,再用庄严沉重的姿态,表示绝对不再帮助日本毁灭中国生命财产的工作。简单地说,美国只要对日撤消一切供给物质的便利,断绝日本以前用来推进野蛮残杀的工具的接济,就可以使它警告日本的宣言发生实质的变化,而徒托空言。②

---

① 宋美龄:《告美国民众》(1937年9月12日播讲),载《宋美龄自述》,台海出版社2014年版,第208、211页。

② 宋美龄:《向文明挑战》(1939年10月26日播讲),载《广播周报》,1939年第179期,第1页。

在宋美龄众多对外演讲中，以其于1943年2月在美国国会参、众两院对议员们演讲起到的作用最为重要，并被作为经典传到今天。后来的评论认为，作为浴血奋战中的弱国使者，宋美龄在美国的系列演说成功的秘诀在一个"诚"字上，这对在困难处境下的中国尤其重要。她在美国和加拿大，之所以能够感动盟友如此之深，也是因为她的一言一语，无不出于至诚。美国报社特别指出，"蒋夫人的清明坦白，使之成为一个伟大国家的象征"。她是至诚的由衷之言，而且为巩固盟邦的友谊，为争取共同的胜利，为保障世界未来的和平也不得不竭尽所能地表达诚意，故虽直言不讳，却恰能真正感动了美国和加拿大人民的心灵。

宋美龄在参议院的讲台上说：

今欲为诸君述一小故事，以表明是项信念。杜立德将军（General Doolittle）率队轰炸东京归来时，贵国之壮士不得不跳伞降落我国内地者。其中一人后来告余，彼不得不自机上跳伞而下，及降落中国陆地，即见民众向彼奔趋，彼乃扬臂高呼其所仅知之中国语曰："美国，美国。"若按字面解释，即为美丽之国。该壮士言：中国民众当时高声欢笑，几欲与彼拥抱，欢迎状态，有如重睹久已失踪之昆仲然。彼复告余，彼见我国民众不啻见其家人；而彼之来华，此尚系第一次。

余在幼时曾来贵国，认识贵国人民，并曾与之相处。余在中国度过余身心长育之时期。余操诸君之语言，不但操诸君内心之语言，且操诸君口头之语言。故今兹来此，亦有如见家人之感。

然余相信有如见家人之感者非余一人而已。余感觉中国人民倘能操诸君之语言，向诸君致敬，或诸君倘能了解吾国之语言，则彼等当告诸君曰：吾人在基本原则上实为同一目的而作战，吾人具有相同理想，而贵国总统，向世界宣告了四大自由之钟声，已遍伟于吾广大国土，而成为自由之钟声，联合国自由式之名声，同时亦即成为侵略者之丧音。

> 余向诸君保证,我国人民切愿与诸君合作,以实现此种共同理想;盖吾人确欲求其勿成空言而成为吾人本身,吾人之子子孙孙,以及全类所能享受之具体现实。诸位友人,余因此感觉吾人不但应有理想,并应宣布此种理想,而且应以行动实现此种理想!①

在2月18日对国会众议员的演讲中,宋美龄在表示了对美国军人的高度赞扬后,针对英、美"先欧后亚"战略及"重苏亲华"政策,竭力让美国的政治精英们明白日本侵略者的威胁丝毫不逊于希特勒。她说:

> 吾人慎勿忘日本今日其占领区内所掌握之资源,较诸德国所掌握者更为丰富;吾人慎勿忘如果听任日本占有此种资源而不争抗,则为时愈久,其力量亦必愈大。多迁延一日,即多牺牲若干美国人与中国人之生命;吾人慎勿忘日本乃一顽强之民族;吾人慎勿忘在全面侵略最初之四年半中,中国孤独无援,抵抗日本军阀之淫虐狂暴!②

宋美龄在芝加哥和好莱坞说:"中国除了尽其义务以外,除了收回失地失权之外,别无所求。""不到中国,不知中国之穷,在中国力量不足之时,我们有权向战友呼吁援助!"③她在美国国会和历游美国东西部其他城市的演说都由

1943年2月18日,宋美龄在华盛顿美国国会发表演讲,美国三大广播网进行了直播

---

① 宋美龄:《在美国参议院的演说》(1943年2月18日),载《宋美龄自述》,台海出版社2014年版,第226、227页。
② 宋美龄:《在美国众议院的演说》(1943年2月18日),载《宋美龄自述》,台海出版社2014年版,第234页。
③《中央日报》,1943年4月9日。

NBC 和 MBS 等向全美和世界进行了直播,并且作了录音保留。英国广播公司也在新闻节目中进行转播,被称效果"清晰可闻"。一些英国报纸甚至引用宋美龄演讲词中的"共同不以可能的态度接受失败,而以光荣的态度冒失败之危,实为盟国睿智之举"[①]的语句为标题。

作为领袖夫人和国家形象的代表,宋美龄洞悉美国政界在对华问题上的心态,竭尽努力为中国的抗战争取支持和援助。《中央日报》登载了大后方国人的反映,认为她讲的这些话,"句句都是中国人所要说的话"[②]。

就在重庆正在准备活动盛大欢迎宋美龄自美归国时,1943 年 7 月 7 日,曾任美国共和党总统候选人的威尔基先生利用中国的抗战七周年纪念日,通过旧金山广播电台向中国广播,说每一美国民众获悉蒋夫人安抵中国后均感欣慰。他告诉中国人民,在过去数年来,任何外国名流访问美国时,对美国民众的心理从未发生蒋夫人这样重大的影响。他还称赞蒋夫人是"世界最伟大公民之一"[③]。

二、同台演讲三姐妹

中国政府在重点对美国外交和宣传中努力争取三个阶段性目的:第一阶段,美国必须中止对日本的贸易援助;第二阶段,向中国提供援助;第三阶段,参加对日战争。

在前两个阶段,以 1940 年 4 月 18 日,孔、孙、蒋三位夫人同时出现在"国际台"对美演讲最为人们关注。

3 月 31 日宋氏三姐妹由香港飞往重庆,其中以孙夫人宋庆龄最为引人注目。这是宋庆龄第一次到访重庆,虽然在名义上没有参与党派政治,但她积极领导着救国运动,不妥协、不屈服,坚持反侵略、保卫民主的立场,在中国的

[①]《中央日报》,1943 年 2 月 21 日。
[②]《中央日报》,1943 年 7 月 6 日。
[③]《中央日报》,1943 年 7 月 9 日。

团结救亡运动中有着重要地位。孙夫人以在野之身出现在战时首都,象征着中国团结的巩固,也让重庆人民十分兴奋。《大公报》在4月2日评论《欢迎孙夫人》中说:

> 新兴的中国,是孙中山先生所手创,也正在孙中山先生们的精神领导之下而抗战而建国,我们欢迎孙夫人,更希望孙夫人帮助政府使抗战早胜建国早成。

《大公报》还说,孙夫人此次到重庆无论任务有无或大小,都是团结有力的象征。

《新蜀报》则说:

> 孙夫人的风范,不独为我国妇女的领袖,且为全国各方所景仰,过去孙夫人对促进国内团结互助颇多贡献,现在敌寇汉奸正阴谋破坏我团结,我们希望孙夫人能对加强团结再有努力。

此时正是日军准备实行"101号作战"方案的时候。日本海军部对参战航空部队下达了"战争发务令",对中国大后方腹地"要用大部队实施猛烈攻击",甚至采取"不分昼夜的执著攻击",即"疲劳轰炸"的战术。大批次的日机即将连续不断地飞临重庆上空投弹,进行持续的、密集的、无差别的地毯式轰炸。

就在敌机到来的前夕,三姐妹应"中央台"及"国际台"的邀请,于重庆时间4月18日上午7时45分在播音室一起发表了广播演讲,由美国NBC广播网向美国播放。

孙夫人宋庆龄多次发表了对时局的看法,支持抗战到底,拥护抗日民族统一战线的成立。讲词简明扼要:

> 民主国的朋友们!中国人民,坚苦抵抗日本的军事侵略,很快

就要满三年了，中国抱定了继续抗战的决心，自信必能获得最后的胜利，太平洋和全世界人民的将来历史一定和以前不同，且将更加光明灿烂，因为中国不愿做奴隶的四万万五千万的人民，已经拿起了武器，争取自己的自由，同时也是为世界人类，为你们大家争取自由。

孔夫人宋霭龄一向在公开场合讲话很少，她担任的社会职务中，有一个是工业合作社的理事，这个组织是在大后方为生产抗战物资而新建的。为了让美国人民看到中国抗战的进步，以增强对中国抗战的信心，宋霭龄在这次演讲中揭露了日本人制造的投降阴谋后，着重介绍了中国的大后方建设，说明大后方正在成为前方战士最坚强的后盾。她说：

各位早安，我知道我现在向美国播音，是在对真正同情中国的朋友讲话，我们充分感到这些同情，特别是从我们最需要的救济事业的实际捐款上面，这些捐款已经很感谢的收到了，同时也已经拨付作适当的用途。中国将士英勇抗战的结果，已经使日军畏惧和退缩了，他们已经缩短了阵线，不得不改取守势了，他们的军阀领袖，也企图将可羞的颜面，躲避在傀儡帐篷后面，经过无数次的失败以后，终于在南京造出了那幕可怜的丑剧。

中国靠着自己的奋斗，只以相当脆弱的军事力量，已经将日本击成动弹不得，我们在财政经济上已经有抗战到底的计划和准备，在中国西部，我们已经建成了人力物力的储蓄所，在需要的时候，随时可以取来应用，我们从东部各省区，迁移了无数实业工厂的机器到这里来，同时我们又创立了一千四百个左右的工业合作社，每个社的社员从十个到三百个，他们都是在日机所不能轰炸的安全地带，全国工业合作社有三万以上的工作人员，他们还养着自己的家眷亲属。自从大批技术专家，教育家，生产家，和熟练工人的移入以后，西部各省区已经大大地改进了，任何人和任何事情都充满了惊人的活力和精神,有一件值得注意的就是全国民众对于兵士观念的改变,现在我们的军队和民众一起工作,民众也和军队一起工作,"伤兵之友"已经是全国一致的运动了,这种团结一致的精神,也就是以之击败敌人继续不断的战争。这种合作精神,再加上我们克服国家大困难的固有能力,我相信一定维护我们祖先光荣的遗产,一直保持到永久。

蒋夫人宋美龄在演讲中认为,中国为了正义,已经经过了将近三年的流血和困苦的奋斗,中国应该立刻得到正义的援助,这是中国的权利。她警告美国听众,如果列强不认识到援助中国抗战的重要性,日本是有可能获得胜利的。她说:

我们请制定美国法律的国会议员,对下列两件事必须做一件:或者是对于侵略不再表示恐惧,或者停止鼓励侵略的行动,也就是对日禁运汽油、煤油,以及其他战争原料,我不知道贵国的国会议员,曾否想到,万一中国被日本的武力征服了,将发生何等的情形,结果是很明显,日本将保有它完满的海陆空实力,并且可以利用了中国的领土,人力和资源,来和民主国家为验证,日本将给民主国家以强大的打击,抢夺印度支那、缅甸、马来群岛、荷属东印度,澳洲和纽西兰等地。

日本如存心为此,机会是一定有的。它幸灾乐祸地预料荷兰会牵入欧战的漩涡,你们就可以看得出他的用心,苟日本的阴谋得逞,那就是它更进一步完成了"田中奏折"中所预定的野心,如果列强不认识援助中国抗战的重要,日本是有获得这种侥幸收获的可能,由于我们的抵抗侵略,我们已把它的军队牵制在中国的泥潭之中,而使它动弹不得,问题只在能不能对我们表示正义的同情,这个问题只能让美国人民美国国会议员给我们一个答复,炸弹的爆炸声,虽使中国的同胞震耳欲聋,但是仍旧渴望着听一听贵国方面的答复。①

三姐妹的声音同时出现在电波里,表现出一种亲密无间。宋庆龄和宋霭龄在最后还要说一句"现在让我的姐姐孔夫人对你们讲话"或者"现在让我的妹妹蒋夫人对你们讲话"。三位夫人的英语演讲稿被重新译为中文登载出来,让国内老百姓读。

三、"熊猫外交"和刚建成的广播大厦被轰炸

1941年3月,受美国政府支持的美国联合救济中国难民协会发起募捐500万美元运动,救济中国难民,为中国提供医疗器材、药品、食品及献金等,包括罗斯福总统夫人等各方捐款近1500万美元。

从事中国难民救济工作的宋霭龄、宋美龄姐妹从收音机里听到一则关于纽约白朗克斯动物园仅有的一只名叫"本度拉"的中国大熊猫的死讯后,为表示感恩之意,决定赠送美国人民一对大熊猫。

就在这时,重庆的广播大厦落成了。

在建设红线内以中山三路165号为主楼,166号为留空地基,167号为住宅,168号是荒坡,168-1为闲地,169号附3号、附4号为员工住宅。这个地名从此不再是历史留下来的火烧坝,而统称广播大厦。

相比小龙坎发射台的戒备森严和歇台子收音台的神秘,位于重庆旧城边缘的上清寺广播大厦则显得庄重、专业和开放。经历了日机的轰炸和物价的上涨,这幢建筑终于在1941年3月装修结束竣工。广播大厦是国民政府在战时首都新建的两幢最著名的公共建筑之一,另一幢则是位于国府路的国民政府大厦。

因为"所有材料均由业主自备",无法证实到"中广处"关于这些钢筋、水

---

① 孙、孔、蒋三夫人对美广播讲词,载《中国工业合作协会二周年纪念特刊》,1940年,第63、64页。

泥、砖瓦、木料等材料购置的费用支出情况，所以无法得到广播大厦确切的建设费用。而工程方姚月记营造厂只被"承包其全部工饭而已，总计工价国币贰万伍仟元整"[1]。这两万五也不是全部的工钱开支，有"物价上涨"要求增加"工饭费"。曾经有国军官兵也参加了大厦建设，在重庆卫戍总司令部劳动总队给"中广处"的结算单上写有：

> 1940年8月间派赴贵处作工，全工十六天，计到官长八十员，士兵三百七十六员，当议妥伙食津贴官长每员壹元，士兵每员肆角，共计应俸津贴贰佰叁拾元肆角。[2]

和开工一样，广播大厦竣工也没有仪式，"中广处"在新楼里开了几次工作会议后，从"国际台"开始，各机构先后入驻。这一年的5月14日，广播大厦举行了第一播音室也就是大录制间兼礼堂的启用大会，并选举了理事会、监事会进行管理。

青石基座黑砖砌成的大楼建在石坡上，过路的人一直需要远远地仰视才能看到石头堡坎和树林后面的楼房，所以又有人叫它石屋。石屋的屋顶也是黑色的瓦和石板，这是那时流行的抗战色，从空中看下去，青灰一片。作为战时中国中央广播电台和国际广播电台，十分幸运的是它没被日本飞机的轰炸所摧毁。

大楼坐北朝南、中西式砖木结构建筑，二楼一底，面阔26.4米，进深29米，通高约11米，远看就像一架旧式的收音机。底楼的房间分布着办公间和录制室等，从三楼到底楼有一座隐蔽的红色木楼梯，踩上去"咚咚"作响却很结实，顺着这座楼梯可以从三楼直下二楼和底楼，把编好审毕的稿件在二楼播音室播出或者拿到底楼小录制室去制作。楼梯是为躲轰炸迅速进入防空洞而设的。小录制室对面，也就是底楼的中间部分是连在山体里往下延伸的防空洞。

---

[1] 姚月记1940年12月6日函，全宗号0067案卷号00126，重庆档案馆。
[2] 全宗号0004案卷号00119，重庆档案馆。

"中广处"在三楼办公。三楼的西北角有一个小阁楼是处长办公室,十分安静。三层楼的走廊都成"U"字形格局,两台所在的二楼有增音室、播音室、制作部门和接待室等。从二楼进入"U"字形的中间部分,就是跃通两层楼的大播音室,面积相当于礼堂,那时没有这么多录音带,大部分节目特别是文艺节目是由演唱者在这里现表演现播出,这里不光可以表演录制大型节目,还对外开放兼作一些社会活动的场所。走上台阶进入楼内的第一眼就会看到在平滑发亮的水磨石地板上用黄铜线条镏出的一幅巨大的世界地图,每一位新来者都会在这里驻足观望。

1941年4月27日,宋美龄第一次来到新大厦发表对英广播,就讲到了日本飞机对重庆轰炸的猖狂:

> 敌机一再轰炸我们后方不设防的城市村镇,以去年六月间的重庆来说,两天的连续空袭,就使七万市民无家可归。整个夏季中,天气晴朗的白天,月光清明的夜晚,日本飞机是莫有不来轰炸的,到冬天,重庆只剩了颓垣残础,一片荒凉。[①]

现实是夏天已经到了,日本对重庆的轰炸继续进行并且很快达到疯狂的程度。在宋美龄讲述轰炸后,这一年的6月、7月、8月,日军共对重庆出动了39次共1776架次飞机,投下4500枚炸弹,其中燃烧弹占15%,炸死1072人,伤1470人。[②]两路口、上清寺、中山三路、美专校街一带成为反复轰炸的重点,与广播大厦一墙之隔的西南美术专科学校是国民党中宣部的办公、生活之处,分别于6月5日、7月6日、7月7日、8月13日、8月30日五次中弹被炸。7月6日,四枚炸弹、三枚燃烧弹掉入广播大厦墙下,大量民居被毁。

8月13日,黑灰色的广播大厦终于被三枚炸弹击中,[③]播音室被迫转移,

[①]《中央日报》,1941年4月28日。
[②] 重庆防空司令部市区突袭损害统计表(1941年),载唐润明主编:《重庆大轰炸档案文献·轰炸经过与人员伤亡(上)》,重庆出版社2011年版,第121页。
[③] 重庆防空司令部市区突袭损害统计表(1941年),载唐润明主编:《重庆大轰炸档案文献·轰炸经过与人员伤亡(上)》,重庆出版社2011年版,第406页。

室外传送线路被毁。所幸大厦墙坚石硬,连屋顶都由石板砌成,值班的人深藏在底层的防空洞里,因而只有三间屋子受损,人员安然无恙。这一天和8月22日、31日,隔壁美专校街上的中宣部机关房屋和"中广处"曾经使用过的聚兴村6号在连续中弹

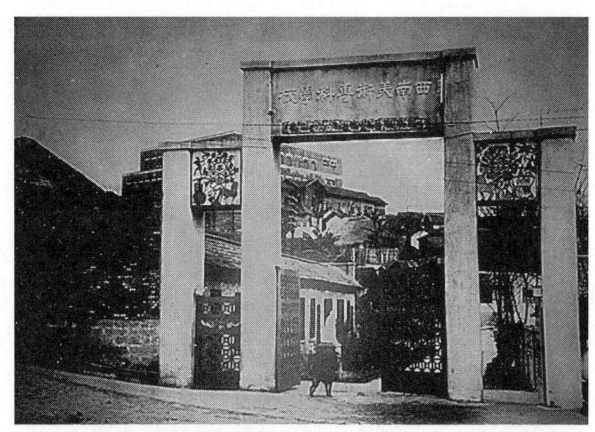

位于重庆市美专校街的私立西南美术专科学校与建成后的广播大厦隔墙相望(远处)。1938年后该校疏散迁往巴县鱼洞镇等地,国民党中宣部借原校舍作办公室和宿舍用,直到抗战结束,此处曾遭到日本飞机的狂轰滥炸

后被摧毁,损失惨重,在重庆坚持办了三年的《广播周报》被迫停刊。

由"中广处"办的公开发行刊物《广播周报》创刊于1934年9月17日,每周一期,每册售卖一角钱。撤离南京后曾经停刊,在汉口和重庆又都恢复了出版,但"瘦了身",样子也变得简单,没有了彩色封面和前面几页的图片,纸张也不行,封面的目录上就是陈果夫写的刊名,翻开就是由广播演讲稿、时评、散文、信件和短文、广播花絮等编辑而成的内容。到停刊时一共办了196期,停刊后"中广处"一度推出过20多期的《广播通讯》,因为是内部刊物,见到的人很少。

所有员工,包括国民党中宣部人员都迁到广播大厦避难,在第一播音室里集体工作。20世纪70年代有国民党中宣部的老人在台湾出版的《中广五十周年纪念集》里回忆那个时候的轰炸,写道:

重庆广播大厦,于1938年6月动工,1941年3月竣工,为抗战时期中央广播电台、国际广播电台、国民党中央广播事业指导委员会和中央广播事业管理处办公地点

四周的房屋几

乎全毁了,而广播大厦屹立无恙,幸得有这座大厦,(民国)三十年八月十三日起,敌机疯狂连续一周对重庆轰炸,炸弹投在美专校街中宣部里,将所有的东西都炸毁。

这一年的轰炸结束后,一雄一雌两只大熊猫通过华西协合大学一位教授组织猎户分别在西康交界处和汶川县草坡乡捕获,运往重庆。

11月9日,宋氏两姐妹代表国民政府在重庆广播大厦的第一播音室兼礼堂主持隆重仪式,宣布以熊猫为国礼赠送美国。美国驻华大使高思出席赠送典礼。"中央台"、"国际台"、美国哥伦比亚广播公司(CBS)同时播出赠送仪式实况。随后,三人在广播大厦内的"国际台"播音室对美广播。

广播当天,适值美国周末,重庆时间是凌晨3时45分,美国东海岸时间是11月8日下午16时45分,此时正是美国广播的黄金时间。依照美国电台预定节目,刚好是继美国各广播电台广播盛大球赛新闻后,全美听众正在兴奋中。

美方对这件事情表示出强烈的兴趣,在现场的人士,除美国政府代表高思大使外,还有专程赴华领收熊猫的蒂文和照顾熊猫的葛维翰两位先生。原定在广播时让熊猫在话筒前发出"哼哼"声音,借电波传达于全美听众,因为"考虑早晨天气寒冷生怕它们受凉",所以没有带到广播现场。

宋霭龄随后通过广播向美国民众宣布赠送这对熊猫,希望借此表达友谊,并对美国联合救济中国难民协会的热忱和努力表示感谢。

宋美龄的广播演讲词事先经蒋介石文胆陈布雷校阅过。她在这次演讲中也对"美国朋友们"向中国民众表示的善意与同情致谢,对美国联合救济中国难民协会供给中国的许多礼物表示欢迎。她说:

美国正英勇地竭尽一切可能维护正义与人道。中国为了正义与人道流血奋斗,迄今已四年有半。我们相信,中美两国的友谊是建基于一致的理想上的。我们共同敌人,目无法纪,借着野蛮的武力,以图自私。在他们的横行狂暴前,中美两国的友谊,决不会动摇。①

赠美熊猫在运送途中遇珍珠港事件爆发,太平洋上掀起狂风巨浪。幸运的是载运这两只熊猫的船只避过轴心国的炸弹和鱼雷,顺利抵达美国。这是中国首次以政府的名义向外国输出熊猫,也是在重庆广播大厦落成后举行的第一次重要的外事活动。

---

① 捐赠熊猫仪式宋美龄演讲词,载《中央日报》,1941年11月10日。

第十二章　太平洋战争爆发的转折

一、听来的消息

广播时间采用12小时和24小时制,中国因为地广民众,东边西极,在时区上相差5小时,即5个时区,民国时期分别设为:长白时、中原时、陇蜀时、昆仑时和回藏时。

"中央台"、"国际台"采用过南京所在的中原时和重庆所在的陇蜀时,而东京时间与中国长白时相同,较重庆早两小时。"七七"事变之后,日本政府以作战需要,而将其军队所至之地,一律采用东京时。由于时差,日军在珍珠港投下第一枚炸弹是东京时间1941年12月8日3时25分,重庆的陇蜀时间是8日的5时25分,在华盛顿时间则是7日下午1时25分,而受到袭击的檀香山则为7日上午的7时55分。

在重庆,第一个知道太平洋战争爆发消息的人是彭乐善。彭乐善是湖北省襄阳县人,毕业于金陵大学中文系,到"国宣处"时已经35岁,因为工作出色很快接任广播科科长职,到"国际台"后又担任传音科科长,为《广播战》一书的作者。他每天必听BBC,甚至发现节目里有时插有"怪声"进来,认为是日本放送协会所为。他在书里曾描述过这种"怪声"首先是由苏联发明,苏联人在德国广播的新闻里不时插入"造谣"等语,让对方十分恼火,现在日本人也学到了这一手。

彭乐善在1941年12月8日清晨BBC的英文广播中收听到日本飞机突然袭击太平洋上美军基地的报道后,第一时间报告董显光。董显光认为新闻太重要了,随即用电话报告给了蒋介石。

彭乐善迅速为"国际台"拟写了报道交到播音室,陆铿跑去找人刻钢板印号外,并和朋友一起把500份自费号外瞬间投向大街小巷。当天和第二天,重庆的号外和报纸都采用了彭乐善听来的消息:

本报讯(《中央日报》,1941年12月8日) 此间接获伦敦广播消息称,日本海军飞机于7日下午1时猛烈轰炸夏威夷,美国宣布美日之间战争状态存在。

陆铿在50多年后回忆到当时的经过:

这么惊天动地的新闻,来源还是收听广播。这里面有一个重要的背景,当时在中国,收音机尚未普遍,听广播的人较少,听国际广播的尤其少。重庆的国内广播机构和国际广播机构,虽在同一大厦,除特别联播节目外,一般缺乏联系。尽管国际台已得到这个消息,作为国内台的中央台仍姗姗来迟。而国际各大通讯社的新闻当时是按合约由中央社转发。中央社电务部虽每天廿四小时抄收国际电讯,12月8日凌晨3、4点钟时已经抄到有关消息,但值班的报务员限于英文程度,看不出这是惊天动地的新闻。[1]

重庆新闻界高度赞扬"国际台"的工作,《中央日报》曾经发布消息称"各方对时局均极关切,国际广播电台应各方需要,逐日由彭乐善等收听英美等

---

[1] 陆铿:《陆铿回忆与忏悔录》,时报文化出版企业有限公司1997年版,第41页。

广播新闻,工作极为忙碌"①。

在8日的节目中,"国际台"除报告新闻外,还分别向罗斯福总统和丘吉尔首相发表广播致敬词,又向被轰炸的夏威夷人民致以深切慰问。11日13时,"国际台"的五位日语播音员一齐上阵,开展了时局对话广播;18时,又请王芃生、青田和夫等人用日语座谈,讲"太平洋战争与日本前途"。

重庆时间1941年12月10日上午的10时到10时30分,罗斯福就美国对日宣战等向全世界演讲。"国际台"在重庆利用在歇台子收音台接收来自旧金山的广播信号,并进行了转播,同时翻译并灌制了留声唱片,还在报上提前预告,并罕见地公开邀请各界人士到广播大厦聆听。

罗斯福的这次演讲是继在国会上示"1941年12月7日将成为美国国耻日",要求"国会宣布美国同日本已经处于战争状态"的发言后,用"炉边闲话"的方式发表的第二次关于太平洋战争的广播演讲。预告他将谈美、英、中、荷(ABCD)联合阵线形成,实际上他"闲话"的内容就是要让美国人民和全世界人民知道,永远不要忘记日本的背信弃义,日本的丑行将被历史和道义所不齿。

> 美日关系断绝之日,则为日本使节于七日访问(美国)国务卿之时。在此一小时之前,日军已以炸弹及机关枪攻击我国旗与我军民。吾人于今日目击此种丑行,实无法抑止其惊愕震怒之心理,余信即在千百年后,全世界人类回顾今日之历史,亦必仍与吾人同感也。②

罗斯福历数十年来德、意、日之侵略暴行,认为日本从1931年侵略中国东北至今,凡此侵略行动,事前俱无警告之表示,今日本又使用其惯伎,未经警告即行进攻马来亚、泰国以及美国。凡此侵略行动,前后如出一辙,"故时至今日,吾人已被迫作战,全国军民不论男女老幼,悉已作战矣"!

在对日本的意图进行分析时罗斯福指出,德方向日方表示,允许日本永

---

① 国际电台收听英美广播,载《中央日报》,1941年12月11日。
② 罗斯福12月9日演讲词,载《中央日报》,1941年12月11日。

远控制太平洋全部,窒息北美、中美、南美之西部海岸。日、德两国此次对美发动战争,系根据两国之共同计划。他告诫美国人:应放弃过去所有一切幻想,此后的美国再也不能孤立独处。罗斯福说:

> 今日之大战,不仅是长期之战争,且必为异常艰苦之大战,盖可断言。数日来因日机轰炸而死伤之国人,总数必不在少,美国已决心争取最后胜利,争取全部之胜利,决不中途停止。不但要雪耻,而且一切国际暴行之源泉必须完全肃清。

1943年7月4日,太平洋战争已经进行了一年半多的时间,罗斯福派往重庆的美军驻华总司令史迪威中将来到广播大厦,利用"国际台"信号向美国人民致意,庆贺美国独立纪念日,誓言把对日本人的战争进行到底。史迪威重复了罗斯福的演讲思想和内容,仍然在对美国人民进行战争动员。他说:

> 美国人已在东方遭遇野蛮敌人之威胁,敌人必须被击溃,余盼美国人悉力以赴,永远消弭敌人之威胁。吾人不能听任日本制造另一次战争,美国人必能追溯七月四日一天之意义,吾人意欲保持吾人之权利、理想及本有之生活方式,并击毁企图毁灭吾人之一切。吾人苟不能获得交战胜利,则将贻祸无穷。[①]

二、敌我对太平洋战争的态度

对日本人的珍珠港突然袭击事件,与美国人的震惊愤怒不同的是重庆所

[①] 史迪威独立日对美演讲,《中央日报》,1943年7月5日。史迪威(Joseph Warren Stilwel)(1883—1946),美国陆军四星上将,曾经在二次大战期间驻中国接近三年,任驻华美军司令、东南亚战区副司令、盟军中国战区参谋长职务,后因与蒋介石关系破裂而离任,1946年10月12日因胃癌在旧金山病逝。

有人在愤怒时又都沉浸在兴奋中。

强大的美国终于参战了,中国的抗战终于摆脱了孤独,加入到同盟国的阵营中。许多人认为,从重庆时间1941年12月8日这天起,中国人的心情显然愉快多了。也就是说,胜利已经在望。得到董显光报告后的蒋介石于第二天赶往位于镇守使街的军委会办公室召开国民党中央常委会议,带着喜悦而振奋的心情宣布:中国正式对日宣战!

这种兴奋在12月31日蒋介石的新年广播上表达得最为清楚。他说:

> 这一个月以来,抗战形势和从前完全不同,过去我们是单独奋斗,在国境以内抵挡日寇,现在我们已经和英美苏联与其他各友邦安危一致,并肩作战,来彻底消灭人类的公敌……日寇必然败亡的命运已经到了根本决定而无可挽回的日子了。①

对做国际宣传的人来说更多一层高兴的意义,即所有宣传最重要的原则是要缔结共同抗敌的联合阵线。换言之,在建立自我的坚强信心与揭发敌人的残暴姿态之后,要实现今日我敌最后演变成与我友邦共同敌人的目标,现在这个目标实现了。

太平洋战争爆发的第二天,即重庆时间1941年12月9日,国民政府宣布对德、意、日宣战,向日本宣战的国家达到20多个。战争已经打了四年多,中、日都在不宣而战中,这还是中国第一次向日本宣战。在"联合国家"中,蒋介石获罗斯福总统提名,升任盟军中国战区总司令,用以"指挥中国战区的一切联合国军队"。

日本人发动的这场袭击被内阁称为是包括对英、美战争和中国事变所进行的大东亚战争的一部分。宣战后的第二天,日本驻中国占领军总司令畑俊六在南京向媒体发表声明:

> 日本对英美开战,乃为努力保全日本自存自立之最后决意,及

---

① 蒋介石新年广播,载《中央日报》,1942年1月1日。

解放东亚民族于英美桎梏而谋建设新秩序之愿望，且为中日事变之必然发展。派遣军决排除英美国在中国大陆之敌性，与南方作战响应，彻底封锁渝方，统一发挥战力，击毁渝方抗战力及整个组织。①

他在14日对汪伪政权的军政长官又讲道：

重庆之抗战力日趋衰微，反蒋和平运动之抬头，或第一线将领之叛变等，重庆内部将生之大混乱。

畑俊六说：

日本对中国事变之处理，并不稍变，仍照既定国策致于友邦新中国之复兴，互相倾全力于覆灭重庆政权。

此时，汪伪政权也"代表中国"向同盟国宣战。汪精卫立即在南京广播上对日本的战争目的进行宣扬，助纣为虐，认为日本一旦取得南洋，除了橡胶和锡外，石油供给也可无忧，其他如米、棉、煤、铁等，也都有相当帮助。汪精卫说：

可恨的重庆方面，他还要祈祷英、美战胜，他还要提倡帮助英、美攻击日本……我们必须以十二分的努力，不断的唤起重庆方面的同胞，使之摆脱个人独裁的锁链，摆脱百年以来英美所加于颈上的锁链。总而言之，中国得到自由平等在此一举，东亚得到解放在此一举。②

周佛海也在南京广播上讲，对英、美的宣战是"自动的宣战"。他要求沦陷区人民"有钱出钱，有力出力"，以全力协助日本。

---

① 畑俊六谈话《覆灭重庆政权》，载《中央导报》，1941年第22期，第7页。
② 汪精卫于1941年12月18日晚在南京广播，载《中华导报》，1941年第22期，第1页。

三、不利战局中的"捷音"

太平洋战事一开始就向着不利于同盟国的方向发展,从日本袭击珍珠港起,不到三个月,日军几乎占领了整个东南亚。首先是香港沦陷,接着马尼拉、新加坡、巴达维亚、仰光被日军攻占,在美国海空军未恢复其战斗实力发动在中太平洋跃岛进攻新战略以前,缅甸的外线作战和中国大陆的内线作战都仍由中国军队进行着,已经过了将近四年苦战的中国,还在继续挑起这样的重担。在缅甸战场上,中、英军队节节败退,刚开通不久的滇缅公路被迫再次关闭,外界对中国的援助,仅靠一条昂贵而又险象环生的"驼峰航线"维系。

而在日本远东及南洋的各占领地,原有盟国阵线的广播电台18座都遭到损失,其分布如下表:

表12-1　盟国阵线被破坏的广播电台

被占城市	原有电台
马尼拉	4
上海(英美商设于租界)	3
爪哇(荷属印度尼西亚)	5
香港	1
新加坡	2
槟榔屿	1
仰光	1
梅谋(缅甸)	1

这些电台多在敌军未占领前自行毁坏。香港电台(中波、短波播送机各一台),曾在守军投降前自行炸毁,事后未满两月敌人即开始用原来波长恢复

播音;新加坡、仰光失陷后,原有电台播音从此消失;马尼拉台原为NBC网下远东分台之一,呼号仍为KZRH,然其名称已被日军改为"新菲律宾之声",表示其已为傀儡电台之一;全印度广播公司虽然有短波电台六座,因为功率较小,仅能对曼谷、西贡两地的傀儡电台就近施以抵抗,不能成为盟国反攻的主力。自广播战开始以来,在远东所受的最大损失是荷属爪哇电台沦入敌手。这家电台发射功率80千瓦,为太平洋地区广播战的"主炮",声音可清晰传达北美和欧洲。

荷兰军队在从该地撤退前予以了毁坏,但从此"联合国家"对日本进行广播战的第一线,不能不退到远隔重洋的南北两翼——墨尔本和重庆。

表12-2 第二次世界大战时期澳洲及非洲各国广播电台情况

国家	城市	波别	电力(千瓦)
澳大利亚	墨尔本	短波	3
	林多哈斯	短波	2
	悉尼	短波	16
新西兰	惠灵顿	中波	60
意属利比亚	的黎波里	中波	50
法属摩洛哥	拉巴特	短波	10
阿比西亚		短波	5
	亚的斯亚贝巴	短波	1
法属索马里兰	古布的	短波	1
南非联邦	约翰内斯堡	短波	5
	开普敦	短波	5

资料来源 《中央导报》,1942年第27期,第16页。

日本人岩崎春茂撰文嘲讽说道:

渝方努力宣传,强化所谓"ABCD(美英中荷)阵线",且尽力煽动英美之对日战争,即渝方高估美英之作战力及经济力,故认为美英对日作战,可使战争有利解决。然开战以来,日军所获之伟大战果,与所谓"ABCD阵营"之日趋崩溃,已使渝方胆寒,所谓"对日包围阵"者,殆等于痴人说梦也。①

1942年4月28日,罗斯福总统在华盛顿发表广播演说承认了远东方面的损失,但击落的飞机和击毙的敌人为数甚多,敌人的南进已被制止。

面临重重挑战的罗斯福保证:

> 吾人决心收复已失之领土……不论日军有何进展,余可向中国英勇献身之人民进言,必有方法以飞机军火接济蒋委员长统率之部队,俾克在此次战争中与侵略者相抗衡。而始终不被敌人克服之中国,将来不独在东亚且可在全世界维持和平与繁荣之工作中占有适当之地位。②

尽管罗斯福的保证受到重庆各界的欢迎,但军火依然是个大问题。迫于战场上的压力,6月1日蒋介石夫妇在应美国陆军邀请的对全美广播中,再次呼吁向中国提供机械化重武器。蒋介石说:

> 精神奋斗固然重要,若要与现代机械化装备的敌人,争取最后的决胜,必需有待于机械装备的配合。我以你们美国朋友的资格,以中国战区统帅的资格,特向你们美国军民再次提出保证:我们中国军民如能得到他所需要的适当配备,中国不独更能持久战,更能得到最后胜利。③

蒋介石对这次演讲作了精心准备,只用45秒钟就讲完了,其最后有"代表我们全中国四万五千万军"一语。有记载称在试播时,宋美龄担心时间过长,便戏语蒋介石:"委员长每次对外广播,皆说代表中国四万五千万军民,今

---

① 《大东亚战争与日派遣军之决心》,载《中央导报》,1941年第22期,第8、9页。
② 《中央日报》,1942年4月30日。
③ 蒋委员长与蒋夫人对美广播讲词,载《成都市政府公报》,1942年第9期,第3页。

天不必说起如何？"蒋介石允许删去。到了广播大厦后，蒋介石又对宋美龄笑说："余再思之，决乃用此语。"

宋美龄翻译完蒋介石的话，紧接着揭露日本人的谣言，说：

> 敌人说中国拥有大量武器，现在故意按兵不动，使美国来替它争取胜利，这显然是一个挑拨离间的阴谋，目的在离间我们和睦的邦交，这种欺诈伎俩，当然用不着我来提醒你们……

蒋介石、宋美龄的这次演讲被比作前一年春天丘吉尔在伦敦对美国的一次著名广播。英国首相用简短的话语向美国人大声疾呼："给我们以各种工具，我们必能独立取胜！"结果在这一年度里美国给英国的军火武器总值达到50亿美元，占美国《租借法案》通过后第一次拨款总额的60%以上，大大增强了英国的战斗力，被称为是丘吉尔的一言之功。[①]

现在，蒋介石在重庆的广播大厦也如法炮制，结果会怎样呢？

快半个月过去的6月14日，为纪念"联合国日"，《纽约时报》发表一篇社论，题为《我们必须援助中国》。

> 我们此时应考虑切实援助中国，此事与开设欧洲第二战场并不冲突，无论就政治就军事而言，皆应如此。中国仅名称上为联合国宣言中之一员，并未受各盟国实际之帮助，此为无可讳言之事实。我们绝不能令中国人发生怀疑，以为中国系被利用为突击队或后卫队，而盟国则赖此以保全自身。事实上中国正为我们与暴敌浴血抗战，此种有利形势，系战争之自然发展，但由此形势获得利益与藉此而希图自便，实有区别。我们若取后者，必引起中国人之怨恨，由怨

[①] 1941年3月11日，美国参、众两院通过的《租借法案》经罗斯福签署后正式生效。法案授权总统可以以出售、交换、转让和租借的形式向被认为其防御对美国安全具有重大意义的国家提供武器、军用物资、粮食等任何军需品。据统计，美国共向英、苏、法、中等几十个反法西斯国家提供了价值500多亿美元的物资，英联邦所得的租借援助共300亿美元，占美国租借支出总额的60%；对苏联的援助共计109亿美元（苏联的统计为98亿美元）；1941年5月6日，罗斯福正式宣布《租借法案》适用于中国，到1945年9月3日止，美国给予中国的援助为8.45亿美元。

恨而动摇信心。美国实行派遣志愿队之原则，比例必须平衡，中国需要空军，美国就供给中国空军。①

《纽约时报》一向反映政府态度，这篇社论表明美国正在向认识中国重要性并采取实际支援行动的方向发展。现在回到中国战场上，适逢一场长沙大捷的宣传，安慰了盟军在太平洋战场上受伤的心。

长沙战役已经进行过两次，这是第三次。这次起于1941年12月23日日军的进攻，至第二年1月4日到7日国军发动的歼灭战结束。"中央社"报道："共致敌伤亡5万6千多人，只有少部分溃逃回岳州。"

军委会组织中外记者前往战地采访，回到重庆后，"中央台"、"国际台"邀请参与采访的记者《中央日报》的赵效沂、《扫荡报》的谢爽秋、"中央社"记者傅世芬，以及合众社的王公达、《纽约时报》和美国国家广播公司的福尔门、《伦敦每日快讯》和《悉尼电讯报》的白制德到节目里谈了他们亲临前线采访感想，还有一些记者到场一起座谈。这次"长沙胜利广播大会"节目播出于1月17日晚上，《新华日报》派记者到广播大厦采访，把大家在广播上的发言写成特写发表在两天后的报纸上。

在广播大会上白制德首先发言认为这次胜利的获得，应归功于国军的冷静和有着充分的胜利信心。他介绍了将士们是怎样沉着、英勇打下这场仗的：

> 我们走遍了长沙近郊的每一块土地，那黄色的泥土上，染着鲜红的血迹，尤其在那经过十一次争夺的城南修械所高地，更是几步远便点点斑斑，从这些遗迹里我们看出来这儿是与敌人寸土必争的……
>
> 在浏阳河畔的激烈战斗里，我们的人上去，一排一排的完了，而敌人却遭到更大的杀伤，终于被我们逐退……
>
> 弟兄们的英勇故事真是说也说不完，他们拿桌椅板凳和床铺架起来，就作为堡垒，在城郊和敌人干起来。这种打法真是翻遍了世

---

① 转自中央社消息，《中央日报》，1942年6月16日。

界的战史也不被有过,有着这样英勇的将士,我们就打出了太平洋战争后同盟国的第一次胜利来!

美国国家广播公司记者福尔门讲述了长沙民众的情形。他感叹,我们说不出那些充满血泪的故事,25万的民众在七天以内全部离开了长沙,可是乡亲们在乡村里还是遭到敌人残忍的杀害。他描述所见惨景:

我亲眼看到在一口塘边几个妇人围着在那里哭泣,那池塘里浮着被反绑了双手的死尸。

我们看到的民众都是沉默而含着愤怒的眼光的,他们在破烂的瓦砾堆里重新理着他们的家业,对我们一理也不理。

他们对这次战争尽了很大的力量,守卫长沙的战士,二十余天以来有着白糖青菜和大块的猪肉吃,给养完全无忧。

《中央日报》赵效沂在广播里称赞这场胜仗"真是一次大演习一样,一切都按着我们的计划进行"。他介绍了"身临前线,亲冒炮火镇定指挥的"薛岳将军对视察团说的话:

要是我们有着更多的大炮,我们还可以打出更好的仗来![1]

美军也献给盟国人民一件礼物。1942年4月18日下午,美军对日本本土进行报复性轰炸,一群年轻的美军飞行员驾驶16架中型B-25B型轰炸机从"大黄蜂号"航母上起飞,对东京等城市进行报复性轰炸。这些飞机后来大多因负伤、故障、油料耗尽而迫降或坠毁在中国的沿海和内陆地区,飞行员跳伞,大部分生还,杜立特中校等人被中国人安全送往重庆。"中央台"、"国际台"接到美国新闻处消息后立即播报了盟国飞机空袭日本本土的新闻,说盟军空军当日轰炸了东京及横滨、神户,后来又证实名古屋也被炸。这是抗战开始

---

[1] 本报特写《捷音飞播——广播大厦伫听长沙胜利之音》,载《新华日报》,1942年1月19日。

以来日本本土第一次受到攻击。国民政府据此在广播上发表了一个简短文告,称:

> 此次轰炸为联合国家首次实践其将战事带到日本本土的诺言。当使日人深知日本有被进攻之可能与联合国力量的强大,由此可以否定日本军部保证之言。

四、威尔基访华和陆铿的现场报道

太平洋战争爆发和同盟国的建立给重庆广播带来的最大变化是"国际化"大大增强。"中国之声"正在成为英、美、印、缅、澳、新各国每日必须收听的节目。各广播电台与中国也保持了密切联系,这种联系依靠电报往来和广播通话进行,预定转播节目,及时收转新闻。

美国参战以后,太平洋西岸旧金山各电台第一次听到有敌机来袭的消息时,有的台未予证实就停止了播音,可见对参战的紧张和关注。美国两大广播公司驻重庆的代表曾奉紧急命令,要求临时插播中国前线的简短新闻节目,由公司各台转播全美。这种特别节目有时一天有三次之多,美方介绍传送给美国后,"每次听众都不下数千万人"。而"国际台"在广播时间内,随时对外作迅速新闻报道,东西方各国电台,几乎随时收录后引用其重要部分播出。重庆的新闻竞争也日益激烈,有的外国记者甚至联名请求中国宣传当局每次发布公报给予他们8小时之优先权,这给重庆的广播人很大的促进。

1942年秋天,威尔基先生受罗斯福总统委托访问列国后来到重庆,他是来访的美国人中被称为最重要的民意代表者,受到了热情的接待。10月6日晚8点15分,威尔基在广播大厦向中国军民作广播演讲,"中央台"、"国际台"进行译播,"中广处"电令所属所有电台同时转播。

威尔基谈了他对中国访问的感受,为中国国民对自己的热情而感动,因在经过中国西北时看见连绵起伏的雪山和一望无际的沙漠而感慨中国的伟大与美丽。威尔基强调了中国的重要：

> 访问贵国……最主要的目的便是希望明了各种事变,因为我深信,贵国抗战之胜负,关系全人类的生存。我也深信,不论从人类的自由,人生的价值和如何避免过去帝国主义的陈旧制度,以建立未来世界之新秩序。各方面推论,我们需要有智慧,有远见,有理想的领袖来解决这些问题……贵国对敌苦战五年,美国供给飞机军火,乃是应有的责任。但除此以外,美国更应进一步,联络贵国以及其他同盟国家努力解决上述问题,使中国可以完全解放,使其他现正遭受蹂躏的国家也可以完全解放。①

威尔基所说的避免帝国主义的陈旧制度是指中国和美国间历史上的不平等条约,暗示废除旧约签署新约的谈判已经开始。在演讲前的10月3日,宋氏三姐妹在范庄举行晚会欢迎美国总统候选人。看准威尔基先生的影响力,陆铿事先跟"中央台"传音科科长何柏身、"国际台"传音科科长彭乐善商量作好做一次联播节目的准备。

已经到"国际台"工作了两年的陆铿此时认为,自己虽然在广播电台也干的是新闻工作,但总不如做记者可以自由发挥。当时中国广播事业,只有播音员,没有记者,在全国范围皆是如此。他向科长彭乐善要求做记者,直接采访新闻。彭乐善是一个接受了西方教育的人,他答应有机会向董显光先生报告,后来他说董显光同意了,但在行政系统上须尊重"国际台"台长冯简,最好写个报告请冯简批一下。

在陆铿这样的年轻人看来,冯简是北洋时期的科学家,对于新闻事业的观念还停留在邵飘萍、林白水时代,认为他不懂现代新闻事业的运作。但冯简同意了陆铿的申请,在报告上批了"准予试作访员"几个字。

"访员"是民国初年对记者的称呼,对抗战一代的新闻从业者来说这个称

---

① 威尔基演讲,载《中央日报》,1942年10月7日,第二版。

1942年秋天,以美国总统特使身份访华的威尔基,敦促宋美龄访美,向美国朝野说明中国人民的抗日决心

呼已经落伍。但不管三七二十一,陆铿等人便印了中国国际广播电台记者的名片,四处采访新闻,逐渐崭露头角。

当威尔基先生由蒋夫人宋美龄、孙夫人宋庆龄、孔夫人宋霭龄陪同在晚会上出现时,陆铿就将一个带座的麦克风连着线拉到台子上"啪"的一声放下,不料受到便衣保安人员的呵斥:"干什么?"陆铿向他解释这是广播电台准备向国内外作现场广播的。保安不听,一面说"去、去、去",一面就拿掉麦克风。

陆铿赶紧向宋美龄求救说:"Madame! I am correspondent from the Voice of China(夫人!我是中国之声的记者)。"接着用中文说明要对今天的晚会做一个特别节目,希望得到蒋夫人的帮助。

蒋夫人于是向周围跟随的人示意:"让他,让他!"

陆铿开始大胆地对着麦克风向听众介绍说:"今天是重庆各界人士欢迎曾为美国共和党总统候选人的威尔基先生的园游会。蒋夫人宋美龄女士、孙夫人宋庆龄女士和孔夫人宋霭龄女士都出席了大会。现在是现场实况广播。"

现代新闻的概念由西方引入中国,中国广播新闻的演变落后于报纸,开始仅为"传声",陆铿把这段经历写进了自己的回忆录,称从这以后,"中国开始有了实况广播,广播新闻也才比较受肯定"[1]。至此,中国的新闻界开始有广播记者的记载,以广播的方式记载新闻、表现新闻、报道新闻的叫广播记

---

[1] 陆铿:《陆铿回忆与忏悔》,时报文化出版企业有限公司1997年版,第40页。

者。陆锵认为,在未来的广播战争中,每一个中国的广播记者,都必须有单独作战的本领!①

第二年的4月,威尔基的新书《四海一家》在美国出版,讲述了他周游世界的经过与感受,对美国一些政治家忽视中国的态度进行批评。他说:

> 吾人之领袖人士中,有若干人倾向于分战争为第一等战争与第二等之战争,此种倾向仍是令余骇异。余游历远东之后,自然令余对于此点无所置疑。吾人在亚洲与中国如非以吾人在欧洲与英苏及被占领国家相同之充分盟友关系取得胜利,则吾人将无法真正获得胜利。②

五、福建台台长遇难

此时的宣传出现了一种情况:为了不让国内和国际上为战争的惨状所惊吓,因而害怕与侵略者战斗,报道里已经少有对战争残酷性的描述。在1940年日军狂轰滥炸结束后的冬天,"中央台"请来在重庆访问的英国广播公司董事兼播音员威廉先生作了一次谈伦敦遭受轰炸情况的英文广播,用英国式的幽默表达对中国大后方人民的安慰和鼓励,中文翻译也把威廉先生讲话的语气和内容表现得十分充分。

> 你们住在重庆的人对于我现在打算要讲的战争和轰炸一定是很容易了解的,在重庆的街道上,我可以看到日本飞机轰炸的痕迹,同样这一些痕迹在伦敦也可以看得到。当我还在伦敦的时候,我每天早上照例跑到广播大楼里去,路上总可以发现一些前一天晚上德

---

① 陆锵:《广播记者》,载《广播周报》,1946年第4期。
② 〔美〕威尔基:《四海一家》,摘自《中央日报》,1943年4月10日。

机轰炸所造成的新的毁坏的地方，有时损失很大，有时损失极小。

有一回一个燃烧弹恰恰落在我的隔壁屋子，那时候我碰巧没有在家，留在家里只有两个女佣人，屋子那时一个人也没有。于是这两个女佣人便立刻从窗子中间冲进隔壁的屋子，并且一直跑上楼去，炸弹正落在最高一层楼的洗澡间里，火焰烧得很猛烈，这两个女佣人立刻把自来水灌在澡盆里，把一床被褥浸透了水扑在燃烧弹上，燃烧弹就因此熄灭了。她们还把着火的楼板喷了很多的水，这样一来，楼板的火焰也就熄灭了，于是大功告成，她们就跑回原来的屋子喝茶，不一会她们又跑到床上去睡觉。那时天空中的焰火轰击得很猛烈，有九个炸弹还落在附近的地方，但是她们一概不管。

……我们在伦敦起初太不把炸弹当一回事，所以有不少的人被炸伤，而后来呢对于炸弹又太过小心了，我想现在所取的态度才是合乎中庸之道。①

1941年，日机继续轰炸，过了秋天即告结束。

已经习惯轰炸生活的重庆人突然发现日机飞临上空的警报声明显减少，轰炸甚至没有了。事实也的确如此，这是太平洋战争爆发给大后方带来的最直接和实际的变化，由于中、美空军的迎战和对湖北等日军机场的轰炸，敌人进行了战略调整，日机似乎已经无暇西顾中国的战时首都。

1942年6月20日晚上7时，重庆防空司令部司令贺国光到"中央台"的播音室向国内作《陪都防空业务的进展和希望》演讲。他在播音室坐得比较踏实，一脸侥幸地说：

自去年9月1日敌机突袭我陪都以后，直到现在，已有10个月的时间，大家没有听闻一次突袭警报，可以说使大家得到很长久的休养。②

---

① 〔英〕威廉·詹金斯（William Jenkina）：《英国广播漫谈》（1940年11月1日广播），载《广播周报》，1941年第193期，第5页。

② 潘洵、周勇主编：《抗战时期重庆大轰炸日志》，重庆出版社2011年版，第367页。

据重庆市民的回忆和重庆防空司令部资料记载，1942年的全年重庆市区都没有被日机投弹。没有轰炸让大后方松了一口气，但乐观只是暂时和局部的，日本飞机对全国各地前线、后方的轰炸还在残酷地继续，冬天也如此。

1943年1月2日，日机飞临福建省永安县上空以福建广播电台为目标实施空袭，台长钟震之与妻子躲于电台附近草丛中，不幸中弹，双双身亡。

钟震之老家在江西萍乡，1932年秋天到"中央台"工作，任过总干事，是《广播周报》的创刊人之一，并自任编辑。1938年他在完成巴县歇台子镇收音台征地工作后，于11月从重庆调任"中广处"所属的福建广播电台台长。福州沦陷后，福建台迁到永安继续播音，他继续任台长，直到被炸遇难。

重庆多家报纸登载了"中央社"对钟震之夫妻遇难的报道。今天还能在当年的《广播周报》上找到钟震之的文章，抗日之心跃然纸上。在东北沦陷的时候，他写过：

> 东北民众，日日在盼望祖国消息，大电台的播音，使他们永远纪念着祖国，使他们对祖国的心，永远不灭！[1]

---

[1] 钟震之：《中央广播大电台创立二周年纪念感言》，载《广播周报》，1934年第9期，第6页。

第十三章　盟国关系中的广播

一、努力维护中苏友谊

在同盟国关系中，国民政府与苏联关系尽管有中共问题，对日立场问题和边界问题，却最为传统重要。抗战开始后，苏联意识到"日本对华发起的侵略战争极有可能掀起进攻苏联的序幕"[①]而决定给予中国武器上的积极支持。1937年8月21日，中国政府代表王宠惠与苏联政府代表鲍格莫洛夫在南京签订了《中苏互不侵犯条约》。条约规定：双方保证互不侵犯领土、主权，互不使用武力；其中一方遭到第三国侵犯时，另一方不得向该第三国提供任何直接或间接的支援。这对处于极度困境下的中国来说，是一个巨大的帮助。8月27日，双方达成协议，苏联同意向中国提供价值1亿美元的军事物资。11月，苏联援华飞机抵达兰州，这些苏联飞机和飞行员很快就出现在了南京。

两国关系骤然升温，苏联成为国民政府摆脱孤军奋战最重要的外交伙伴。

在国民党中宣部1938年10月15日颁发的秘密文件《现阶段宣传要点》

[①] 中国社会科学院近代史研究所编译：《共产国际有关中国革命历史的文献资料》第2辑，中国社会科学出版社1982年版，第166页。

中,在外交关系上列道:

> 对苏联应时常表示感谢其对我援助,希望其进一步增大援助范围。并望其对于日本,应根据盟约第十六条,尽最大可能先行个别制裁,不宜专重获令制裁。我应力争日本为中苏共同敌人,中苏关系,完如唇齿,苏宜有彻底之认识。①

早在1938年5月6日,中苏友好协会创办人兼常务理事张西曼就在刚于重庆恢复的"中央台"上对国人连续播讲,高呼:"我们要重视苏联的友谊!"随着"国际台"的开播,接收转播莫斯科广播电台节目内容,向苏联广播中国的声音成为当务之际。重庆与莫斯科开始试图建立有效的收测机制。莫斯科广播电台虽然拥有500千瓦世界上最强大的发射机,每天用英、德、意、荷、中等11国语言报告,全苏无线电管理委员会还在中苏边境上建立了两个大功率的差转台,以对付中国东北的日伪广播,以及向中国内地广播,但要有效捕捉它的信号进行转播让刚刚建成的歇台子收音台很费了一番努力。此举有记录为证:

> 第一次收音转播:晚6时,钱(凤章)科长偕同俄语报告员来,收音用NC-100XA,于7:25以前犹未收得莫斯科RW-96,而上清寺传音科早收得,即在该处转播,但杂声大,直至7:30以后,方在9.75mc(93.3度)处收得,即送上清寺转播,音颇佳,因事先波长未饬知也。②

在质量有了保障后,重庆的"中央台"开始转播莫斯科广播电台的新闻时事类节目。莫斯科广播电台也让中国人民定时欣赏苏联的音乐节目:

---

① 全宗号——(2)案卷号2476,中国第二历史档案馆。
② 1939年10月31日收音工作报告,全宗号0004案卷号00040,重庆档案馆。

中央广播电台应中苏文化协会之请,于今(1940年8月30日)下午6时30分至7时15分转播苏联莫斯科电台8月份对中国放送之音乐节目,计有1.波罗京作"玛淑嘉舞曲"及亚伦斯基作第一部组曲中之"波兰踏舞曲",由全苏无线电管理委员会表演风琴双重奏;2.鲁滨史坦作"波斯民歌"及斯潘贾洛夫作"东方情歌"由巴图林演唱;3.德佛沙克作"斯拉夫民间舞曲"第三部,及十郎士作"匈牙利舞曲"第九部,由艾斯达贺演奏;4.柴科夫斯基作歌剧"魔女"中教父之歌,及"古利列娃之歌",代拉摩夫作"漫步长街",鲁滨史坦作"意大利土风舞",由克鲁戈利科瓦演唱。①

而在1940年9月14日,中苏友好协会也请"中央台"国乐组通过"国际台"向苏联听众广播了1小时的特别音乐节目,由莫斯科广播电台向全苏转播。播出的国乐名曲计有"嘉兴乐锣鼓",刘天华所作"闻居吟"、"侯门弹饮";古筝独奏"高山"与"流水";二胡琵琶洋琴合奏"青云直上";琵琶独奏"月儿高"、广东曲"龙虎门"以及刘天华所作"变体新水令";南胡独奏"月夜"等。②

就在两国讨论苏军直接参加对日作战的可能性时,令人意外的事情发生了。1941年4月13日,苏联人民委员会主席兼外交人民委员长莫洛托夫与日本外相松冈洋右在莫斯科签订协议,违背中苏盟约中的有关规定,发表苏日互相尊重"蒙古人民共和国"与"满洲国"双方领土完整及神圣不可侵犯的宣言。

第二天,中国外交部长王惠宠立即通过重庆的各种媒体发表声明,声明这项损害中国领土主权的约定和宣言"绝对无效"。

日本、苏联签订这这个协议是各有打算:日本是为了消除北面的后患而放心南进,苏联则在于解决东面之忧后全力应对德国可能的进攻。6月22日,随着苏德战争的爆发并迅速变得十分残酷,国民政府在无奈中理解了苏联的做法,没有采取恶化两国关系的举动,反而恢复了对苏联的友好态度,也

---

① 中央社讯《中央台转播莫斯科广播电台音乐节目》,载《中央日报》,1940年8月30日。
② 中央社讯《国际台向苏联广播中国国乐节目》,载《中央日报》,1940年9月14日。

认识到实际上此协议里苏联也没有作任何停止援华的承诺。

斯大林在这年的5月6日就任苏联总理,他另外的职务是苏联人民委员会委员长、苏联国防委员会主席。莫斯科广播电台广播曾对其领袖称颂道:

> 苏联幅员之大以莫斯科为中心,莫斯科区域之广,以克里姆林宫为中心,克里姆林宫建筑之伟,以斯大林总理及其胸襟内之坚强意志为中心!①

德国人来了!在突然袭击后的7月3日,斯大林的声音两年来第一次在莫斯科中央一台的节目中出现,塔斯社向重庆提供了讲话的文字稿。斯大林演讲时被称面无表情、手无动作,其铁性意志,并不表现于声色。

他明确告诉苏联人民,在短短的十天时间里,苏联已经丧失立陶宛、拉脱维亚的大部、白俄罗斯西部、西乌克兰一部分,这些地方已落入进攻的德军手中。斯大林承认,虽然我军英勇抵抗,但希特勒的军队仍然在继续推进。

斯大林在讲到战争原因时举出被撕毁的《苏德互不侵犯条约》,认为当初苏联作为和平国家不可能拒绝这样的条约,同德国签订这个条约得到了国内一年半的和平,保证了准备力量的机会,而德国撕毁条约进攻苏联,究竟得到了什么收获,又有什么损失呢?它得到了在短期内对它的军队有利的某种阵地,但是它在政治上是有损失的,因为它暴露了自己,在全世界人士的眼睛里它是一个残忍嗜血的侵略国。斯大林说:"德国这种短命的收获不过是一种插曲,而苏联伟大惊人的政治收获却是重大而永远的。"

斯大林在广播里命令:

> 红军、红海军、苏联所有公民,必须保卫苏维埃和每一寸土地,必须为我们的城市和乡村战斗到最后一滴血而后已。②

---

① 彭乐善:《广播战》,中国编译出版社1943年版,第124页。
②《中央日报》,1941年7月4日。

"国际台"把对苏节目分成两部分：一部分对苏联的东部广播与对中国东北节目放在一起，语言有俄语、英语和国语，时间固定在每天下午的重庆时间17点30分到19点20分，相当于伯力时间同日的20点30分到22点20分；另一部分是对莫斯科及小亚细亚广播，重庆时间是每天的23点05分到23点50分，相当于莫斯科时间同日的19点05分到19点50分，用俄语和阿拉伯语播出，节目有中国的国歌、国乐、新闻报告、时事论述或演讲等。

莫斯科中央一台曾经把转播话筒连接到炮兵阵地上，成百上千门大炮轰鸣的声音让全球听众十分震撼。罗斯福曾经高度赞扬苏联军队，认为"苏军歼灭敌军，较所有诸盟国歼灭之总数为尤多"[1]！

苏德战争的惨烈程度和苏联如果失败的危险后果也十分震撼中国，并引起广泛关注。面对轴心国的强大压力和正在结成的同盟国战线，1942年新年晚上，中苏友好协会会长孙科在广播大厦向莫斯科及苏联西部广播，以同为受侵略国的心情呼吁已经形成的盟国团结。孙科说：

> 法西斯侵略强盗——日本、德国和意大利结成了联邦，在1931年9月18日，1941年6月22日，以及同年的12月7日，用同样奸诈的方式，偷袭了爱好和平的四大盟友，中国、苏联、英国和美国，这一个个的日子，在人类历史上烙下可耻的印痕，写下了鲜红的一页，全世界的正义人士，都为了洗清这一可耻的印痕，而坚固的团结起来，进行着艰苦的战斗。
>
> 我们只有一个信念，就是消灭侵略者，建立永久的和平，我很希望民主国家能够以最迅速的步调，决定全盘的反侵略，在最短时间内，于敌人以有效打击。各国人民在其政府领导下，以所有的力量，供给反侵略力量，只有这样，才能对人类的公敌以一直不断的打击。[2]

---

[1] 罗斯福总统广播语，载《中央日报》，1942年4月30日。
[2] 《新华日报》，1942年1月2日。

中苏关系重新升温,1942年6月15日,于右任利用"联合国日"对苏联广播,向"天才领袖斯大林"致敬,对苏联革命给予充分的认同。他说:

> 苏联建国后,世界大政治家对苏联立国精神,认识最早,最清楚的是中国的国父孙中山先生,在世界被压迫民众自由解放的战争中,中苏两国应该携手前进,这是国父孙中山的遗训,俄国革命是世界人类文明的大希望……在中苏两国的观点看,这许多设想都是两国革命先贤数十年来所提倡与努力,也是两国革命信徒数十年所奉行贯彻,在联合国家中,中国与苏联都需要经过长期的奋斗才能实现。①

于右任代表中国人民向一年来苏联军民对抗德国暴行的苦战与英勇牺牲表示深切同情。他认为,苏联战场中的战争之猛烈与中国战场中战争之长久,是此次大战之特殊点,现在德国已快近被消灭的日子了,日寇就是东亚的希特勒,我们联合一致,粉碎一切侵略者。

1942年3月14日,重庆侦听到的柏林广播中传来德国元首希特勒的声音。希特勒在追悼阵亡将士的仪式上发表演说再次称言:德国将于今夏击败苏联!

希特勒解释去年没有攻下苏联的原因是冬季的来临空前提早,且寒冷持久,苏联因此而在东线上暂时挽回狂澜,但"德军以'超人之力量'仍能坚持到底,今夏吾人必能击败并歼灭共军(苏联)"②。

两国都在宣传中互相发动攻势。苏联在与德国作战中表现出的巨大力量,使中国深受震撼和鼓舞。1942年6月22日,中苏友好协会在广播大厦举行纪念苏联卫国战争一周年的活动。会场上挂着中、苏、美、英、澳、捷、比、荷、印九国的国旗,邀请了各国驻华使节及首都政要冯玉祥、孔祥熙、吴铁城、何应钦参加。会上首先由国民政府立法院院长、中苏友协会长孙科致辞。孙科向

---

① 于右任演讲词,载《中央日报》,1942年6月16日。
② 希特勒演讲,1942年3月14日柏林广播,载《中央日报》,1942年3月17日。

苏联人民和军队致以崇高敬意,预祝苏联爱国战争和中国抗战取得完全胜利。

孙科在讲演中再次高度评价了苏联对德战争,强调了中苏友好合作和广泛的国际团结。他拿中日战争和苏德战争作比较,认为中国经过了五年苦战才使人们对它有彻底了解和真正认识,而苏联由于过去一年中表现了足以抵抗侵略的力量,不仅让人认识了他的伟大,并且对反侵略前途获得了极乐观的把握。

孙科赞赏了苏联与英国、苏联与美国之间签订的互不侵犯和互助条约,认为有"英美和苏联在军事上、政治上的互助和合作,我相信世界其他各国,过去对苏联的种种隔膜,亦必将从此一扫而清"。

苏联大使潘友新在致辞中介绍了苏德战争的近况:

苏联人民毫不动摇,也毫不张皇失措,他们发挥着很大的力量,把全国变成一个统一的战斗堡垒,去对付希特勒的猛烈的进攻。敌人曾经侵入到我国的心脏——侵入到莫斯科外围了。可是全苏联的人民,因英勇无畏的精神与沉着,保卫了自己的首都莫斯科,苏联的英勇的健儿,在莫斯科附近的平原上留下了永远不朽的光荣战绩。在这个时候,斯大林说:"连一步也不要后退。"苏联人民就回答说:"敌人永远进不到莫斯科。"[①]

潘友新在讲到与英、美的新条约时说,英、美已经同苏联建立了友好和同盟的关系,并且对我们的军事援助一天一天地增加起来,过去的一年对于我们,对于我们的盟国和友邦,是受最严格考验的一年,是伟大的、英勇的和不可磨灭的一年,新的考验还在等待着我们,我们随时准备着去接受考验。

听完潘友新大使的演讲,孙夫人宋庆龄"打破一向之沉默,以极清晰流利之英语"发表了即兴感言:

聆取各种有关苏联人民一年来英勇战斗,至感欣幸。且于苏联

[①] 潘友新讲词,载《中央日报》,1942年6月23日。

之抗战经验中得到一种宝贵教训,即抗战之胜利,须在国家、人民、主权统一的基础上始能获得。①

而对苏联为什么这么强大?前国民党中宣部部长、驻苏大使邵力子曾经在另一次演讲中总结过:归功于民主政治,民族团结,经济建设,和平共处外交原则。②

郭沫若和邓颖超分别作为文化界和妇女界代表出席了广播大厦的纪念活动。妇女界人士向苏联大使赠送了一面绣有"并肩克敌"字样的锦旗。

中、苏广播上的热情表现是两国关系交流的需要,也反映了国民政府对苏联在政治上、军援上的需要。太平洋战争爆发后,随着中国与美国关系的迅速升温而发生了微妙的变化,出现了"广指会"秘密要求成都台把转播的苏联节目改为美国节目的情况。

1945年8月14日,苏联同国民政府签订新约,双方关系进入新阶段。苏联全力保持着通过广播对华影响,抗战胜利后曾致电国民政府,要求中国国内电台避免对莫斯科广播电台的电波干扰。

二、丘吉尔保证:我们正在讨论猛烈对日进攻!

在近现代史中,英国与世界或者亚洲有着最复杂的关系和最具体的问题,对中国也是如此。随着战争的深入和英国的参战,英国对中国的支持从道义上转变到实质上,给解决这些问题提供了机会。抗战初期,中国的宣传方针是促成英国"履行国联义务,对敌人实行制裁,尤应指向敌人南进,已使英法在远东之利益根本动摇,并确定及时加大对华之个别援助,常以道义与

---

① 宋庆龄讲词,载《中央日报》,1942年6月23日。
② 邵力子纪念苏联国庆26周年演讲,载《新华日报》,1943年11月7日。

利害等立场劝告其勿对敌妥协"①。

英国对中国广播节目的转播次数较少,其原因主要在技术上的困难。1940年春,"中国之声"应BBC邀请,每周对英播送5分钟远东大事述评,到1942年,一共只做了11次,后以收转效果欠佳而暂告一段落。其他特别节目在英国转播成功的也只有几次,以宋美龄及孙科、王宠惠的演讲效果最好。

1941年4月,"国际台"在不断调整天线中连续两周对英"试播",收到各方面的报告很少,"成绩如何尚无从探悉",准备再行试播一周,在"试播"中,"国宣处"和"国际台"请来宋美龄对英国作广播演讲。

4月27日,宋美龄在广播中呼吁英国人民对中国战争灾民捐款:

今天约我播的讲题是关于我国的救济事业。四年来的战争,使五六千万的中国同胞成了难民,其中一部分已经暂时得到安顿,一部分仍旧流离失所,非至战事结束得不到安定的生活;可是他们宁愿忍受目下这种困厄与艰辛,绝不愿作日本人统治下的奴隶。

……你们可以断然相信:在正义尚未重申之日,中国决不会放下它的武器来。只要如此,我们就可以告慰那些作崇高牺牲的同志们的英灵。

我们希望你们能感觉到:我们的奋斗与英国的奋斗,精神上事实上都为了同一目标!②

据"中央社"收到的伦敦4月30日路透社反馈的消息,宋美龄的这次广播演讲竟在英国立即产生了效果,筹款援华会主席杜诺摩尔爵士在29日的议会年会上宣布再认捐500万英镑,③听众均拍掌欢呼。伦敦市长随之起立,宣读中英文化协会来函,并附英金1840镑,表示彼对于中国受灾人民有极大同情。市长续称,英国最同情中国,因彼等对于侵略之真正意义极其熟悉故

---

① 国民党中宣部:《现阶段宣传要点》(1938年10月15日),全宗号——(2)案卷号2476,中国第二历史档案馆。
② 宋美龄对英广播演讲,载《中央日报》,1941年4月28日。
③ 英增加对华认捐,载《中央日报》,1941年5月1日。

也,援华捐款数目前已达22829镑。

英国对亚洲事务政策仍然不明朗,虽然中缅公路关闭后又复开,但中国还是心有余悸。1941年4月11日晚,中国驻英大使郭泰祺在调任外交部长回国前,在伦敦英国广播公司发表告别演讲,向英国人说:

> 相信东西文化可以互相沟通,战后之大时代中,我以为主要者惟有ABC三国即美国英国与中国是也,在将来和平时代之东西方合作中,英美将与中国、苏联、澳大利亚、纽西兰、印度共同合作,将来日本如恢复其理性与正义之时,余亦希望英美能与之合作。中国必可获取胜利,任何日本方面似是而非之诺言及军事之压力,皆不能使中国动摇,姑息政策已在欧亚二洲完全死亡。①

尽管宋美龄的广播演讲在英国落地成功,但并没有完全克服技术上的不稳定性。太平洋战争开始后,中、英成为同盟国,两国在广播上的互动得到加强。在1942年于重庆广播大厦发表的新年广播祝词上,英国驻重庆大使卡尔引用了丘吉尔首相在华盛顿国会演说中的一段话:"我们将予暴日以教训,使它的国民永志不忘!"

卡尔有意想挤对一下英国听众,说:

> 大家看一看艰苦卓绝忠贞不屈的中华民族,他们是在困难环境中支持了四年多的生死战争。如果我们能以他们为法,我们的心里不会再有疑虑,而一个新的世界就会出现在我们的前面。②

1942年6月13日,英国掌玺大臣克利浦斯爵士利用第二天设立的"联合国日"在英国广播公司发表对华广播,宣称自己一再宣扬中国在"联合国家"争取民主与自由斗争中所居主要地位。现在苏联已与英国携手对抗西方之

---

① 郭泰祺在BBC演讲,载《中央日报》,1941年4月13日。
② 卡尔在重庆致新年广播词,载《中央日报》,1942年1月1日。

轴心,强大的美国也与英国合作以对抗东西之轴心国作战。

对盟军的亚洲战场形势,克利浦斯爵士向中国人民解释道:

当日本进攻英美时,我们因忙于保卫本土,并无充足余力援助贵国。然而情势已在改变中,贵国与英美苏的力量,已日增强,我们在海上空中的实力日有增长,不久的将来,双方实力比较,将证明不利于敌人。中国友人,幸勿误认英国苟且偷安,我国2100万男女,业已动员作共同之努力,我们在东方之实力,也在建设中。我们认为东方为主要战线之一,英美合击日本之时机,终将莅临。①

以克利浦斯爵士演讲作对应,由外交部长改任国防最高委员会秘书长的王宠惠于这一天对英国的广播演讲,被认为是演讲和转播效果比较好的一次。谈及中国抵抗日本侵略战争已快满五年时,他说:"幸得我将士英勇与友邦之援助,使我们得以遏止敌人。"

王宠惠向英国人民表示:

至于我中国在此次战争中的表现,请可以放心,之所以这样说,我们于未来的数月中,将作一更大的贡献而已,英国友人诸君,我们今日所争者,不仅为战争之胜利,而尤在战后之和平,此和平乃是全体的,永久的。②

1942年6月14日,重庆各界庆祝"联合国日",英国驻华大使薛穆爵士利用"国际台"向英国民众发表广播演说,盛赞重庆之伟大。

薛穆大使说:

自日本开始进侵中国迄今已有五载,中国仍屹立不移。足以象

---

① 克利浦斯对我广播,载《中央日报》,1942年6月14日。
②《中央日报》,1942年6月14日。

征中国不屈不挠意志与决心之重庆,乃成为全世界各地家喻户晓之一名词。为各自由民族而言,重庆乃联合国家所为振奋之精神之象征;为独裁者而言,重庆乃若干民众甘冒危险忍受痛苦不接受侵略者之束缚之象征……例如余可提及日机故意轰炸各大学及学校之政策,然此等轰炸并未达到其预想之效果;中国学生于临时之大学,继续攻读不辍。吾人于亲眼获睹此等艰苦精神之余,实感无限欣慰,此乃中国前途之最佳保证。重庆之民气仍极高涨,斜枕于扬子江上之重庆城,到处断垣残壁,然附近山岳与河流,均经开发,市民亦孜孜不倦,使一切生活照常进行。在突袭警报网及防空洞供应方面,重庆直可与世界上任何城市比较,而无愧色。[1]

1942年的7月7日是中国抗战五周年纪念日,英国首相丘吉尔代表英国政府和人民,致电重庆人民,对中国的抗战进行高度赞扬。电文中说:

> 5年中有4个寒暑,中国实际上是单独抵抗侵略,单凭着它的人力和不可征服的精神,对抗侵略者的军队飞机的进攻。中国没有强有力的海军和空军,可是它却经历了足有50个敦克尔克而仍然坚定不移![2]

薛穆后来促成了英国议会代表团访问中国大后方。1942年11月17日晚,议会代表团成员卫德波先生和泰弗亚爵士应全国慰劳总会会长谷正纲邀请在重庆广播大厦的大录制间利用"中央"、"国际"两台向中国将士发表演讲。组织方把这次演讲安排成了一次集会,录制间里"座无空隙,听众中以武装同志们占绝大多数",现场还响以掌声和口号声,演讲和翻译的声音传达给了中国国内,也通过BBC的转播传回了英伦三岛。

泰弗亚勋爵是一位参加过第一次世界大战的老兵。他说,在这次战争

---

[1] 潘洵、周勇主编:《抗战时期重庆大轰炸日志》,重庆出版社2011年版,第366页。
[2] 潘洵、周勇主编:《抗战时期重庆大轰炸日志》,重庆出版社2011年版,第369页。

中,英国已经不要像他这样的老人参战了。他说:

> 我曾为此事所悲哀,但我此次能来中国促成中英两国伟大的团结工作,促使我们能永久成为盟友与同志,我觉得补偿了……你们的敌人,现在已就是我们的敌人,它凶狠残酷,配备又好,你们之中已有许多人殉难受创以保卫你们的家乡及可爱的国家。你们英勇的事迹将流芳百世,为举世所钦佩……

卫德波先生认为英国同中国一样,不得不以弱敌强以自卫。他鼓励说,不论战争如何延长,不论我们遭受若干失败,我们的目标都不能动摇毫厘,我们决不倾听任何议和的提议,我们毫无怜惜地用我们日益增长的力量继续作战,直到敌人在军事上力量全部被摧毁,在政治上遭受违反人道罪行应得的惩罚为止……[①]

罗斯福与丘吉尔第一次魁北克会谈内容报告是在重庆时间1943年9月1日20时30分发表的。演讲者英国首相丘吉尔所处的位置不是新闻里说的加拿大魁北克而是美国华盛顿。在战后出版的丘吉尔回忆录中记录到当时的处境:

> 1943年8月31日
> 罗斯福总统和我都在白宫,我们向艾森豪威尔将军发出如下电报:"我们非常赞同你的决定,即继续进行'雪崩'作战计划,并根据所述的条件,在罗马附近降落一个空降师。"[②]

意大利在一周后宣告投降,现在丘吉尔将通过美国三大广播公司网对全世界作广播演讲。演讲的信息是前一天美国新闻处通知"国际台"的,重庆对这次演讲的转播作了充分准备。彭乐善在报告中写道:"上周罗斯福总统广

[①]《好男儿》,1942年第3期,第16、17、18页。
[②]〔英〕温斯顿·丘吉尔:《战胜意大利》(丘吉尔第二次世界大战回忆录09),张自谋等译,译林出版社2013年版,第98页。

播演说本台转播成绩至佳,今丘氏广播亦相当重要,似宜予以转播以示盟友的唱和精神。""国际台"利用KWID信号进行全程转播,使被誉为演讲天才的丘吉尔的声音第一次直接出现在中国听众耳畔。

丘吉尔的声音如期而至。他在广播中谈到了欧洲战场上军事胜利带来的政治问题,表示英、美、苏的军事力量正在紧密合作的全面进攻中,"苏军发动攻势以及(我相信)英美进攻意大利后",保加利亚、南斯拉夫与希腊将重新获得自由。

丘吉尔谈到了亚洲战场,说:

> 余明告诸君,魁北克会议大部分之讨论,均系着重于猛烈对日作战方面。英国今日之主要责任,在印度洋方面甚为成功,在东南亚创立海陆空各军之联合司令部,其性质与卓著功绩之北非统帅部相似。不列颠联合国与帝国美合众国、苏维埃联邦及中国与所有联合国不屈不挠之无数民众均将向前迈进,以至工作之完成。吾人将以劳力换取休息,全世界将由战争回复永久之和平。[①]

丘吉尔每次作公开演讲,被称道为事先必作深长之准备,词句闭门自拟,讲述对镜试演,一鸣惊人。这是开罗会议前英国最重要的一次对亚洲战场表明态度的广播。英国广播公司原打算对此进行重播,但由于天气变化影响电波而放弃。在第二天的外国记者招待会上,有记者问重庆方面对丘吉尔演讲的感受。时任国民党中宣部部长的张道藩代表国民政府回答:

> 吾人对于丘吉尔首相之播讲,极为兴奋,在其播讲中,不仅将魁北克会议各情告知世界,并对太平洋战局曾表示特别之重视。[②]

[①] 丘吉尔演讲,载《中央日报》,1943年9月1日。
[②] 中央社《重庆对丘吉尔广播演讲感到兴奋》,载《中央日报》,1943年9月2日。

三、罗斯福让重庆人民翘首天空，飞机大炮正在运来！

中美关系也曾走过艰难时期，在进入"二期作战"时的国民党中宣部对外宣传要点中列出，"对美应努力促其对远东战事采取切实有效之前进方法，要求其在经济上尽力援助我国，并与国联会员国共同制裁敌人。最低程度，亦须促其停止以军火汽油钢铁及金钱供于敌人，利用我新大使刚使之机会，多多发表促进中美关系之言论"①。

到了抗战中期，特别是太平洋战争爆发后，两国关系得到迅速提升，美国成为中国对外的主要盟友。中美关系也很复杂，特别是美国各阶层人士都有在广播上讲话发表不同观点的习惯。但有一点比较清楚，美国的首脑人物对促进中美关系起了重要作用。

罗斯福每次在华盛顿的广播演讲据称在国内有占人口一半的6500万人收听，而在全世界有超过两亿人的听众，同时会有西班牙语、葡萄牙语翻译，在南美洲至少有300座电台转播，在欧洲则由BBC的广播网转播，在中国和亚洲，现在加入了"中央台"和"国际台"的覆盖。罗斯福完全明白自己拥有浑厚、悦耳、磁性的声音以及乐观的精神和感染力，所以自己选择电台这个媒体来与民众沟通。

罗斯福的"炉边闲话"曾经被希特勒讥讽为"病夫呻吟"。这个节目的特点首推不拘形式的个人畅谈，罗斯福在第一次做节目的首句就讲："我准备与大众交换意见，就目前银行问题，作数分钟之讨论。"以后他每次做这个节目，都在华盛顿时间22时以后，即旧金山时间19时以后，使全美人民都能以家庭团圆的心境"围炉"聚听。

其发音的地点常被选择在白宫内的炉边，冬天用煤，夏日用有光无热的电火，可以使炉边一直火光熊熊。罗斯福夫人与话筒对坐，一面听讲，一面为

---

① 现阶段宣传要点：外交，全宗号——(2)案卷号2476，中国第二历史档案馆。

孙儿孙女织绒线衣。由于参加的人数增多,后来移到楼下接待外交官的大厅内举行。美国国民广播公司传音主任罗耶耳(John F.Royal)曾经分析过罗斯福广播的风格,认为:"罗斯福总统广播学说,悉用通俗,直接,及可以确切达意之字句。罗的发音充分表现其对于听者有亲密之感觉,对于讲题亦有深切之认识。从头至尾,皆为谈话方式,毫无读稿痕迹。罗在广播时,显然目光注视其广大听众中之各个人,因此而引起之听者同感,诚为罗广播之惊人成功要诀。"①

罗斯福的讲演也受到蒋介石夫妇的推崇。宋美龄在美国国会演讲时说自己的演讲是学习罗斯福总统的,因此还引起全场的鼓掌。

1941年元月1日,林森和蒋介石在"中央台"作新年广播,蒋介石介绍了罗斯福的演讲,称:

> 我们刚才听到罗斯福总统发表的演说,提及"反对自由民主的国家,其力量已被牵制,中国正与日本作保卫自由之伟大战争",他又说:"危险不能以恐惧躲避来应付,对于暴力之不能妥协,正如我们不能与烧夷弹讲理相同",他更警惕美国的国民:"在今日之世界上我们为生存计,应以战时经济为基础,改造我们为一永久军事化的国家。"这几句精警的铭言,指出了中国抗战对世界大势的重要,也指出了今日立国的至理。美国大总统对他的国民且如此警惕,对我们中国抗战如此而已的重视尚我们同胞更不能不格外努力,格外奋斗!②

蒋介石所讲的罗斯福这次演讲,就是1940年12月29日"炉边闲话"的内容。一周后的1941年1月6日,罗斯福在国会提出提供价值10亿美元的军火给各民主国家的建议,并再次发表演讲,称美国人民对"目前若干强暴国家企图推延全球之所谓'新秩序',已具不变之决心"③,将"与之抗衡"。此时罗斯

---

① 彭乐善:《广播战》,中国编译出版社1943年版,第121页。
②《广播周报》,1941年第194期。
③《中央日报》,1941年1月8日。

福刚连任总统,这两次演讲表达了美国今后的"外交新政"。中国人民在它们中读到了美国将进一步加强"联华制日"的具体行动,美国民众已不再恐惧"应战"了。

德国本部拥有各波长电台54座,加上占领区共约120座,国民教育与宣传部部长戈培尔指挥下的短波电台每周以30多种语言对各国广播,其中包括上海的德国人电台XGRS,曾由德国政府明令专供希特勒一人演说时转播。1942年3月14日,希特勒在追悼阵亡将士的仪式上发表广播演说时警告美国:

欧陆以外国家,企图干预欧陆内部(特别是吾国人民)之事务,则吾人必将此种企图彻底消除。①

希特勒还为日本鼓劲声称:

吾人目前均感到自身所处时代之伟大,世界已焕然一新,远东方面,英勇之日本人民,现正努力击碎民主及资本主义之要塞。

对此,罗斯福在广播中驳斥道:

在德意两民族,亦日渐相信纳粹主义与法西斯前途无望,而其政治及军事领袖乃系误入一艰苦之路径,其结果并非征服世界,而为最后之失败。渠等不能不将此领袖今日之狂暴演说,与其一年以前乃至二十年以前之粗犷自夸之词相衡较。②

罗斯福在1943年1月召开的美国第78届国会上向全体议员报告一年以来世界各条战线上的盟军战况,在谈到太平洋方面时说:

---

① 希特勒在柏林广播,载《中央日报》,1942年3月17日。
② 罗斯福演讲,载《中央日报》,1942年4月30日。

在进攻日本之际，吾人将与中国之英勇人民携手，中国人民之和平理想与吾人之和平理想极为接近。今日吾人用飞机运载租借物资，越17000英尺高山飞翔于雨雪交加之气候赴华，而空运之数量，甚至不减于前此假道于滇缅路输华者，吾人将克服一切难以克服之困难，使作战配备能运入中国，以击破公敌之力量，中国将自此次战争中，实现日本所残暴毁灭之安全，繁荣与尊严。①

罗斯福在这次讲话中还谈到美国强大的武器生产能力，称"所谓的民主国家之军火厂一语已名符其实"。美国总统的这些广播演讲内容都在重庆的报纸上受到好评。

在反攻的呼声中，1943年2月26日，蒋介石对泰国发表广播演讲，向加入日本盟约的泰国军民讲述中国对泰国的情感、主义和作战方针。"国际台"同时用泰语翻译播出。

蒋介石说，泰国人民是我们的兄弟姐妹，中国国民对泰国的友好感情并没有因为泰国最近几年来的行动而有变化，"中国朝野都知道日泰同盟是日本武力逼成的，并说明中国加入的华盛顿联合国家宣言是要解放一切在日德诸轴心国劫持下的民族，而回复政治的自主"。

蒋介石向泰国人民郑重保证：

中国及其同盟国对于泰国的领土决无野心，对于泰国的主权和独立决无破坏的意思。过去如此，现在还是如此，将来也必须如此。泰国的领土，实际已经被日本占领了，泰国的人民已经被日本奴役了，泰国的主权和独立实际上已经被日本毁灭了。惟有中国及其同盟国胜利，泰国领土与自由才能恢复。

蒋介石还说：

---

① 罗斯福国会报告，载《中央日报》，1943年1月10日。

> 我们的作战方针,只把泰国看做日本军队的占领区,并不是看做我们的敌国。我们的攻击目标,是日本的武力,不是泰国的军民。不过中国及其同盟国今后改守为攻的时候,必予敌人以猛烈的打击。①

罗斯福在听闻了蒋介石对泰国这番广播演讲后,表示对述明"中国及盟国对泰国并无领土野心"一语推崇备至,认为是"乃联合国家政策之良好概述,按蒋委员长此项声明,系对日本占领之下泰国人民而发言"②。

1943年7月7日,罗斯福总统通过旧金山广播电台信号向中国大后方人民讲话,对中国抗战六周年表示纪念和支持。罗斯福的贺词称:"本日为诸君在伟大蒋委员长领导之下,英勇抗战第六年届满之日,美国经常恪守诺言,并履行其保证,余前此所表示之期望与诺言,今日均在实现之中。"

罗斯福在这次广播中向中国重申于1942年4月28日表达的保证:

> 以飞机火炮送至华之行将实现,今日重庆人民只须翘望天空,目睹此诺言之初步实践,盖有限而宝贵之供应品于自印度空运至中国也。③

1943年7月28日,罗斯福总统对全美发表广播演讲,对一年半以来的战争进展进行检讨,也是对蒋介石去年发表"中国需要重武器"对美广播的再次回复,罗斯福提醒美国人民"打倒墨索里尼及其党徒的计划大部告成,但仍要打倒希特勒、东条和他们的党徒"。他说:

> 一年以前我曾对国会说过,"柏林罗马东京的崇武者发动了这一战争,然而,人们的集体公愤的力量将使这一战争结束"这一预

---

① 蒋介石对泰国广播,载《中央日报》,1943年2月27日。
② 罗斯福评价蒋介石对泰国广播,载《中央日报》,1943年3月14日。
③ 罗斯福于1943年7月7日向中国大后方人民广播,载《中央日报》,1943年7月9日。"1942年4月28日的保证"见本书第188页。

言,现在正在实现过程中。这些力量在苏联战场,在广大的太平洋区及欧洲方面,现在正在向前迈进。

我们现正以飞机和重要作战物资,供应蒋委员长领导下的英勇的军队,并且我们必须不惜一切代价加强来做,我们从印度经敌区通往中国的空军供应线,虽然敌人想加阻挡,但仍继续保持,我们在缅甸上空,已从日方手中夺得主动,现在仍享有优势的地位。我们现在正轰炸日军在中国、越南和缅甸境内的交通与供应库与基地。①

美国总统罗斯福在进行"炉边闲话"。1943年7月7日,罗斯福总统通过旧金山广播电台向中国大后方人民作"炉边闲话"广播,再次保证,"以飞机火炮送至华之行将实现,今日重庆人民只须翘望天空,目睹此诺言之初步实践,盖有限而宝贵之供应品于自印度空运至中国也"

四、中国对印度说:我们同样!

1942年2月,蒋介石以盟国领袖的身份访问印度是这一年国民政府的重要外交事件之一。此时香港已经沦陷,新加坡岌岌可危,泰国与越南先后被占领,麦克阿瑟将军正在不丹苦战,日本军队准备向缅甸出兵。在危急时刻印度的态度如何,对盟国在亚洲的处境具有十分重要的作用。而受"亚洲为亚洲所有"的诱惑,已经有不少印度人开始同情日本。

---

① 罗斯福于1943年7月28日对全美广播演讲,载《中央日报》,1943年7月30日。

中国和印度拥有相同的历史文化经历，但现实面临诸多问题的印度，牵涉到不同的政治和民族势力，要求独立是共同的呼声，日本竭力拉拢印度脱离宗主国英国以达到自己的目的。蒋介石在分别会见了尼赫鲁、甘地等人后，于2月21日在全印广播公司（AIR）发表访问告别词，以英文由随访的夫人宋美龄宣读。在告别词中，蒋介石对印度人民企求自由表示深切的同情，并对现局势提出了两项建议：一是促使英国尽速准许印度自治；二是希望印度人民一心赞助反侵略的奋斗。

他说：

> 余敬向我兄弟之邦印度建议。吾人在此人类文明存亡绝续之交，惟有各尽其能，以取得世界人类整个的自由……在太平洋战争开始以后，已随时代而有一甚大之转变；各民族求得自由之方式，今昔实亦有所不同。现在各反侵略国家无不要求印度国民在此新时代中尽应尽之责任，以求自由世界之生存。印度之将来，实为此自由世界整个之重要部分，同时，世界大多数人士皆已同情印度之自由。此种宝贵难得之屿，决非任何有形物质力量之代价所可取得者，余以为应特加珍重而使之勿失也！①

1942年2月21日，蒋介石与夫人宋美龄从印度启程返国前，通过全印广播公司由宋美龄广播《告印度人民书》英文稿。文中表达中印两国人民命运相同，理应并肩作战，同时要求英国能够从速赋予印度国民政治上的实权（中央社图片）

---

① 董显光：《蒋总统传》（初版），中华文化出版事业委员会1952年版，第355页。

这一年的3月17日是"印度日"，宋美龄、戴传贤、吴铁城、王宠惠和英国大使薛穆都到"国际台"分别对印度发表广播演讲以示纪念和重视。宋美龄在演讲中回忆刚结束的印度之行，对印度人民表示此行所给自己的影响之深切，已非旁人所能想象的了。

宋美龄用英语感性十足地说：

> 在你们的火车站上，我看到成千上万的群众，注意到他们的目光，没有一对不是沉静而雄伟的，说明印度是一个伟大的民族，在人类中你我都是在一个类型之中，受着同样感情和忧惧的支配，同样能被希望和雄心所鼓舞，并且俱有同样尊严，同样刚毅的天赋。希望你们在我们简短的接触中，也能对我中华民族得到同样的了解，了解我们不是非灵魂的石像，而是象你们一样的男和女，充满着热情热血，决心把企求与你们并肩作战的真诚，来证明此友情的真实。中国是充满着像你们一样的男女，正在向前向上挣扎着争取自由！[①]

中国抗日战争进行五年多以后，中、印两国广播宣传联系已经比较成熟。在印度方面，几位中国政治人物的广播演讲，都被AIR转播成功。事后这家公司把转播的原声制成唱片寄回中国"国际台"作为纪念。这家公司派驻重庆的观察员卡拉加，曾对印度广播21次，由AIR新德里台收转。

除了AIR与大后方"国际台"的交流外，印度德里广播电台于1942年4月7日开始播送中国普通话节目，后来又增加了闽南语和粤语广播，日播节目时间从早晨7时45分开始到8时45分结束，内容有国语歌曲、平剧、国语和粤语的新闻及评述等，周末举行广播座谈，还有上海话新闻评述。而对于普通印度国民来讲，主要需要的还是对中国的了解，一位叫摩尔氏的印度人，在加尔各答的广播上讲述了他访问重庆后的感受：

[①] 纪念印度日演讲，载《中央日报》，1942年3月18日。

那里的人民已打了五年仗,五年中他们没有充足的武器和外界没有方便的交通,为着战略关系,他们已有过多少次撤退,大部分沿海地方和工业地带以及有铁路水道的肥沃省份也都已给敌人占领,可是他们却仍旧不屈不挠毫无倦意。[1]

---

[1]〔印〕摩尔氏:重庆所见,载《加尔各答政治家日报》,1942年6月4日,全宗号0014案卷号00004,重庆档案馆。

第十四章　新型国际关系演讲

一、庆祝签订新约

从1939年起,重庆的枣子湾、王家沱等长江码头上分别停泊着从下游撤退来的美、英、法三国的"土迭拉号"、"佛根号"和"柏年号"等军舰。这些军舰不是应邀来参加抗战的,而是美、英、法诸国根据过去与中国的不平等条约,在中国的领土上显示其利益存在的象征。

太平洋战争的爆发,让美、英、中三国成为生死与共、并肩作战的战友。罗斯福曾致电蒋介石:"中国军队对贵国遭受野蛮侵略进行的英勇抵抗,已经赢得美国和一切热爱自由民族的最高赞誉。"中国艰苦持久抗战,已得到世界各国人民的广泛同情和钦佩,中国的大国地位也得到反法西斯盟国的公认。但是,美、英等国在清朝末年强加给中国的不平等条约仍未废除,这就大大妨碍了中国与盟国之间的合作。

蒋介石更认为中国是《联合国家宣言》首先签字的四国之一,只有尽早废除一切不平等条约,才能适应中国已经取得的国际地位,符合"联合国家"进行战争的目标。为此,国民政府主动采取了一系列措施。

签订新约是中苏、中英、中美新型大国关系的政治基础,也是对中国抗战以来与各主要盟国外交关系的一个阶段性结果。1942年10月9日,在同盟国与轴心国两大阵营激烈交战之际,美、英两国政府同时分别通知中国驻美、驻英大使,表示愿意立即废除在华领事裁判权及其他有关特权。

中美、中英经过三个月的谈判,就废除不平等条约和改订新约问题达成协议。1943年1月11日,"中美关于取消美国在华治外法权及处理有关问题条约和换文",由魏道明和赫尔代表两国在华盛顿签字;同日,"中英关于取消英国在华治外法权及其有关条约与换文"①,由宋子文、薛穆、黎吉生代表两国在中国战时首都重庆签字。上述两约通常简称"中美平等新约"和"中英平等新约"。

"中美平等新约"概述本条约生效之日起内容有:美国放弃其治外法权于1901年北京议定书所赋予的特权,包括在中国驻兵之权以及关于通商口岸制度,北平使馆界,上海厦门公共租界包括上海特区法院等一切特权,将公共租界及北平使馆界之行政与受理移交于中国政府等。②

"中英平等新约"的基本内容有:废止自1901年中国政府与他国政府包括英王陛下联合王国政府在北京签订的一切权利,凡授权英王阁下或其代表实行管辖在中华民国领土之一切条款,兹特撤销作废,英国协助中华民国政府与有关政府签订必要之协定等。③

"中美平等新约"、"中英平等新约"强调,中国与美国、英国是平等的主权国家,缔约双方重视两国人民间的友好关系,并愿共同致力促进人类平等关系的发展。在美、英两国的促动下,其他国家都与之仿效。此后,中国陆续与其他全部有关国家签订了新约。

列强强加中国之不平等条约的废除,"中英平等新约"、"中美平等新约"的签订,是反法西斯阵营中和中国对外关系史上的大事。它提高了中国的国际地位,鼓舞了中国军民抗战的斗志。虽然条约并不完善,而且半壁河山尚在敌人手里,但签订新约对中国与其他国家相继签订新约,对二战中重要盟

---

① 在"中英关于取消英国在华治外法权及其有关条约与换文"中,英方坚持不包括香港问题——作者注。

② 中美平等新约内容,载《中央日报》,1943年1月12日。

③ 中英平等新约内容,载《中央日报》,1943年1月12日。

国间的进一步合作以及发表《开罗宣言》等打下了基础。

为此，中共中央作出了关于庆祝中英、中美间废除不平等条约的决定。《新华日报》发表社论称：

> 批准新约的时候，而斯（大林格勒）城纳粹匪军也在此完全肃清，我们应该庆祝！英美废除这些特权，是我中华民族百年来奋斗牺牲的收获，也是国父孙中山先生领导国民革命和抗战最高统帅蒋委员长领导抗战建国的苦斗中的成就。[1]

2月4日，陪都国民政府批准新约，并决定举行三天庆祝活动。从2月5日起，陪都各界庆祝新约活动开始。各机关、学校放假三天，举行集会，讲述建立平等新约的意义。工厂停工一日，商店、住户悬灯三日。"中央台"及甘肃台、西康台等也予跟进，从5日至7日全部安排播放庆祝新约的节目。陪都政府各系统大员、国民党元老、各界知名人士，如蒋介石、何应钦、陈诚、邵力子、于右任、张道藩、吴铁城、张治中、谢冰心等，都相继到广播大厦，发表了广播演讲。

蒋介石在这次对全国的广播演讲中指出达成此项胜利的重要性：

> 我们中华民族经五十年的革命流血，五年半的抗战牺牲，乃使不平等条约百周年内的沉痛历史改变为不平等条约撤废的光荣纪录。这不仅是我们中华民族的历史上起死回生最重要的一页，而且是英美各友邦对世界对人类的平等自由建立了一座光明的灯塔。尤其是我们同盟联合各国证明了此次战争的目的所在，是为人道、为正义而作战的事实。他们的这个举动，不仅是增加了我们同盟国战斗的力量，尤其对侵略各国在精神上给予他们以最大打击。[2]

---

[1]《新华日报》，1943年1月25日。
[2] 董显光：《蒋总统传》（初版），中华文化出版事业委员会1952年版，第348页。

二、"联合国日"广播，流亡政府代表的呼声

新约改善了中国与各传统强国的关系，同盟国的另一个更具时代意义的称呼"联合国家"业已形成。

在建成普遍性国际组织之前，"联合国家"只是作为对德、意、日法西斯进行战争的各国的总称。1942年，美国把每年6月14日的美国国旗日确立为"联合国日"并得到盟国的响应。这个以美国为主导的节日只使用了几次，但也对当年各国增进合作、加强协同作战起到积极作用。1942年和1943年的这一天，中、美和各国都互致广播讲话。1944年，美国则悄悄请出了B-29重型轰炸机，选择美国时间这一天作为对日本本土战略性轰炸的开始。

表14-1　1943年6月14日纪念"联合国日"广播特别节目安排

对国内广播	时间(未注为6月14日)	内容
中央台广播（XGOA）	2时45分至3时	对全国及海外播送该台贺词"庆祝联合国日"
	7时20分至40分	"国文教授"节目播出1942年"联合国日"何应钦复美海长全文
	19时至19时45分	在中央党部礼堂，由全国各个电台联合播出吴铁城及十二国邦代表致辞(英语汉译)，并请国府军乐队在每一代表致辞前，播奏该国国歌
	20时50分至21时	播送"联合国日之经过及共勉"且即播出"首都庆祝联合国日情况"
对国外广播	时间	内容
国际台（XGOY）	20时30分至20时45分	(一)对美节目(在该台播音室举行)下午8时30分至45分，何应钦演说
	22时45分至23时	(二)对苏节目(在该台播音室播送)，邵力子潘友新大使分别广播致辞

续表

对国外广播	时间	内容
国际台（XGOY）	23时30分	（三）对英节目(灌片在重庆、伦敦播出)播送吴秘书长铁城及英国军事代表团团员，波兰、荷兰、比利时大使，捷克、斯拉夫、挪威公使广播音片
		（四）对加节目(在该台播音室GBC转播)恳请吴次长国桢，公使(参事代表)分别广播致辞
	13日17时15分至30分	（五）对澳节目(在该台播音室由ABC转播)请胡世潭、艾格斯顿爵士分别广播致辞
	8时至8时15分	（六）对印节目(在该台播音室由AIR转播)，沈崇波及印度驻华专员吉生，分别广播致辞
交换节目	时间	内容
英国广播公司（BBC）	17时至17时30分	（一）波长18公尺、19公尺，将于30分，华语广播演出"青年与青年之音"，波长为19公尺；该公司特请飞机运送的声片
旧金山广播电台（KWID）	18时15分至18时45分	（二）于十四日晚六时十五分起，播送联合国日特别节目半小时，由中央台转播
旧金山广播电台（KGI）	18时15分 23时30分至0时00分	国际台转播：副国务卿威尔斯"青年与联合国家"演说。"邦之国旗"节目
		重庆方面中国军政部长何应钦将向美国广播，同时美国陆军部次长柏微逊自华盛顿向中国广播

资料来源 《中央日报》，1943年6月13日。

在这个表中，国民党中央党部礼堂的庆祝活动是国民政府外交关系的一次大展示，在重庆驻有使节的12个国家代表悉数到齐，分别是美国、澳大利亚、比利时、英国、加拿大、印度、墨西哥、挪威、荷兰、波兰、土耳其、苏联。此时的"联合国家"共有32个，在这个活动上还展示了阿比西尼亚、玻利维亚、古巴、多明尼加、希腊、危地马拉、海地、洪都拉斯、伊拉克、卢森堡、新西兰、尼加拉瓜、巴西、菲律宾、萨尔瓦多、南非、南斯拉夫等无使节驻守国的国旗。

苏、英、波、荷等国的代表通过"中央台"和"国际台"向中国和世界发表了广播讲话。荷兰大使罗芬克对中国朋友引用了孔子讲过的"主忠信"来说明荷、中两国有一个共同的信仰，就是两国人民的幸福要依靠我们为和平而奋斗。他接着说,孔子还说过这句话,"德不孤""必有邻",他的这种超见远识,现在更可以证明其言之不谬。我们现在绝对不孤立,我们都是"联合国家"的一分子,我们用我们所有的力量和我们的忠实,去争取战争年代的胜利同和平的胜利。

澳大利亚公使艾格尔顿爵士在广播中认为,中、澳两国为打击共同敌人日本,始终站在一条战线上而作生死的搏斗,我们不仅要在战场上联合作战,就是得到胜利之后,我们更须合作。

挪威公使赫塞福说,我们两国的距离虽然很远,可是在精神上,我们理想和感情上都非常接近,挪威同中国站在一起为自由而战,我们相信我们的最后解放是不成问题的,一个矢志不屈的民族,永远不怕亡国灭种的危险。

加拿大公使欧德伦少将为在重庆与"联合国家"许多位代表一起作集体广播而感到荣幸。他说,我们选定了同一命运,必能各尽其力,为加拿大服务,亦即为中国服务。

墨西哥代办卡斯托瓦尔表示,日本偷袭珍珠港的那一天,墨西哥立即与日绝交,三天之后对德、意两国也采取了同样措施。中国英勇抗战的故事,为民族生存、为主权完整而奋斗不息的精神,使我们墨西哥人民非常钦佩!

印度代表蒙吉生说,印度人民对于中国人民艰苦抵抗的精神无限的崇拜和敬仰,最后胜利必属于"联合国家",印度人民必以最大努力合作到底。

韩国、波兰等国流亡政府和组织的代表也在重庆的广播上发表演讲。

波兰于1939年9月1日受到德国的攻击的前夜,德国广播曾以希特勒的名义播出一条莫须有的新闻,称:德国政府向波兰提出的解决但泽问题条件已遭拒绝。广播一出,双方的谈判立即停止,几小时后德军进入波兰,用四个星期的时间结束了战斗。波兰政府是在第二次世界大战中第一个被迫流亡的政府。流亡政府逃到伦敦指挥着波兰抵抗运动。这个政府派往重庆的大使朴宁斯基先生在看到胜利曙光时,利用庆祝"联合国日"机会在重庆的广播中对听众讲,要对敌人进行报复和清算。

他说:

在这场壮烈的反侵略战争中,中国和波兰处于先锋的地位,所以胜利来临以后,中波两国有资格最先受益。中波两国经受了无限的艰苦牺牲,我们一定要报复,现在清算的日子已经快到,侵略恶势力已经开始遭遇到沉重的打击,他们的末日在眼前无法逃避。这次大战的祸首,丧尽人类尊贱,破坏人伦道德,掀起了血海巨浪,毁灭文化遗产,他们一定要在正义下受刑![1]

三、各国对开罗会议宣言的反应

"联合国家"代表的发言反映出国家间新型的政治关系,就是需要用一种必须有中国参加的大国政治框架来确立对战争和战后诸多问题的处理。开罗会议就是在这样的背景下举行的。

开罗会议是第二次世界大战期间反法西斯同盟国家三次首脑会议之一,是蒋介石参加的唯一一次盟国首脑会议。罗斯福总统的态度对举行中、美、英三国首脑会议产生了关键影响。

刚陪同宋美龄从美国返回不久的董显光奉命随同蒋介石夫妇再从重庆出发,乘坐罗斯福总统的专机"圣牛号"飞往埃及的开罗。他以中宣部副部长的身份和国防最高委员会秘书长王宠惠、军事委员会办公厅主任商震等人作为中国代表团成员,参加这次会议。1943年11月21日抵开罗,23日至27日正式举行会议。董显光在开罗陪同蒋介石夫妇与丘吉尔、罗斯福进行谈话。作为中国政府的发言人,"负责和新闻记者之间的联络工作","每天招待美、英记者",还担任了会议期间中、美、英三国宣传委员会的委员。

11月28日,三位领导人离开开罗,董显光随蒋介石回国。会议期间,中、美、英三方曾达成协议,开罗会议的内容将于会后在约定的12月1日于重庆、华盛顿、伦敦三地同时发表。

---

[1] 联合国家代表在重庆发表广播演讲,见《中央日报》,1943年6月15日。

实际上约定的12月1日是华盛顿时间，重庆的"中央台"、"国际台"拿到英文本和中译本又译成各种语言播出是12月2日，而《中央日报》和《新华日报》等的见报是12月3日。下面是宣言全文：

> 罗斯福总统，蒋委员长，丘吉尔首相，偕同各军事与外交顾问人员，在北非举行会议，业已完毕，兹发表概括之声明如下：
>
> 三国军事方面人员，对于今后对日作战计划，已获得一致意见。我三大盟国决以不松弛之压力，从海陆空各方面加诸残暴之敌人，此项压力，已经在增长之中。
>
> 我三大盟国此次进行战争之目的，在制止及惩罚日本之侵略，三国绝不为自己图利亦无拓展疆土之意思。三国之宗旨，在剥夺日本自一九一四年第一次世界大战开始后，在太平洋上所夺得或占领之一切岛屿，及日本在中国所窃取之领土，例如满洲台湾澎湖群岛等归还中华民国。其它日本以武力或贪欲所攫取之土地，亦务将日本驱逐出境。我三大盟国稔知朝鲜人民所受之奴隶待遇，决定在相当时期使朝鲜自由独立。
>
> 根据以上所认定之各项目标并与其他对日作战之联合国目标一致，我三大盟国，将坚忍进行其重大而长期之战争，以获得日本之无条件投降。①

三方在宣传上之所以约定回国后发表宣言，是因为罗斯福、丘吉尔接下来将在德黑兰与斯大林会晤，征求斯大林对开罗会议内容的意见，会晤于12月1日结束。董显光等人在开罗逗留了四天，向英、美记者们提供了背景资料。

会后出现了一次"抢新闻"的事件。在等待期间里，出现了伦敦讯的开罗会议新闻，并称是重庆披露的。美、英的宣传当局立即指责中方违背协约，单方面提前披露会议消息。董显光回到重庆查清事实后认为是英方有媒体违

---

① 《开罗宣言》中文版本，载《中央日报》，1943年12月3日。

背了协议还损毁中方的声誉,并与英、美宣传和情报当局交涉,一再发表声明,奋力辩驳,对英、美方面不负责任的指责表示不满。①

斯大林同意开罗会议的主要内容使提前披露没有影响德黑兰会议达成一致,蒋介石委员长、罗斯福总统、丘吉尔首相会晤的第一次官方消息,以及三国联合国声明,是华盛顿时间1日下午7时30分通过广播传达给美国民众的。"中央社"华盛顿2日报告说:

> 所有重要广播电台,均中止其例行商情节目,播出此震动全美之消息。不久各晨报之早版即在街头出现。然除公报全文之外,并无更详细之记载。直至本日清晨,关于会议之长篇描述与照片,以及各同盟国首都之反响,始不断传来。华府之同盟国人士对于此一会晤均衷心表示欣慰。对三大领袖决定以东北四省台湾及澎湖交还中国一事,尤感满意。有新闻记者数人提出香港未来地位问题。②

"中央社"驻纽约伦敦和加尔各答的记者搜集了当地报纸对《开罗宣言》的评论,"中央社"消息再次成为"中央台"和"国际台"广播的重要内容。

《纽约时报》社论称:"此次协议的决定,不啻将日本回复于柏雷海军上将(美国人)于1853年开启其门户时的地位。"并称:"我不能想像斯大林元帅并非参加成立以东北四省交还中的决议之一方。"此中暗示苏联现在缓和地区及战略边界保护制度已无关系。前锋论坛社论称:"四大盟国为其政治展望与军事计划的统一奠定强大基础……于承认中国之地位一点至少已为远东国际社会之合理机构奠定基础。"

伦敦的报纸题目计有《日本的报应》、《日本的丧钟》、《对于日本的判决》、《落日》,等等。若干报纸并刊有各种地图以示日本在战败时将丧失何等领

---

① 董显光述:北美报协发表一节伦敦讯的新闻称,这节漏网新闻是从随从中国代表团一位中国记者偷送给驻葡萄牙里斯本的路透社记者的,这很明显指的是路透社驻华十年的记者赵敏恒。见董显光著,曾虚白译,蔡登山主编:《董显光自传》,独立作家2014年版,第186页。

②《中央日报》,1943年12月4日。

土。《泰晤士报》称,声明中并未提及日本委任统治地马绍尔、加罗林、帛硫与马利亚纳等群岛之未来命运如何,然澳洲与纽西兰对于此一问题特别重视则属显然。

《曼彻斯特导报》12月2日评论开罗会议谓:"建设强盛之中国与解除日本之武装当为战后远东和平之基石。蒋委员长罗斯福总统丘首相在开罗集会最可注意一点,为可肃清德国方广播所散布同盟国轻视中国的谣言。"《伯明翰邮报》则赞许三强会议所称对日压力一举为准确的原则,并谓"战后可使日本成为一岛国,将依赖其农产品运输及实业为其未来立国之根本大法,而其运输与实业界之发展,又须依赖大陆国中国,及海洋国英美国"。

纽约《P.M报》以10页篇幅登载开罗会议新闻,其中附有日本应交出区域的全页地图,并有专论多篇,如《中国于作战会议中声威增强》等。《军事专家》亦提交评论,标题为《盟军可能要求斯大林供以基地协助击溃日本》,其社论有云:"开罗宣言对中国及朝鲜可谓公允但亦不超过其应得之范围。"《纽约时报》评论宣言时称:"此乃可能之太平洋宪章。"

印度《明星晚报》3日评论开罗会议之成就称,日本已不再被认为是次要之公敌。开罗会议就东条及其伙伴而言乃不祥之兆,日、德两国现均沦为同等不幸的地位。欧洲战局因意大利的无条件投降及德国实力的逐渐减弱,已经有利于盟国,盟国于此可集中较大之精力以对付日本。

《开罗宣言》为战后秩序制定了基本原则,虽然有没解决完的问题,但无疑极大增强了中国人民作为"四强"的信心,也进一步提高了蒋介石的威望。国民党中宣部在随即颁发的宣传指示中要求:

  1.开罗宣言与德黑兰宣言为莫斯科四国宣言由原则而进至具体计划之表现,对日对德(国)意义相同目的精神完全一致,应……积极宣传;2.总裁参加开罗会议与罗邱两大领袖共同商定战时与战后重要问题,不仅对民族国家勋业辉煌,即在世界史上变为划时代之创举,中国今后对世界和平之积极贡献与建树将更加重其责任,应加强阐明其意义;3.德黑兰会议继之以开罗英美中三国领袖会议足证反轴心国家之团结日益巩固,战事与和平之胜利愈益确定,我国人民应加强此种信心,以共赴成功。①

面对《开罗宣言》之后新型的国际、国内政治关系问题,1944年3月12日,宋庆龄在广播大厦为孙中山逝世19周年而发表广播演讲。在广播中她重温了孙中山遗嘱:

余致力于国民革命凡四十年,其目的在求中国之自由平等。积四十年之经验,深知欲达到此目的,必须唤起民众及联合世界上以平等待我之民族,共同奋斗。现在革命尚未成功……最近主张开国民会议及废除不平等条约,尤须于最短期间,促其实现。②

宋庆龄解读国父的遗教,说:

我们必须先从民族与民族间国家与国家间自由与平等这两句词的关系,以及从唤起民众与平等待我之民族共同奋斗的关系中去找寻其意义。

宋庆龄号召国际、国内最广泛的合作,并认为在这个合作中目的相同的友人不限于国家,民众运动或个人都包括在内。

国民政府对《开罗宣言》涉及的领土主权内容更为关切,随即成立了台湾调查委员会,作为收复台湾的准备机构,陈仪为主任委员,"中广处"日语播音员林忠兼任专员。

抗战后期,国民政府又成立收复台湾前进指挥部,林忠得此消息即向吴道一报告,建议派人参加以便日后接收台湾各广播电台。抗战胜利后林忠接获派令,担任台湾区广播电台接收专员兼台湾台台长。林忠和林柏中自小在

---

① 国民党中宣部文件,1943年12月,民国档案,重庆档案馆。
② 宋庆龄在中央台演讲,重庆宋庆龄博物馆,陈列文献。

台湾长大，林忠推荐林柏中为工务科科长，为接收台湾广播作好了准备。[①]

四、日汪新约面对"炉边闲话"威胁

发生在1943年的牵涉到多国的收回租界及撤废治外法权的过程，还有一个更现实的政治背景，就是汪伪政府与日本国及其他轴心国家签订新约同时也在进行，甚至完成得更早。

三年前的1940年11月30日，汪伪政权与日本签署了《中日调整国交基本条约》。《条约》第七条规定："随本条例所规定之中日新关系之发展，日本国政府应撤废其在中华民国所享有之治外法权。"这个条约曾经是日本军部引诱汪伪进行和平运动的重要诱饵之一。太平洋战争爆发后，日本进占了英、美在华租界，到了1942年12月，鉴于战场上的压力和盟国方面的中英、中美的新约谈判，由日本人主导的对华新政策由汪伪政府"收回"租界及"撤废"治外法权开始谈判，并要赶在"中美平等新约"公布前签订协议。3月9日，由汪伪代表褚民谊等人与日本代表崛内干城等签署了《日本交还在华专管租界实施细则条款》及《附属谅解事项》。内容包括：规定日本于3月30日将在杭州、汉口、沙市、天津、福州及重庆之日本专管租界行政权"实施交还"；日本政府承认汪政府"尽快收回"上海公共租界行政权、厦门鼓浪屿公共租界行政权以及北京公使馆区域行政权利；日本政府决定"速行撤废"在华治外法权，汪政府承诺"开放其领域，使日本臣民得居住营业，且对于日本国臣民不予以较中

[①] 1945年10月5日，林忠与林柏中随国民政府中央代表人员搭乘美国运输机从重庆出发飞抵台北，第二天参加指挥所会议，下午到新公园勘察前台湾放送协会办公室等，与日籍主管及台湾工作人员会晤，告知准备接收台湾放送协会所属各电台，要求日方准备移交清册。11月1日开始接收各地广播电台，11月10日完成接收台北放送局，更名为台湾广播电台(XUPA)，保持每天播音7小时半，并于11月15日起完成接收台中(XUDC)；11月17日民雄，台湾的几台大发射机此时都已不存在，这里尚有的100千瓦发射机也已被拆走；11月18日嘉义(XUDG)；11月19日台南；11月28日花莲港(XUDH)，共五台，包括房地产、机件、材料、家具等具被接收。见林平：《战后初年台湾广播事业之接收与重建1945—1947》，载《台湾学研究》第8期，2009年12月。

华民国国民为不利益之待遇"等。①

汪伪政府除了与日本政府、法国维希政府、意大利政府谈判"收回"租界和"撤废"治外法权外，1943年3月，还先后与西班牙、丹麦政府驻南京的代表有所交涉，虽然最终没有结果，②但已经为"收回"租界及"撤废"治外法权做足了宣传。

1942年8月29日是中英《南京条约》签署100周年的日子，伪外交部长褚民谊在南京伪"中央台"上大讲这一条约是列国"陷我国于次殖民地地位的祸根，是一篇血泪之开端。英国向我国倾销鸦片其为害之烈，实可以灭我大汉种族，比之灭亡国家，险狠阴毒，超出万倍，而美国事后予以支援，所以英美两国是我们的仇敌"③。

在签订《中日调整国交基本条约》时，周佛海就在南京伪"中央台"上的演讲中强调日本并没有附加更多的条件：

> 日本且将撤废治外法权及交还租界，而中国所给予的条件，不过是普通国际法所规定的开放领域，准许日本国民的居住营业。④

虽然仍有许多附加的苛刻条件来保障日本的利益，《新华日报》曾揭露"敌寇交还上海租界，十足是一幕把戏，鬼子仍然握着实权"⑤，但"收回"租界和"撤废"治外法权曾被渴望改变自己形象的汪伪政府认为是"中日亲善史上最光荣的一页"⑥。在"接收"上海公共租界后更是称："百年来英美等国经营中国之根据地归来，租界也成为历史之名词矣。和平运动是否成功，固属将

---

① 《申报年鉴》，1944年。
② 石源华：《汪伪政府"收回"租界及"撤废"治外法权述论》，载《复旦学报》，2004年第5期。
③ 褚民谊广播讲词，载南京《外交公报》，1942年72期。
④ 周佛海：《中日条约签订与国民的觉悟》（1940年12月3日晚广播），载《中央导报》，1940年第19期，第33页。
⑤ 《新华日报》，1943年8月4日。
⑥ 蔡德金编注：《周佛海日记》，中国社会科学出版社1986年版，第894页。

来问题,但历史总可算有一笔交代矣!"①

盟国的合作与盟军的进攻给日本带来巨大压力,东条英机于1943年9月22日在广播中承认目前的剧烈大战不能轻易完成,认为战局因英、美国家不惜重大牺牲,竭其全力发动反攻,企图于短时期内击败日本,故形势日益严重。②

在这天的东京广播中,日本情报局发表长篇公报,详举加强内部机构的方针:

  (甲)使全体人民均知目前国内外时局之情势,领导其对国家尽其天职,并将加强其对未来胜利之信心;(乙)集中全国力量,加速军火生产(尤以飞机为最);(丙)日"满"间食粮求其绝对自足;(丁)彻底加强国内防务。③

《开罗宣言》发表后,日本感到十分失望,彻底放弃了对重庆政权的利诱。1944年初,东条英机在日本第79次议会上发表施政演说,仍然向全世界高呼日本人的大信念"大东亚建设宣言",并且发誓,"不到美英屈降不止战争"。他还抱有侥幸说:"今日,重庆政权尚继续无意义的抗战之事,诚为遗憾。"④而日本驻中国派遣军总司令官冈村宁茨认为:"开罗会议的时机是重庆工作的一个限度,从1943年底以后,所有重庆工作是马后炮了。"⑤

汪精卫于12月20日带着褚民谊、周佛海、萧叔宣、梅思平和林柏生等"大员"匆忙访问东京,与东条英机会谈《中日提携》。23日,汪精卫与褚民谊至皇宫拜见裕仁天皇。作为"回访"和进一步安慰汪伪政权,1944年3月13日,日本总理兼陆军大臣东条英机飞达南京再次访问,以示"提携"和"打气"。汪伪政府全部人马到机场迎接。

---

① 蔡金德编注:《周佛海日记》,中国社会科学出版社1986年版,第899页。
② 东条广播演说,载《中央日报》,1943年9月24日。
③《中央日报》,1943年9月24日。
④ 华文《大阪每日》,1943年4期。
⑤〔日〕稻叶正夫编:《冈村宁茨回忆录》,天津市政协编译委员会译,中华书局1981年版,第320页。

在与中国的"收回"与"撤废"上面,同盟国和轴心国在政治上打了个平手,名义上收回管辖区的汪伪政府还胜出一筹。但《开罗宣言》成为一个分界线,第二次世界大战进入新的阶段,各盟国的报纸和广播开始讨论四大国合作的重要性,也有的开始分析日本的战后问题。

1943年12月24日,就在汪伪一行人访问东京寻求"提携"时,罗斯福安坐白宫,对全美听众开始新一期"炉边闲话"。他用比播音员慢得多的语速说:

> 在开罗,丘吉尔首相和我与蒋介石元帅一起度过了四天,这是我第一次有机会和他当面讨论远东的复杂局势,我们不仅确立了军事战略,也讨论了能确保远东和平的长期原则……

第十五章　电波"驼峰航线"

一、真空管困境

"驼峰航线"是二战时期中国和盟军一条主要的空中运输通道，由印度通往中国，为打击日本法西斯作出了重要贡献。自从重庆与旧金山的短波信号互为接收和转播以后，因其重要性和传播困难，被称为电波"驼峰航线"。两国都竭尽全力保障它的安全与畅通。

宋美龄在美国访问时，曾经把美国人对中国广播的意见通过电文反馈给国内。主要问题是最近美国接收信号效果不好，她转达美方希望让"国际台"增加发射机功率的建议。

重庆到旧金山的直线距离有11000多公里，隔山隔水，特别是隔着辽阔的太平洋，影响电波的自然因素很多，再加上来自敌伪台和友台的干扰，信号衰减和混杂比较突出。

南京伪政权在1942年专门设置了一个50千瓦的大电台，波长为9635千周，与"国际台"完全一样，直接压制"中国之声"的效果。美方向重庆提出了增大功率的意见，但增加功率必然增大对真空管（电子管）的损耗，由于无法生产和购置困难，真空管成为重庆广播生死攸关的问题。马可尼发射机的机件可分为五部分：一是晶体控振器；二是倍波放大器；三是中级放大器；四是强力放大器；五是调幅器。每个机件都有不同类型的管子，即真空管。真空管寿命有限，使用到一定程度就会"烧管子"。"烧管子"的原因不外两种：一是使用寿命到头；二是高负荷，即大功率使用。

管子的型号有所不同，1939年时真空管还能由国内组织购买，太平洋战争爆发后供应变得十分紧张，马可尼发射机需要的880型号更是珍贵。当时大的真空管有近一人高，小龙坎机房对每一个真空管的使用都小心翼翼并作了详细记录，烧一个管子会震惊全台上下。1941年度共有7支真空管被烧坏，记录显示分别使用了212小时38分钟到2627小时57分钟不等。这些烧坏的管子再也不能使用，只有送给中央大学的师生用于教学研习，让人心痛不已。

因此，冯简认为增加功率只是解决送往美国信号质量的临时办法，根本上是要解决真空管的及时供应问题。

美国国会于1941年3月经过激烈辩论后通过了《租借法案》，开始成为"民主国家的兵工厂"。对重庆的广播人员来说，翘首以盼的不光是军火，而是急需的广播耗材和补充设备。太平洋战争一开始，"中广处"就向美国订购了一批马可尼发射机需要的880型真空管，两年过去了也没有到货，为此还和美国专家发生了争吵。

在美国援助问题上，"国际台"和"中广处"曾经以"只有一座35千瓦短波机"，"国际广播虽然属于宣传性质，但也与军事甚有关系"为由，向军政部申请在美军火《租借法案》内拨给"中广处"美金150万元用作添购两套50千瓦短波机及其动力发电厂之用，并附上设备价格表。

1943年2月4日，负责上层协调的陈果夫复函吴保丰、吴道一：

> 关于利用美国租借法案在美订购广播器材事……嘱电尹仲容[①]兄洽询，并托其设法请购。兹接其本月1日复电略，美方认为该项器材并非急要，兼以目前运量有限，未获邀准。[②]

[①] 尹仲容，时任国家资源委员会国际贸易事务所纽约分所主任，兼任中国国防物资供应器材组组长，负责《租借法案》事宜。

[②] 全宗号0019案卷号002236，重庆档案馆。

文件转了一圈，还是在申请阶段，"中广处"并没有死心，到1945年仍然在申诉《租借法案》应包括所有广播器材，而美军复称，在不妨碍美国作战力的情况下准予现购。[1]

由于手续和运输上的问题，当时"中广处"购置的广播器材堆积在印度已达60吨，每月的仓库租金要800美元，曾由中执委开常务会决定派钱凤章专门去印度处理。这些物资许多到抗战结束也没运到，而重庆各台的设备和配件依然十分缺乏，买一支真空管要申请等候资金和请准外汇，需要中执委会甚至国防最高会议决定。取得特种进口护照，获得外国厂商同情供给的过程十分艰难，更难的是买后的运输问题——这个问题在整个抗日战争期间一直存在。

成为盟国后，"中广处"曾有多批通过美军"驼峰航线"运送的"电表"，其中不少没有收到。1943年经过不断向美军查询，收到的回复是：

> 该军告称以属该项箱记之电表计有三批，(一)去年1月3日由STEEL（斯蒂尔）轮运加助箱于本年2月3日及10日先后由狄[2]运昆；(二)去年8月20日，由DORINGTVOV COURT（考特轮）运孟买一箱于本年5月9日由狄运昆；(三)去年9月16日由EXPLORER（探索者）轮运喀拉齐[3]一箱于本年5月27日由狄运昆，1942年5月14日运昆一箱则无纪录无经查考等语。[4]

对于有的表明已经到达昆明而没有接到的设备，美军明确告诉中方已转为军用，中方毫无办法。1941年，"中广处"提请中执委批准，由财政部分配英国贷款13.5万镑，加上国币配额委托中国驻伦敦购料委员会和驻英大使王景春，依据中国提出的程式，向英国标准无线电公司订购50千瓦中波发射机一部、20千瓦短波发射机两部。

---

[1] 中广处1945年5月11日函，全宗号0004 案卷号00036，重庆档案馆。
[2] 印度阿萨姆邦的汀江，为第二次世界大战中"驼峰航线"出发站之一。
[3] 喀拉齐，又译卡拉齐，印度城市，今属巴基斯坦。
[4] 代电，1943年9月20日，民国档案，重庆档案馆。

按照协议,签约后66个星期内在伦敦交货。由于一些机器无法放入飞机,必须让制造商修改尺寸,电报往来,让王大使晕头转向,但到1944年机器才运到印度。前面讲了"国际台"采用四种波长,不同方向、不同时间定位播出,之所以这样也实处于只有一台马可尼发射机的无奈。在英、美,每一种波长用一种机器,简单方便,但在封锁之下的中国大后方各台想增加机器有很大困难。各台都很珍惜对真空管的获取和使用,甚至想办法买"仇货"日本人的东西。英国人给冯简来电介绍一种伦敦准备实行"灭低灯电压"的方法,以延长真空管寿命,冯简说重庆早已开始用这种方法了。战争开始前,吴道一便与德国得律风根及荷兰飞利浦两家无线电机制造厂商谈在中国设立真空管制造厂的问题,但战争尚无结束的日期,远水救不了近火!

重庆最后再次发电给英国,说中国"国际台"担负同盟国的很多重要宣传节目,如果再不接济,势将停办!

终于有英国皇家空军的飞机飞来重庆,带来四支真空管。

1943年4月12日,守在加尔各答机场的钱凤章匆匆来电"叩文",称搭交通部的吨位配额经过"驼峰航线"运来"马可尼真空管拾只及车头表一箱,即日运昆(明),请转昆(明)台速提转渝"[①]。

二、斯图尔特的帮助和监测员报告

抗战初期时"国际台"传到美国的信号质量不高、不稳定,美国人对中国信号的重视度也不够。太平洋战争开始后的一两个月,美国报纸上的中国消息骤然增多,多采自"中央台"和"国际台"。美国出版的《战争中的中国》(China at war)也由重庆"国际台"直接供稿。美方收听稍有不清就要来电质问,对"国际台"高质量的收听效果成为必然要求。

一位居住在旧金山叫司徒乌德的美国人给国民党中宣部来电对"国际

[①] 钱凤章电文,全宗号004案卷号00035,重庆档案馆。

台"的美国收听效果提出意见,认为"国际台"的调幅过低,收听效果受影响。

此时,正当蒋介石将对美发表纪念"七七"事变五周年广播讲话前,司徒乌德的意见增加了董显光的担心,他要求冯简保证在美国的收听质量。

"国际台"的技术人员经过实验找不到调幅过低的证据。对于所受电波干扰,冯简在给董显光的报告中解释道:"本台传送节目线路最初设计系用电缆,均因海运困难迄未到达,为应付播音计乃改用架空明线,架空明线之最大障碍即为邻线邻台之电话电报及雷电等之诱导干扰。"

针对蒋介石广播的质量保障,冯简写道:

> 总裁广播职当尽最大努力使其成功,惟电波之传送虽有公式可计算,但天空与人事之变化关系亦甚大,故成功至若何程度颇不敢断定也。①

结果是这次蒋介石的广播顺利完成,但问题依然存在,与此同时,美国方面也提出了技术要求。

日本海军袭击珍珠港时,美国共有994座广播电台,为世界之最,其中3/4分属几大广播公司。这些公司有三大特征:一是以电话线连接全国各台,受干扰小,节目的收听质量高;二是广播事业与收音机制造工业平行发展,向听众提供大量价廉物美的收音工具;三是人才荟萃,节目精彩。这些特征促进了美国广播事业的巨大发展。

然而由于商业利益的驱使,美国广播倚重于本国市场,其电台多为中波和长波,对外宣传严重短板。1939年,全国仅有两座50千瓦的短波电台,而德国有八座,意大利有六座,日本也有两座。对此美国奋起直追,到太平洋战争爆发时,NBC已在纽约新建起两座50千瓦短波电台,同样规模的短波机由CBS建起了三座,到1943年,全国50千瓦以上的短波电台达到了13座。作为美国面向太平洋和亚洲地区的前沿阵地的旧金山广播电台(KWID),短波发射功率达到了100千瓦。

---

① 冯简致董显光报告,全宗号0004案卷号00088,重庆档案馆。

剩下来是如何让信号在重庆落地的问题,肩负着落实中美双向覆盖接收任务的美国无线电专家斯图尔特(Stewart)来到重庆。斯图尔特是美国无线电学会会长,"国际台"与他的合作却是从不愉快开始的。起初,他曾就如何提高短波质量问题同冯简讨论时坚持己见,防空警报响了,大家都四处散去躲轰炸,老先生不理解,问:

你们都在干什么呢?

工程师们觉得他自以为是。作为同盟国前线广播负责人的冯简也有点恼火,私下抱怨这位美国人:

如果我们干不了什么,我跟斯先生不妨对调工作嘛!

初来中国就这样的不愉快,让双方都有些尴尬,但合作还要进行,冯简也客气了起来。他后来告诉大家,现在斯图亚特的来电已经没有以前的盛气了。

刻板认真的斯图尔特在重庆工作了相当长时间,回国后,一直在为"国际台"信号在美国落地质量操心。时值美国广播正面临改组变革,1943年,NBC被一分为二成立了红网公司和蓝网公司。作为ABC前身的蓝网公司刚开始时非常弱小,斯图尔特努力为这家公司加强同中国的联系。ABC的对外业务最初之一就是和中国开始的,而中国则更需要技术和管理方面的经验。

在中方的主要技术方案中,是对短波接受地的覆盖。首先确定每天播出时间,在这个时间里派出技术人员爬上发射天线调整方向,然后根据遥远的接收地报告的收听效果再实行调整,直到最佳效果。

"一穹苍天,万里之遥",在电报往来和意会中"遥相呼应",使这种跨越大洋中美间的广播技术和重要节目转播交流合作方式充满神奇。斯图尔特根据在美国收听NBA(国家广播公司蓝网)、BNCI和Miscelaneous三家电台在不同调整下的效果,通过电报提出问题和解决意见;重庆的工程师们则根据这些意见想出办法,不断改进线圈和爬上高高的天线架调整方向。

广播大厦的电讯室收到斯图亚特来电有：

1944年2月5日

收听蓝网仍略有失真，请改正：

1. 请调准调幅；

2. 增高或降低讲话之反应；

3. 改用菱形天线以增强音量，再请示知冯先生。对于树立菱形天线之反响再通讯，播讲请稍慢，以利收听。

1945年2月2日

49米（天线）因干扰收听欠佳，第29号节目仅一个节目收录甚佳，请自晚九时半改用31米播音。[①]

对斯图亚特的每次来电意见，"国际台"都十分重视，并立即按照对方建议继续调整，并装设了菱形天线。1945年3月5日冯简示叶桂馨称：

1. 请将本台对美节目改用31米波长播出。

2. 询问菱形天线之播音日期；

3. 为Mr Stuart工作表示称赞。

美国的斯图尔特当天即回电："自改换天线后收听情形已大有改进。"

对美国宣传一直是"国际台"和国民党中央对外宣传工作的主要目标。国民党海外部也有一个广播科，其作用就是促进世界各地的华侨对"中国之声"的收听和搜集反映。随着美国重要性的日益加强，"国际台"也在当地建立起自己的收测点，其中之一就是利用海外华侨进行收测。

从1939年开始，侨居在美国西南部亚利桑那州的华侨邓英安等就通过信件，报告中央短波台（"国际台"）在当地的信号情况。国民党七中全会提出要发展海外党务，"国际台"借助中央海外部找到了邓先生，对他进行培训和

---

① 全宗号0004案卷号00091，重庆档案馆。

技术指导，教会他用 RCA 公司[①]的标准方式填写监听表，使其成为比较专业的收音监测员。邓英安又发展了其他人为自己的报告补充监听内容，还利用收听的"国际台"国内新闻信息，向 18 家华文报刊发稿，自己俨然成为一家通讯社。

国民党海外部曾致"中广处"函：

接邓英安同志第 43、44 号报告，关于收听广播情形摘要如下：

一 自改用 49 公尺后 6167 千周稍受纽约电台干扰，6135 千周干扰尤大，收听不佳，言语失真，国际台对美广播以目前现象 6165 周率较适宜。

二 密码广播近来成效甚微，祈注意与电台商洽拟 49 公尺收听不良之时，改试 19 公尺 15205 千周于上午 7 时之间播送期于夏秋两季不致失效。[②]

邓英安直接航寄"中广处"多张复杂的手绘表，反映了"国际台"在当地的播音情况。

在 1943 年 12 月份的 13 天时间里，"国际台"的电量强度被记录为"甚强"的有一天，"强"的有三天，"好"的有七天，"弱"的有一天，"甚弱"的一天；记录"广播人为干扰有否"一栏中，填写了六天"无"，两天"甚低"，两天"低"，一天"干扰声"，一天"Were6120"，一天没填；在第三个大内容"读的程度"中，邓英安对"听的难易"填了两天"甚易"，六天"易"，三天"不甚易"，一天"不易"，一天"难"。

从一段时间开始，南京伪"中央台"对"国际台"施行同周率强力干扰的内容是国内京剧戏班"扶风社"演唱灌制的唱片唱段，住在旧金山的司徒乌德的报告中也有这样的反映，内容为"伊洪会"的唱段。在美国人听来，广播里同是中国传统戏剧节目，很难区别，司徒乌德甚至以为是重庆的"中央台"

[①] RCA（奇异）公司：NBC 的前身，创立于 20 世纪初的美国一家集收音机制造和广播电台经营的公司，曾有较大发展，20 世纪 70 年代末被收购。

[②] 国民党中央海外部致中广处函，全宗号 0004 案卷号 00077，重庆档案馆。

在干扰重庆的"国际台"。

邓英安特别记录了在美国收听"国际台"时受"扶风社"干扰的情况：

12月17日，是日收听扶风社节目甚为清晰，杂声极少。

12月20日，是日我收听扶风社节目颇为难明，因电量不强杂声干扰之故。

12月24日，此次收听由于颇受干扰但仍可听出无错，四时零三分该台将收甚弱，干扰甚低不得影响，唯四时三十分以后，杂音甚大电量基本至开场，收听(XGOY)颇感困难，然一日可一一译出无错，播覆各点均一一聆晰，近日敌杂音较前两日干扰逾凶。[①]

在邓英安记录有"扶风社"干扰情况下的这三天中，没有"国际台"收听的任何报告，可见其干扰的效果强烈致无法收听。另外，邓英安还记录了"国际台"受邻台的影响：

12月18日，是日收听不甚佳，因有美国电台干扰，此为第一次。

三、海外技术对策

1939年4月的一期英国《记事报》曾载文称刚成立的中国中央短波电台的收听效果引起英国专家的讨论，认为："该台电力虽仅35千瓦，然其音质纯粹，音量宏大，欧洲各地收听清晰，几疑中国近在咫尺，其成绩实胜于日本之50千瓦电台，不可谓非中国在无线电方面之胜利。"[②]

英国以及欧洲是中国"国际台"节目的又一重要接收地。"国际台"与英国

[①] 邓英安绘国际台成绩收听表，全宗号0004 案卷号00077，重庆档案馆。
[②] 《广播周报》，1939年第169期。

广播公司互为委托对落地收听效果监听。BBC在伦敦收听后制作了重庆中央广播电台和国际广播电台播音成绩记录表,发往重庆"国际台"翻译后编辑成中文表格("备考"为"国际台"工务科所列,未注明为XGOY)。①

表15-1　BBC在英国及欧洲接收中国"中央台"、"国际台"成绩报告

日期(1943年度)	时间	周率	成绩	备考
2月24日	15:00—16:30	15200KC	Siginolquite Good	本台此时并无节目亦未试播,似收听有误
3月7日—3月13日	17:00—18:30	11900KC	Poor	
	21:00—21:30	9711KC	Fair	XGOA
	21:30—21:40	11900KC	Poor	本台此时使用41m播音,拟收听有误
	21:30—23:30	6122KC	Fair to nil	12日及13日 nil
3月14日—3月20日	15:00—17:00	15180KC	Poor to fair	对欧试播
	03:00—04:00	9625KC	Poor	对欧节目系用9625KC试播
	21:00—22:30	9718KC	Fair	XGOA
	22:45—23:30	9718KC	Fair	XGOA
	22:30—23:00	6122KC	Fair	对欧节目15日—20日系用9625KC试播
	23:00—23:30	9625KC	Fair	对欧节目
3月21日—3月27日	03:05—04:00	11900KC	Poor	对欧节目
	22:30—23:00	9625KC	Fair	对欧节目24日起改用9625KC
	23:00—23:30	9625KC	Poor	对欧节目24日起改用9625KC

　　Good好,Fair清楚,Poor差,Nil无。根据这些报告,"国际台"工务科在相应时间对天线进行调整作好记录,等待英国下一期的收听报告寄来后进行对照,再进行商量,采取对策。

　　让世界各地都能听到本台信号并且能够反馈是广播工程师们的愿望,"国际台"工务科于1941年5月就开始在面向海外的节目里大规模征求听众的反馈,共收到16封回信,工务科给他们一一回信,回答听众的提问,希望对

---

① 收音记录表,全宗号0004 案卷号00080,重庆档案馆。

收听继续提出意见,保持联系。这些天涯鸿书分别来自于:

美国纽约州布朗克斯区博格大街1946号的路易斯·雷恩先生;

美国威斯康辛州密尔沃基市的阿尔宾·奥尔森先生;

芬兰赫尔辛福斯市的马森先生;

美国俄勒冈州 Mr.R.A.Hayre;

美国新泽西州的海恩期先生;

菲律宾 Headquarters 无线电测试总部的乔治先生;

澳大利亚悉尼的马斯特先生;

澳大利亚悉尼罗伊斯大道戈登先生;

……[1]

收听意见的搜集采用不同的方式向世界不同的地域发展。另一位海外部委托人士从1944年12月12日起,在南亚和北非国家协助使领馆收听"国际台"播音情形并报告,说在德里的专员公寓已收到且声音甚佳,到开罗后听到本台对英节目,计有黄先生的俄语、王先生之英语及某小姐之国语新闻等节目均甚清晰!

这位报告员颇有成就感地说,重庆与开罗间的直线距离为7000多公里,能听到祖国之声,使每个人均感到莫大之愉快!过去在德里使馆得到重庆消息最快要三天,开罗得到重庆消息最快要一星期,唯有收听重庆广播方可得到当天之消息。报告员写到"弟几日来均在使馆收听佳音亦连日播来",称:

此次经过各地如丽多、加尔各答、德里及开罗各方人士均期待重庆广播所予以精神上之口粮!由是可知本台的重要,而XGOY之声音实已传到世界上每一角落。[2]

问题在于"国际台"的声音并不能传到世界的每一角落。国民党古巴总支部报告称当地无法收听"国际台",希望"国际台"像航空公司一样"设法开

---

[1] 收听信函,全宗号0004案卷号00085,重庆档案馆。
[2] 监听员报告,全宗号00004案卷号00077,重庆档案馆。

辟重庆古巴直达广播",或者与有关国协商能够中转重庆广播:

> 古巴自未能直接收听重庆广播以来,所有消息多系收听美国转播,但因时间甚迟,致不详尽。本部……曾决定组织通讯社,所需新闻来源希望能直接经常收录重庆广播由通讯传布于中南美,但经相当时间之收听,还是结果不乏,引起关怀祖国之各侨胞失望。且古巴属于西印度南美洲通连消息为客观之重要要求……所需直接得自重庆之各种报导亦益殷切,应请设法开辟重庆古巴直达广播以慰侨众而利宣传。①

国民党中央海外部1944年9月26日致函国际广播电台认为,位于中美洲的古巴方面数年以来提出类此要求已非一次,中南美侨胞关怀祖国希望直接收听祖国各项消息既为此殷切,而贵台又因种种所限无法改善。拟请贵台与美国或中南美之广播电台商洽,每日联播贵台粤语节目以利中南美各地收听。

"国际台"技术人员反复试验后收听效果依然不好,分析古巴的位置接收重庆电波易受北极磁场的干扰,这种现象改善起来很困难。接到海外部函后,"国际台"回复道:

> 对古巴播音事实上极困难,惟南美巴西方面收听本台则极为清晰,该处使馆曾每日收听本台记录新闻油印封发,拟请该部电巴西支部就近与使馆会商,择定收听远东之适宜时间及波长以便本台广播。

表15-2　第二次世界战争期间美洲各国(除美国)主要广播电台分布情况

国家	城市	波别	电力(千瓦)
加拿大	温尼伯	短波	2
	多伦多	中波	51

---

① 全宗号00004案卷号00077,重庆档案馆。

续表

国家	城市	波别	电力(千瓦)
墨西哥	维拉	中波	850
	派都拉斯	中波	100
	诺埃堡	中波	150
	墨西哥城	中波	50
		短波	20
古巴	哈瓦那	短波	5
海地	太子港	短波	1
多米尼加	圣多明各	短波	1
法属马提尼克	马提尼克	短波	20
危地马拉		短波	20
哥斯达黎加	圣约瑟	短波	3
哥伦比亚	马尼萨雷斯	短波	5
委内瑞拉	马拉开波	短波	5
厄瓜多尔	罗班巴	短波	2
秘鲁	利马	短波	15
玻利维亚	拉巴斯	短波	1
巴西	里约热内卢	短波	12
乌拉圭	蒙受得维的亚	短波	5
智利	圣地亚哥	短波	2
阿根廷	布宜诺斯艾利斯	短波	2

资料来源　戴杰：《美洲各国广播电台分布近况》，载《中央导报》，1941年第21期，第13、14、15、16页。

四、冯简的愿望

1937年，时任紫金山天文台台长的中国第一代著名天文学家张钰哲（1902—1986），测得一个重要的天文预报：1941年9月21日，将有日全食带进入我国，此预报很快被英国格林尼治天文台证实。各国天文界纷纷准备来华观测这一天文奇观。

天文研究所从南京迁至昆明,于东郊的凤凰山上建立了新的观测点,并着手准备对日食的观测。在日食发生的前一年,他们联系刚建成的昆明广播电台进行天文科普宣传,告诉民众明年将有日食来临,时任"中广处"昆明台台长的刘振清给予了积极支持。

这是一件看似与抗战毫无关系的宣传,由天文学家陈遵妫撰写文章,李青华在昆明台的节目里娓娓道来:

……现在世界上最古老的日食纪录,大家都公认是书经所载的仲康日食;这日食所指的日期,曾经各国天文家,加以精密的计算和研究,还没有定论;最近我国有人,确定他是指:公元前776年9月6日的日全食。近年我们从甲骨文字的研究,知道殷代也有日食的纪载,并推定它们的日期都在公元前1000年以上。春秋一书,在240年中间,记载日食37次,其中虽有误记的,但是大部分用现代准确的算法上推,都能符合,这是天文学上一项重要纪录,也是我们中华民族注意日食的表现。

天文学家告诉中国的人们:

如果要求其经过黄河长江一带人口稠密区域,而且在本部的中区近中午而看见日食,则500年内只有两次,其一是1546年8月11日(即明嘉靖二十一年七月己酉,明史有记载)日全食,是在黄河流域的中午日食。其二,就是明年民国三十年,即1941年9月21日的日全食,是在长江流域的中午日食,这两次全食,差不多相距整整四个世纪,所以这样的机会,可算是难得而可贵了![1]

---

[1] 陈遵妫稿,李青华讲:《民国三十年九月二十一日的日全食》,载《广播周报》,1940年第192期,第22页。

文章写得优美、讲得清楚，引用《诗经》里的：":十月之交,朔日辛卯,日有食之⋯⋯"广播演讲宛如天籁之音,一时间对关心这件事情的人来说,轰炸没有了,战争没有了,喧闹没有了,大后方的人们开始热烈讨论,沉浸在天文、历史和科学之中。

但是到1941年初,在中国领土上日食带将要覆盖的地域已经大部分被日军占领,各国的日食观测队也因中国战乱,纷纷取消原定来华观测的计划。观测400年来罕见日食并留下科学记录的任务就全落在了中国天文工作者的身上。

"中广处"技术负责人冯简也注意到了这一时机,经过仔细策划,"中央台"和"国际台"准备现场直播这次日全食,地点就选在张钰哲先生选择的观测地。

根据张钰哲的计算,1941年日食的全食带,就是太阳阴影锥所指的地带,是从苏联、中亚细亚入境,经过我国的新疆、青海、甘肃、陕西、湖北、江西、福建、浙江八省的众多县、市,全长约3400公里。李青华在演讲时把这些县市和观测的方法一一告诉听众,并说明全国还有许多地方虽然不在全食带内,而所见的食分,多在日面半分以上,大家有什么疑问可以写信问询昆明中央研究院天文研究所。

最终张钰哲将观测地点选在秋季少雨晴天较多,离甘肃省城兰州仅100公里的临洮县境内,并率队先期到达,这是"西北点"。与此同时,中山大学天文台、经济部中央地质调查所、陆地测量总局、中国天文学会等单位则把观测地点选择在了"东南点"——福建崇安的武夷山区。

此时继陕西台、西安台后,"中广处"计划中的"中区台"甘肃台还在建设当中,范本中此时在兰州任甘肃台的筹备组主任,勘定地址,征收土地,由重庆装配好、通过广元运到兰州的10千瓦中波机正在调试,冯简等人来后对技术问题的处理作了进一步商定。9月21日,日全食节目由"中央台"从上午9时到12时,"国际台"从上午8时到12时进行播出,他们先用专线电话把信息从现场传递到兰州,再用中波机和天线将广播信号传至重庆的歇台子,通过上清寺的增音室再由小龙坎的发射机和天线转播,英、美国家广播公司也进行了同步接收和转播。

转播的时间短暂,但充满国家和历史的自豪感,宣传了在残酷的战争环境下中国的国家科学的自信与力量,其意义很不一般。冯简曾经对世界上多点不同天象的电波情况进行过观测,临洮日全食也成为一次无线电观测的重要内容。

短波通信全靠地面上空40公里至400公里处的电离层反射才能实现,而影响电波传播路线的电离层的高度及电子密度往往随时间(一年四季每天昼夜气候)的变化而变化,因此要预测在什么时候什么情况下采用什么频率才能收到最佳效果,就必须了解全世界各地电离层参数变化的数据。这就必须与世界各地测量点交换数据才能进行预测。要交换数据,就必须建立自己的电波研究机构,以便在我国的上空观测电离层。为此,在极其困难的条件下,冯简在小龙坎院子里建立了中国第一个电波研究所。

因为太阳黑子变化是11年一个循环,而美国和英国当时对电离层的观测刚开始不久,只掌握美国标准局和英国马可尼的数据,也不够用。冯简以他的毅力和执着,寻求有关方面的支持,积累了一定的经费后就开始动手制造观测电离层的机器。机器造成后立即进行观测,每天24小时,不分昼夜测量重庆上空电离层的数据。他据观测所得结果出版了《1945年重庆上空电离层观测报告》[1]一书。观测所得结果受到国际无线电咨询委员会等有关机构的重视。

重庆至美国东部电波以及古巴等北美地区传播的最短线路要经过北极,造成收听困难,因此关于北极光对电波传播的影响引起了冯简的极大兴趣。他在自己的电离层学术领域里提出电波与地理、天象的关系,认为无线电作为一种物理现象受太阳活动、地球活动、北极磁场、气候、天电、沙暴、设备的影响,研究和克服这些影响对无线电科学具有重要意义。

作为中国传统和据有现代意义过渡时期的科学家之一,从在相片和文字描述上看,冯简是一位布衣长衫学者。冯简别名均策,妻冯闽湘,女儿冯和

---

[1] 陈贻芳:《察电子之微妙 探宇宙之奥秘——记我国到达北极第一人、科学家、电离层专家冯简教授》,载《思源湖——上海交通大学百年故事撷英》,上海交通大学出版社2003年版,第359页。

桂,一家人住在小龙坎发射台院子里。除了广播工作外,冯简还兼职了附近重庆大学工学院院长的职务,以教授身份上课,其低调行事的风格给师生们留下深刻印象。

冯简老家在江苏嘉定,生于1896年4月2日。其父冯诚求为清代贡生,庭训极严,常以"国难当头,卫国保民"训子。冯简幼年上过长春府中学堂,1913年入上海南洋公学(交通大学前身)就读,由中院(中学)而升入上院(大学)电机科,与吴保丰和吴道一为校友,还同为电机专业毕业。

抗战时期国民党中央广播事业管理处总工程师兼国际广播电台台长冯简

在今天研究冯简的人看来,他与两位走上从政道路的同窗和同事吴保丰、吴道一不同,冯简把自己留在了科学理想和实践里,并以此为社会服务。1920年他赴美国康奈尔大学专攻读无线电通信工程,获硕士学位,后又先后到美国奇异电气公司及德国柏林大学进一步深造,又在德国AEG电气公司担任工程师。1924年回国,初执教于南京工专、苏州工专等校。北伐军兴,先后任东北大学电机系教授、北平大学工学院电机系教授;抗日战争时期任重庆大学工学院院长、电机系教授。冯简在北伐时期主持北伐军总司令部采用短波通信的工作。

战争也可以逼着人们创造出奇迹。用强力广播多差转实现超远覆盖和压制对方是西方广播的思维方式和结果,仅用一台35千瓦发射机和四种波长的天线,依靠对气候、日斑、天电、沙暴、设备以及敌人的有意干扰、友台的无意干扰等因素的研究,通过测验调整天线而寻找"窗口",让电波在地理和天象中走得越来越远,则包含着中国人迫于现实条件的限制,不得不对科学技术更加细心细腻和对自然界更深入认识的努力,其结果在理论和实践两方面都具有重要意义。这些研究倾尽了冯简团队及合作者的心力。战争改变了许多事情,也改变了许多人的命运,但世界依然是世界,自然界依然客观存在。

作为专家、学者和老师,冯简也保持着纯粹的气质。他曾受重庆的实业家们邀请参加"星五聚餐会"。这种活动定期举行,邀请专业人士发表对时局和行业的高见。在第69次"星五聚餐会"上,冯简对听者们讲到对科学和战争的态度,超越了许多现实,让人们印象深刻。他说:

> 瞻念未来,自感愉快,所谓愉快,自系撇开种种人为问题。现在吾谨言时候及波长之关系,实则春夏秋冬、日食月食、行星、恒星、电子、地球南北极吸力等等,均有关系……将来宇宙中或可能出现出一新星,使吾等无法收听,或许北极星飞来,使地球无法应付。凡此种种自然之现象,均需吾人通力合作,悉心研究,方能知晓。惜今日之世界,日日从事于自相残杀,无人顾及于此。①

在战乱中,很多人的努力使国家的科学事业虽经挫折但没有停止,对智慧者来说,重要的是立意深远和看到未来。冯简在谈论他克尽心力的"国际台"时表达了他的抱负,寄希望"国际台":

> 能成为一北极星广播电台,能向地球以外诸星广播。此种问题不可思议,必须科学与实业合作,开发西南,开发西北,开发地球完毕之后,再及地球以外诸星,是则厚望于诸君者矣!

---

① 冯简:《国际无线电现在与将来》,载《西南实业通讯》,1943年第5期,第32页。

第十六章 文艺节目中的文化现象

一、占领区的"融合"与颓唐

有人把第二次世界大战中法国很快被德国人占领的原因归咎于法国人太喜欢广播里的德国音乐。巴黎沦陷的前夕,法国的广播电台不是指引人们撤退的路线和哪些人该走、哪些人可以不必走,而是还在播放德国的跳舞乐曲,音乐成为德国在军事上压倒法国的最后一根稻草。后来盟军也以牙还牙,在战场上广泛播放一首德国歌曲《莉莉·玛莲》。歌曲中流动的旋律所讲述的缠绵故事,使德军产生了思乡情绪,在巨大的精神压力下,对战争产生了厌恶。这个教训也被日本所深知,东京当局时常警告日本人民,"切勿沉溺于收听英美国家的乐曲中"。

中日战争也早已浸入到文化和文艺层面,许多日本人认为中国应该崇尚日本文化,包括纯粹文艺。

在一篇文章里,日本人冈村忠正直接标榜中日文化合作的价值,就是中国被东洋社会统一。他对华北的中国人呼吁:

> 把由中日事变以来便被抑制的诸位对于东洋文化的美丽的感

情和对于东洋社会的抱负,应该毫不客气地吐露出来。①

至于日本文化优秀的东西有什么,他认为有《万叶集》、《源氏物语》等。这种优越感表现不光针对中国,也不光在文艺方面。太平洋战争爆发后,东京中央第一台对美国报道的女播音员曾经以甜美、温柔的声音,从精神上"打沉了好些盟国的船舰",美军称这些女播音员为"东京玫瑰"。一位自称巴苓教授的"东京玫瑰"常对美国人宣讲日本女性如何优秀。她给美国人"上课"说日本妇女的三大美德,一为孝亲、二为敬夫、三为从子,恳劝美国妇女试行之。另一次,报告员则从历史说起,并警告美国听众轻视日本是不当的,其所持理由是日本文化有100万日的历史,而美国立国仅有6万日。

殖民台湾的日本当局递信部部长深川繁治把这个问题讲得更明白,就是"对南支(中国大陆华南地区)南洋要播放日本音乐宣传日本文化嗜好,这些目标都是台湾岛(日本人)的使命"②。

要让人自觉"崇尚"并不容易,有政治头脑的日本人明白,即使自己拥有最"优秀"的东西也不可能像军事胜利那样,简单地取代中华民族和其他民族文化。但要实现一个由日本控制的"大东亚共荣圈"这一步又必须要迈出去,只有文化占领才算彻底占领,这种占领的最好方式是"融合"。

在文艺里表现出的文化意图最为清楚。为了不至于太直白和尴尬,在沦陷区一部分为日本人办事的中国人更愿意把日本文化改换成"大东亚文化"或者"东亚文化"来认同。林柏生在南京伪"中央台"上讲文艺问题时,给听众树立了一个"英美"敌人,认为中日一体的"东亚文化"才是自己的文化。他公然宣称:

> 现在我们要推动的东亚文艺复兴运动,便是侵略主义的旧秩序

---

① 冈村忠正,(日本)朝鲜银行天津支店调查课长,所作《中日文化合作的指标》,载于北平《中华周报》,1944年第3期,第4页。

② 〔日〕深川繁治:《诸外国 设施 台湾》,第88号,1929年2月出版,第12页。资料来自何义麟:《日治时期台湾广播事业发展之过程》,载《回顾老台湾,展望新故乡:台湾社会文化变迁学术讨论会论文集》,台湾师大历史系2000年,第4页。

崩溃,人类共存主义的新秩序文化代之而兴的序幕。大东亚战争之军事胜利,既消灭了英美在政治上经济上的侵略势力,我们更应该伴着这战争之展开与完成,推进东亚文艺复兴运动,这一个运动,绝不是少数人研究学问,讲求私事,而是要大众化的。①

一位在南京伪政府做事的官员把他对"东亚文艺"与"和平运动"的理解具体化表现出来,说他在"九一八"事变后,当中学生的他曾经高喊"同学们,大家起来!担负起天下的兴亡"的歌声,"七七"事变前,"我们疯狂的附和"着大声歌唱抗战,终于爆发了这次东亚历史上空前的大惨剧。他进行了深刻"反省"后走上了"正道"。他写道:

两个月前,我到了"和平的首都"南京,在春之玄武湖上打桨泛舟,朋友们都高声唱起"大地涌起和平的呼声"的和平之歌来了。②

为了实现"东亚文化"的"融合",在中国的文化首都北平,占领军和华北政委会在北平制造了"对大东亚文化认同"的宣传,这种宣传有时是"温水煮青蛙"式的,有时则要讲得深入浅出、切合现实,让人明白其"道理"。北平华北广播协会于1945年2月18日曾播出过一次讨论会。讨论会由日本的华北情报局主办,几位有名有姓的人物以中国作家、北大教授、③报人的身份出场,以日本、南京、"满洲"签署的《大东亚共同宣言》第三项为纲要,发表对建设"大东亚文化"的"美丽的感情"和"抱负",综合内容如下:

(一)大东亚文化精神适合于东亚所有民族;(二)建设大东亚

---

① 林柏生:《东亚文艺复兴的曙光》,载《中央导报》,1942年第39期,第6页。
② 李同:《玄武湖的歌声》,载《中央导报》,1942年第40期,第40页。
③ 1937年7月29日北平陷落,9月,北大、清华、南开三校在长沙设立临时大学,至11月,除留部分职员看管校产外,大部分教授及重要职员均陆续赴湘,之后又转赴昆明。1938年4月"临大"更名为国立西南联合大学。由此,北大进入西南联大时期,直至1945年8月15日日军投降后返回北平复校。这段历史时期,西南联大为北大"正身"。日伪控制下的"国立北京大学",被称为伪北大。在此期间在校任教的中国教员中有甘心附逆者,但大多数教员为生活所迫,参加此广播座谈会者为前者。

文化对中国来说,就是吸收日本文化的长处,和衷共济;(三)认为延安、重庆、南京互相诋毁是种失败,提出要用能够代表各方的中国文化来救国;(四)要发动与军事上一致的大东亚文化战争消灭英美文化。①

广播里的文艺节目是"融合"的最好方式,日本占领下的北平最大的广播电台也叫"中央台",这个称呼反映出华北政委会对南京伪政权的分离态度,南京和重庆都称北平为"平",北平称自己为"京",依然有帝都之气。

在日本人控制短波、推广当地收听的政策之下,1940年4月,北平的民间收音机已经达到两万户,远远高于重庆的收音机数量。北平伪"中央台"公布新的广播节目表以示"庆祝",这个节目表也反映出占领时期古都的文艺和对广播节目的欣赏状况。

北京中央广播电台(一台)特别放送节目②

呼号　XGAP

周率　1350千周波

8:30—8:40　开始京剧(唱片)

13:30—14:30　西乐(各种音乐歌舞唱片)

14:30—14:50　京剧(唱片)

14:50—15:30　宋大红唱(梅花大鼓)

15:30—16:10　孙呈海西河大鼓说唱(全部战国春秋)

16:10—16:50　联幼茹唱(京音大鼓)

8:40—9:20　张新全乐亭大鼓说唱(全部绒线记)

9:20—10:20　刘继业评书(全部济公传)

10:20—11:00　张士诚乐亭大鼓说唱(全部马潜龙走国)

11:00—11:40　马增芳西河大鼓说唱(全部回龙传)

11:40—12:20　马宝山奉天大鼓(全部巧合奇冤)

---

① 文化人广播座谈会,载《中华周报》,1945年第9期,第5页。
② 《立言画刊》,1940年第80期,第12页。

12:20—13:20	翟少平王秀卿单弦唱(各种小曲)
13:20—13:30	京剧(唱片)
16:50—17:30	张傻子绪德贵(对口相声)
17:30—18:10	谭庆元(文明单弦)
18:10—18:50	二蘑菇常连安(对口相声)
18:50—20:20	连阔如评书(全部隋唐)
20:20—20:25	京剧(唱片)
20:25—20:30	预报第二天节目
20:30—23:00	西乐(各种音乐歌舞唱片)
23:00—23:15	新闻(用英语报告)
23:15—23:30	西乐(各种音乐歌舞唱片)
23:30—0:50	刘汉卿评书(金匮侠踪)
0:50—1:00	音乐(中国唱片)
1:00—	停止(休息)

在全天播出中,以同盟社消息为主的新闻节目只有短短15分钟,没有时评,没有演讲,在众多文艺形式中甚至看不到日本内容。除可能会插入"特别节目"和"大东亚赞歌"一类外,这张节目预告表内容上的中国传统故事和艺术形式有悠久的历史,正是"和平"景象的表现。这种景象同刻意淡化东洋文化里的文艺一样都被作为宣传侵略合法的武器。在占领军的旗帜下,人们依然可以从清晨听到深夜,老腔老调和西洋音乐一起一直听下去,好一派"和平"景象。

但在"戏匣子"里听到的老腔老调和后来由民营广播兴起的流行歌曲,反映的是沦陷区现实生活中艺人表演、电台播出、听众欣赏中的一潭死水现象,让人倾于消极,与战争气氛十分不搭调。在大东亚战争后期,战局不利,人心浮动,终于使有"抱负"的人忍不住怀着"愧抱无以自容"的心情在《中华周报》上写文章呼吁大家"尊崇"轴心国文化,"不妨看看德国的音乐,听听日本的唱片"来对照北平的落后,对付北平街头时下流行的"靡靡之音"。

在北平出版的这期《中华周报》仍然在登出文章吹嘘日本民众有信念,

不会相信盟国的广播宣传,展现北京文化界的"人声盛况",但又在悲叹"昆曲死了,京剧死了"。一方面高喊要进行文化战争,一方面是风雨飘零的残酷现实,在现实中,上面那位写文章的人叹息道:

> 昆曲死了,京剧死了,代之而起的则是时代的宠儿"电影"……于是,所谓"流行歌曲"便成了古城的正统音乐。由"毛毛雨"而"何日君再来",由"妹妹我爱你"而"我是真爱你,不管你爱我不爱"……古城充满靡靡之音,古城变成了靡靡之城!
>
> 等而次之,如收音机也者,原为教育民众之最良者,复极普遍之利器,但其放送节目如何? 则又令人不能不感慨系之。①

抗战胜利后,有从大后方来的人也对"淫靡歌曲"进行了抨击,认为走在北平、南京或上海的街头上,听到无线电广播里出来的歌声感到软软的,有一种很难受的感觉。

评论者把它归罪于沦陷时期遗流下来的消极颓唐之风,也认为"广播电台是这种歌曲散播的大本营,尤其是私营电台,为了多收广告,为了自己的生意大量地放送这些有毒的歌曲"②。

二、"硬邦邦"的大后方广播音乐

抗战时期的重庆文艺界大家荟萃、作品繁多、平台丰富,文艺论争也激烈,形成了抗战文化中心的地位。国共两党通过《中央日报》和《新华日报》等阵地自觉地将文化和文艺纳入抗战建国的统一战线中,发动义演募捐、抗战动员、文化劳军等活动。

---

① 邦容:《古城之音》,载《中华周报》,1945年第9期,第7页。
② 星芒:《谈京沪盛行的淫靡歌曲》,载《广播周报》复刊,1946年第1期,第10页。

因为战争流亡到大后方的全国人口只是少数,但对许多文艺界人士来讲,与留在"平京沪"不同,到大后方是一种选择,是一个是非问题。针对北平、上海、南京等地文艺界一些人"甘心附逆"的现象,重庆有评论猛烈地抨击道:

> "音乐无国界"的幌子,决不能掩饰民族存亡关头的敌对的两国之间的背叛行为,"吃不消抗战期大后方的苦头",更是表现他没有骨气。①

与日伪广播里的文艺内容完全不同的是大后方广播必须承担动员和鼓舞抗战的重任。如果说广播宣传是一种态度立场,那么广播文艺阵地则要反映对这种态度立场运用的功力。

1939年1月28日,为纪念"一·二八"淞沪抗战七周年,负责国民政府文化工作的军政部第三厅负责人郭沫若在"中央台"的广播演讲中说:

> 中华民族创造了文化,更能慷慨地把我们的文化成品送给和我们邻接的民族,使他们同样沾受文化的恩惠。我们当前的敌人日本,也正是受了我们恩惠的一个民族。
>
> 我们创造文化,故能重视文化,保卫文化,当文化受着侵略的时候,我们不异以生命血肉来加以保卫,有时更不异举全民族的力量来为保卫文化而战,战至二三百年,非到侵略者消灭不止。②

相对沦陷区,以抗战音乐为主的大后方音乐表现出明显的"硬邦邦"的特点。以左翼作家田汉作词、青年作曲家聂耳谱曲创作的《义勇军进行曲》这类救国救亡歌曲为代表的抗战音乐,每天都在"中央台"的节目里大量播出。辗转到达重庆的老舍对此进行了解释。他在"中央台"节目里演讲,认为在军

---

① 学鸷:《音乐家的民族思想问题》,载《青年音乐》,1942年第2期,第2页。
② 郭沫若:《世界新秩序的建设》,载《广播周报》,1939年第159期,第5、6页。

事第一、胜利第一之下,文艺家们必须以笔为枪尽他们抗敌的责任！老舍在"中央台"广播里说：

> 写家们为什么这样甘于受苦创作呢？很简单,他们是富于感情的人,也是有主见的人;因为富于感情,所以他们决不能受敌人的压迫,不但自己反抗,也要唤醒全国同胞们一齐反抗;他们有见识,所以早就看明白我们坚决抗战,敌人必会失败,也就愿把这个道理教人人都知道,都肯为国牺牲。
>
> 有了上边的简单解释,就明白了这一年多的文艺为什么都是与抗战有关系的了,也就明白了为什么写家们要用俗浅的文字给民众们写故事与歌词了。[1]

撤退重庆重建的"中央台"每天播出约8个小时,新建的"国际台"节目有14个小时,除了新闻、时政、教育类,有50%到75%的时间是文艺类节目。在抗日战争特定的历史时期里,抗日宣传是文艺类节目必定的首选和重要任务。"中央台"的文艺节目有平剧、杂剧、广播剧、国乐、西乐、军乐、抗日歌曲、歌咏教授等。

广播大厦建成后,大录制间摆放的一台钢琴成为大后方音乐活动的象征。"中央台"把各种层次的音乐"请进来、播出去",在每年举行的文化周里进行歌咏广播。陶行知是私立育才中学的校长,他曾和"中央台"签约,可以每月一次带着孩子们来演播世界音乐大师的作品,并在广播大厦举行音乐会为难童营养筹集资金。

蒋介石把推广音乐作为提高"国民精神"的重要内容,在广播里说：

---

[1] 老舍:《抗战与文艺》,载《广播周报》,1939年第169期,第15页。老舍(1899—1966),中国现代小说家、著名作家、杰出的语言大师。1937年"七七"事变爆发后,老舍离别家小奔赴国难。1938年初,中华全国文艺界抗敌协会于武汉成立,老舍被推为常务理事和总务部主任,同年随文协迁到重庆,自此主持文协工作直至抗战胜利。抗战期间,老舍团结和组织广大文艺工作者利用各种文艺形式为抗日作贡献。他自己在重庆创作的代表作有长篇小说《四世同堂》。

> 我们要用集体的音乐,陶冶国民奋发活泼的精神,使个个国民有丰富的情感,向上的气概,乐观的情结,蓬勃的朝气。[1]

所有文艺形式中,音乐无疑为重点。在抗战初期和中期所谓宣传重于军事的思想指导下,大后方的音乐创作和音乐广播有以下几个特征:

一是音乐成为广泛动员民众的手段,抗战歌曲在数量上极速增长,通过广播得到扩大宣传的效果,人们在收音机前抄记具有抗战意义的词谱,迅速传播。

二是广播需要的抗战歌曲依然供不应求,像黄自那样的优秀作曲家不多。"许多作曲家拼命赶制,难免粗制滥造,一些未学过理论作曲者也开始写作,或者记录各地的民谣,配制新词,以应急需。"[2]

三是这个时期播出的优秀作品以《义勇军进行曲》《游击队歌》,以及冼星海、任光、聂耳、贺绿汀等的作品为代表,而继张寒晖《松花江上》后,刘雪庵在前往重庆途中写下《离家》《上前线》两首歌曲,完成了"流亡三部曲"。

也有大后方报纸评论认为"流亡三部曲"的部分内容太"流泪、悲伤",应该要坚强和高昂,这种"坚强和高昂"的观点在以后的创作中占据了主要地位。

"中央台"还收到重庆市长贺国光推荐来的《国民精神总动员歌》词曲并要求播出,使市民有练习机会。这首歌由陈立夫写词,被认为是"语意精警,音节雄壮,足可启发民气,激励精神"[3]。受到"中央台"推广的这类具有"主义和精神"的官方歌曲还有《国旗歌》《领袖歌》《新生活运动歌》等。

有一点要说明的,南京伪"中央台"播放的"国歌"和重庆"中央台"的国歌是同一首歌曲,同由孙中山作词,程懋筠谱曲,先是被定为国民党党歌,在1937年6月3日的国民党中央第45次常务会上被决议为中华民国国歌。汪精卫"还都"后,照用"青天白日遍地红"为"国旗",也立这首内容有"三民主义,吾党所宗,以建民国,以进大同"的歌曲为"国歌"。

---

[1] 蒋介石:《纪念国民精神总动员两周年》,1941年3月12日在中央台演讲,载《广播周报》,1941年第196期,第32页。

[2] 学骘:《抗战以来音乐事业之回顾与前瞻》,载《青年音乐》,1942年第1期,第2、3页。

[3] 重庆市动员委员会文件(1939年10月16日),民国档案,重庆档案馆。

刚到重庆时,"中央台"、"国际台"及系列台使用的文艺节目要在上海、香港等地购买,再发给各台使用。在重庆站稳脚跟后,可以在录制间里把演唱演奏的作品刻制在唱片的母片上,寄往印度加尔各答的唱片公司进行大批量翻制,然后寄回重庆,由"中央台"传音科分配给各台。从1942年5月开始分给各台的唱片目录中,可以了解到一段时期大后方广播播放音乐节目的情况。[①]在这批播出唱片中有歌曲54首,分为独唱、齐唱和合唱。

独唱歌曲10首:

思乡曲、满江红、燕子、国殇、丝瓜藤、卖花词、嘉陵江上、巷战、还我河山、安眠吧勇士。

合唱歌曲34首:

热血歌、中华健儿、还我河山、抗敌歌、军民联欢、抵抗、女青年战歌、中国父母心、玉门出塞、赠寒衣、垦春泥、胜利进行曲、复兴中华、满江红、总理纪念歌、晨歌、抗战必胜、最后胜利、革命先烈纪念歌、青天白日满地红、党歌、山在虚无飘渺间、海韵、中国人、渔阳鼓、壮士骑马打仗去、凯旋回故乡、风暴、山林果、笑的黎明、谷子在仓里叫、战歌、新山歌、晨歌。

齐唱歌曲10首:

国歌、背着枪、(国民)精神总动员、出发、远征轰炸歌、领袖歌、振兴中华、为祖国战争、反侵略战歌、春耕曲。

《抗敌歌》被称为中国第一首抗战歌曲,在"九一八"事件后,由韦瀚章作词,黄自谱曲,曾经在上海的广播电台反复播唱,后被带到了大后方。歌

[①] 传:《关于各台唱片之补充问题》,载《广播通讯》,1943年第2期。

词是：

> 中华锦绣江山谁是主人翁？我们四万万同胞！
> 强虏入寇逞凶暴，快一致永久抵抗将仇报！
> 家可破，国须保！
> 身可杀，志不挠！
> ……

1939年春天，端木蕻良作词，贺绿汀谱曲，同样具有流亡曲调的《嘉陵江上》在重庆发表。这首歌曲的演唱难度较大，作者称是专为女中音歌唱家洪达琦的有效音域而创作的。洪达琦开始在广播里唱这首歌：

> 那一天，敌人打到了我的村庄，
> 我便失去了我的田舍、家人和牛羊。
> 如今我徘徊在嘉陵江上，
> 我仿佛闻到故乡泥土的芳香，
> 一样的流水，一样的月亮，
> 我已失去了一切欢笑和梦想。

无论是吴伯超、端木蕻良、贺绿汀，还是洪达琦姐妹，都从沦陷的城市中来，当时中国的这些音乐人才总数极少，据统计加起来不过200左右，主要集中在"平京沪"地区。在逃难和抗日救亡中，他们有的去了延安，有的到了重庆、桂林等地，有的到了重庆后再去了延安。

虽然因为当局的封锁使交流比较困难，但一些脍炙人口的抗战歌曲随着广播和人员的流动而在大后方、敌后根据地甚至沦陷区流传开来。在他们身后，一大批更年轻的学生成长起来。《嘉陵江上》在骤然流行时，有东北流亡青年一路哼唱，到重庆青木关报考国立音乐学院，唱了这首歌便被录取了。

三、抗战催生广播剧创作

抗战开始,率领国立戏剧学校师生从南京撤退长沙,又到重庆的余上沅曾经到"中央台"演讲,呼吁各界爱国同胞用戏剧的方式来进行抗战宣传工作。[①]

大后方期间正式出版的剧本"据说在一千种以上"[②],这些戏剧无论是舞台大戏还是街头剧,都以"新戏"话剧为主要形式。源于话剧的广播剧也在这样的基础上得到了发展,扩大了影响。广播剧作为一种另类创作,数量约占其中的5%。

早期中国的广播剧创作以国民政府党营和政府公营的电台为主体,发展于"九一八"事变后全国人民的抗日热潮中。"中央台"的广播剧组和音乐组都是1935年从传音科里分离出来的,广播剧创作也始于这一年的抗日剧《苦儿流浪记》,而真正排成剧播出的却是一个叫《自误》的本子,作者是后来的国民党中宣部部长张道藩。当时的广播剧由于受制于技术条件,必须直播而无法后台制作,现场人员众多,精心排练后一次性播出,成败都在此一举,重播时又反复。

陈果夫也直接干预了广播剧的创作播出。1937年9月5日,还在南京的"中央台"播出了一个广播剧,讲述某人甘心当汉奸,他的妻儿激于民族大义将他杀死。陈果夫听到半途给"中央台"打来电话指令停止。理由是:其父虽然是汉奸该杀,但是在家里杀死他是错误的,暗杀就更不对了,因为按照我们民族的传统道德,忠孝应该两全,不能为尽忠而违背了孝道。

基于陈果夫提出的"广播宣传之能事",大后方的《广播周报》、《广播周刊》(成都出版)等连续刊登广告,向民间广泛征求话剧(广播剧)及歌曲稿本:

[①] 余上沅:《战时的戏剧》,载《广播周报》,1939年第155期,第11页。余上沅(1897—1970),中国戏剧教育家、理论家,湖北沙市人,1970年4月30日在上海逝世。

[②] 曹禺:《中国抗日战争时期大后方文学书系·戏剧编》序言,重庆出版社1988年出版,第2页。

凡关于抗战材料,民族英雄或新生活运动等,或作为话剧,或作为歌曲,均所欢迎,话剧以在一小时内播送完毕者为佳。

范本中还在《广播周报》上发表文章,指导人们对广播剧和话剧剧本进行创作。所谓的话剧剧本,就是用作广播而不是舞台排演的剧本。广播剧因为排练和演播环境要求简单,原有话剧不需要舞台便可以直接通过音响和语言表演传达到听众面前,又可以把剧本登载出来作为文学作品欣赏,如《广播周报》登载的《胜利》等。大量广播剧的创作播出,成为具有特色的发动群众、教育群众、带领群众参加抗日斗争的重要武器。

广播版的话剧《菩萨管不了轰炸》于1939年6月16日在交通部所属成都广播电台播出,生动地描写了遭受日机轰炸后市民生活的惨况,以破除民众对战争的迷信幻想。一位信奉佛教的老人王大爷在剧中悲泣道:

……我因为出城去买东西,这时才回来,只看见一片瓦砾和死尸,神像些都成了几堆泥巴,有些尸首象火烧焦一般,这是脑壳,那里是身子,东一只脚,西一只手,真惨不忍睹……他们都是很用心做善事的好人,会遭这样惨死,菩萨呢,菩萨真没有长眼睛!

"中央台"的儿童话剧《渡河》,讲述在大撤退中一对从南京逃难出来的小兄妹与父母失散流落后,帮助一位国军传令兵逃出危险,又一起加入到抗日斗争中的故事。

这一年播出的《莫云》[①],则是一部教育军人誓死战斗到底的广播剧,并把进入中国不久的话剧模式同现实生活联系在一起。热情开朗的莫云是一位富家小姐,在战斗吃紧的时候,她的未婚夫韩尔谟从前线逃回太原来看她。失望的莫云离开家庭参加了救护队,在和伤员们一起时又与韩尔谟再见面,在伤兵战友的教育下,韩尔谟若有醒悟,在莫云的殷切期待下韩尔谟决心重回战场。剧情既反映了晋北战场的残酷,又包含有当局动员教育重于军事

---

① 《广播周报》,1939年第160期,第24—31页。

的宣传主张,爱情观里也充满美女爱抗战英雄的情怀及矛盾。剧中有这样的对白:

> 莫云:就要离开太原了!
> 贾道明:你留恋太原吗?
> 莫云:我怎么能不留恋太原呢? 我是在这儿生的,在这儿长大的,我是像爱我的生命一样的爱它,贾同志! 相信我,我是不会离开我的故乡的。
> 贾道明:是的,我们不会离开我们的家乡,我们得武装起来保卫它,我们得想法子绕到我们部队里才好。
> ……
> 莫云:哦! 怎么会使得他(莫云未婚夫,逃兵)的思想突然转变呢?
> 贾道明:我想大概是由于大同之役结束时,我们中间最好的朋友胡南屏,身中五弹就阵亡了,这件事刺激了他,使他对于战事畏惧起来。
> 莫云:这当然也是一个原因,不过最大的原因恐怕是因为他的民族坚定,政治认识不够。

现实主义题材成为广播剧的主流,其作用只有一个,就是教育鼓舞人民,反对投降,坚持抗战。1940年为纪念"九一八"八周年播出的独幕剧《孤岛星火》与后来播出的《百世深仇》等大量作品都属于此类。这时的创作已经能把话剧的语言和在广播中播出的时间、场景进行比较灵活的转换,更加广泛地表现不同时空的剧情。1941年2月8日播出的四集广播剧《模范工人》具有较完整的话剧情节,用播音员介绍来转换不同的场景。该剧描写了在敌机轰炸下湘粤铁路一个小站上三个普通人的故事。面临27架敌机的袭击,劳动模范老孟遵命只身爬上铁桥去保护一列即将通过的军用列车而中弹牺牲,剩下因父亲被炸遇难而只身来投奔他的妹妹,以及小李和战长的呼喊:

站长:(哭声、抽咽着)老孟！我对不起你！我不应该过分的激动你的感情,使你忘记了目前的危险。你是为国家牺牲的,你虽然死了,可是你救下了千百个同胞,千百个武装同志和无数的军火粮食。老孟！你是值得的！国家决不会忘记你的。你！(哭)你安息吧！
　　小李:(迸发怒吼)打倒日本鬼子！[①]

　　广播剧以话剧为基础发展,又很容易回到话剧的舞台上。由于缺乏录音条件,每次播出都要请导演、演员、音乐演奏到场,很容易便形成一支由播音员、专业演员和业余爱好者组成的话剧演出队伍,于是大家又把广播剧拉到舞台上而表演起了话剧。抗战期间,"中央台"于1941年12月在抗建堂为"一元献机运动"演出了《遥望》,1942年4月为慰劳入缅国军在广播大厦演出了《黄金时代》。

　　购券即是公益,在给客人的帖子上往往会这样写:

　　　　兹附上荣誉券伍拾张敬祈,察收资助并请届时。

　　"中央台"的广播剧由广播剧组具体组织完成,在演播方面,众多话剧演员加入到广播剧中来。1939年,陶金、金淑芝[②]与听众一起在上清寺聚兴村6号的"中央台"临时播音室演播了广播剧《开始》,陶金在剧中所演角色叫孙国强。老百姓孙国强终于觉醒了,怒喊道:

　　　　打,打,我们团结着,我们一块儿打,我们都懂了,我们要打,我们有脑袋,我们有身体,我们有热血,我们团结起来,我们要一块儿打。敌人们,我们一块儿跟你们拼了！——来吧！

　　两台的播音员是广播剧演出的主要力量,大多参与其中。朱铭仙原本是

[①]《广播周报》,1941年第196期,第21—29页。
[②] 陶金(1916—1986),原名陶秉钧,表演艺术家、编导,主演的电影有《八千里路云和月》《一江春水向东流》等。金淑芝,著名戏剧和电影演员。

话剧演员,于1941年初进入"国际台"又"留职停薪"专事话剧演出,1943年回到台里参与播音和广播剧演播。有评论说她的"口齿特别流利,发音异常清晰,素有年已三十余而其珠喉圆润犹如二八少女,实属难能可贵"[①]。

四、两支乐队

西方交响乐传入中国已有百年历史,但在抗战前,除东北沦陷区外,全国仅在上海有一支由洋人组成的工部局交响乐队,另有由中国音乐家组成的一支人数不多、编制不全的管弦乐队,演出了几场,因抗战爆发而自行解散。在逃亡救国中,全国各地音乐家辗转到达重庆开始归队,中央广播电台成为集合点之一。如上海作曲家许如辉于1938年8月经同仁贺绿汀内部推荐,又通过陈济略[②]等人的正式面试,应考后成功进入重庆中央广播电台音乐组谋事,俸禄不错,有薪二百,生活稳定。[③]

重庆被誉为"中国交响乐的摇篮"[④],1939年4月,中央广播电台管弦乐队正式成立,从时间意义上讲,这是中国人自己的第一支交响乐队。

乐队的阵地设在在建的广播大厦火烧坝工地后,瓦房里宿舍和练习场为

---

① 《广播通讯》,1943年第6期。

② 陈济略(1905—1990),中国民族音乐演奏家、琵琶演奏家,四川铜梁县人。1928年考入中央广播电台,1935年任音乐组长,1941年开办国乐训练班并兼班主任,创建了我国近代第一支新型专业民族管弦队,自兼指挥。抗战结束后担任过中广处汉口台台长。1950年以后,先后任西南人民广播电台音乐组组长、四川音乐学院民乐系教授等职。

③ 许文霞:《许如辉与重庆"大同乐会"》,选自中国人民政治协商会议重庆委员会编:《重庆文史资料》第七辑,重庆出版社2004年版,第114页。许如辉(1910—1987),又名水辉,中国近现代著名作曲家,中国民族乐派音乐家。

④ 重庆在抗战期间出现的三大交响乐团盛况,被音乐史家称为"中国交响乐的摇篮"。叶语:《翘望重庆交响乐团》,选自中国人民政治协商会议重庆委员会编:《重庆文史资料》第八辑,西南师范大学出版社2005年版,第4页。

一体,由吴伯超①担任指挥。成员有音乐家金律成、钢琴家吴乐懿、巫一舟,作曲家贺绿汀等,小提琴家马思聪也参加演奏。条件虽然简陋,但大家的积极性很高,最多时达到40多人,除了保证节目的播出和教学需要外,乐队还要参加社会上的演出。管弦乐与交响乐是不一样的,交响乐在演奏的曲式结构上,至少必须有一个以上的乐章采用奏鸣曲式,如果一部作品,虽然有交响性能,却没有奏鸣曲式,则只能称为管弦乐。"中央台"管弦乐队曾经演出过的交响乐名曲有《维也纳森林的故事》《大兵交响曲》等。

此时具有政府背景的管弦乐队陆续在重庆建立。1940年6月,由马思聪担任指挥的中华交响乐团在重庆成立,规模达到60人。7月6日,中华交响乐团在中央公园②举行纪念抗战三周年演出,观众数以万计,结束时演奏《义勇军进行曲》,群众齐声高唱。这支乐队曾经赴昆明慰问美军,由朱崇志指挥演出了贝多芬的《命运交响曲》《田园交响曲》,舒伯特的《未完成交响曲》等,其录音由美军送到美国录制成唱片,又赠送回"中央台"作播出。这也是中国乐团第一次录制世界交响乐名曲。

"中央台"管弦乐队、中央交响乐团和国立实验剧团被称为战时首都"三大乐团"。"三大乐团"多次联合成大型乐团演出。1941年3月赶在日机轰炸开始前,由吴伯超、马思聪、郑志声指挥的"三大乐团"联合演奏会,以及李抱忱、金律声先生主持的千人大合唱在重庆联合举行,"中央台"也把设备牵到现场进行直播,影响盛极一时。

1940年10月,"中央台"乐队与国立音乐院合办了直属音乐院。抗战时期,音乐院的院长先由吴伯超代理,后有顾毓琇、杨仲子、陈立夫和吴伯超正式担任。"中广处"每年向乐队提供24000元的合作资金补助。③对日常播出

---

① 吴伯超(1903—1949),音乐教育家、指挥家,主要作品有根据《瀛州古调》编配的《合乐四曲》、合唱曲《中国人》等。1942年4月5日,在吴伯超等的发起下,中国音乐学会在重庆广播大厦举行成立大会,会议选出顾毓琇、潘公展、洪兰友、赵元任、刘雪庵、郑颖荪、王泊生、杨仲子、刘季洪、吴伯超、李抱忱、金律声、马思聪、戴粹伦、应尚能、喻宜萱、黄友葵等27人为理事,陈立夫、张道藩等9人为监事,其成立后在抗战期间学术活动和表演活动不断。吴伯超于1949年1月离南京去台湾,所乘轮船沉没,不幸遇难,终年46岁。

② 2015年遗址为重庆人民公园。

③ 国立音乐院1941年预算报告,全宗号五案卷号4927,中国第二历史档案馆。

需要的西乐节目则由吴伯超在各种演出录音中精选,翻制后交各台使用。

"中央台"管弦乐队没有躲过1941年夏天日机的狂轰滥炸,位于火烧坝的宿舍和厨房"中弹全毁",大部分团员的生活用品化为乌有,幸无人员伤亡。演奏家们领到国立音乐院的上峰教育部3000元[①]的补助费后,自己动手用石灰、竹篱和篾草重建了家园。

1943年3月12日,在纪念国民精神总动员四周年活动中,由金律成率领的国立音乐院实验管弦乐团当天上午在夫子池新运广场演奏西洋交响乐,曲目是《罗沙门德交响曲》、《大军交响曲》、《诗人和农夫》、《多瑙河上》、《祖国进行曲》和《胜利进行曲》。当天晚上"中央台"在广播上安排的音乐节目则是由国立音乐学院分院演唱的《国父遗训词》,程懋筠谱曲的《国歌》,段天炯作词、江定仙谱曲的《平等颂》,以及钢琴独奏和小提琴独奏。

抗战时期中央广播电台拥有的另一支国家级水平的乐队是台里的国乐组。

同时,于1943年3月12日纪念国民精神总动员四周年活动中,由陈济略指挥的中央广播电台国乐组在川东师范学院[②]进行演奏。民乐演奏则有聂耳作曲的齐奏《民族曙光》、琵琶独奏古曲《淮阴平楚》、刘天华所作的齐奏《变体新水令》。

"中央台"从加尔各答翻制回来给各台播出的文艺节目唱片中有国乐曲:

雄风万里、万寿无疆、梵山钟鼓、潇湘夜雨、汉宫秋月、四月春光、虞舜薰风曲、雨思、芳草咏、石湖之春。

这些节目都是由国乐组演奏的。"国粹派"陈果夫一再强调"中国的本位文化与三民主义思想是文化建设的基本"[③]。在陈果夫的倡导下,"中央台"国乐组成立于南京,到重庆后坚持排练和演播,在抗战烽火的催促下进入一个

[①] 国民政府教育部文件,1941年9月11日,全宗号五案卷号4965(2),中国第二历史档案馆。
[②] 2015年遗址为重庆市劳动人民文化官所在地。
[③] 汪学起、是翰生编著:《第四战线——国民党中央广播电台揭实》,中国文史出版社1988年版,第153页。

新的发展时期。

国乐组的负责人为陈济略,在抗战时期的先后有成员甘涛、黄锦培、程午加、瞿安华、高子铭、王者香、潘小雅、刘泽隆、张学贤、方炳云、夏治樸、杨大钧、杨勇传、杨晓荣、林树浓、孙培章、陈先觉、唐传、刘淑芳、夏瑞琼、王令海、宋锡光、张学贤、刘文干、杨竞明、高兴岗、文毅、曾宪恩、曾成文、马超腾等。这个组一直坚持下来,对国乐传承产生了重要影响。

中国是一个大国,在融入了众多民族的乐曲乐器后形成了新的民族演奏方式,用民族乐器演奏的传统音乐被称为国乐。传统国乐被赋予了宫廷和国家色彩,"中央台"国乐组在抗战大背景下对其进行了改进,创作出大量新作品,表现出鲜明的民族特点和时代感。传唱最广的是岳飞的《满江红》,寓意在欣赏这首被谱了曲的文学作品时,唤起人们对山河故国的热爱,鼓舞抗日情绪,利用广播手段传播抗日文艺。"中央台"的节目表音乐栏里与《义勇军进行曲》一样,重复最多的就是这首词曲的演奏,特别是在战争初期最艰难的年代,每天22点,由许如辉重新谱曲、琵琶伴奏的《满江红歌》会如期而至,穿透人们的心绪:

三十功名尘与土,八千里路云和月。

莫等闲,白了少年头,空悲切。

因为切合反对投降、坚持抗战的主题,《满江红》在大后方时期的谱曲传唱和演奏至少有四个版本,还包括一处话剧的配歌。许如辉的《满江红歌》是其中的一种。他在重庆期间写的国乐作品还有《寒夜闻析》、《原野牧歌》、《国家典礼乐章》等,由台里的国乐组演播。

国乐组还成为重庆各界劳军、募捐、外事、政务、联谊活动的不可缺者。1945年10月,毛泽东主席参加在重庆谈判行将离开的欢送会上也听过这个组的演奏。除国人喜爱国乐外,这些中国特色乐曲在"国际台"上大量播放,被推荐给西方听众并受到热烈欢迎。

也有外国人士直接听过国乐组的演奏,如海明威[1]。美国作家海明威于1941年4月访问重庆,受到十分热情的接待。他穷尽重庆山水,并被告知中国的锦绣山河还有北平、南京等地。时值苏联与日本和约刚刚签订,局势严峻,中国人特别好奇海明威来访后能写点什么,能否写出《永别了,武器》那样伟大的作品。报纸报道出的客人的回答在幽默中见真诚:"总不会,而且你放心——当然没有什么坏的可写吧!""我愿意看到自由中国很快的长大起来!"[2]

4月14日下午,在海明威离开的前一天,也是接待的高潮。重庆新闻界、文化界300人参加在嘉陵宾馆三楼的酒会欢送海明威夫妇,请来表演的是"中央台"国乐组的黄锦培和杨大钧两位。

黄锦培用古瑟、杨大钧用琵琶来演奏,演奏的曲子有《阳关三叠》、《蜀道行》和《十面埋伏》,由彭乐善作现场翻译和客串主持。彭乐善尽量向海明威讲清楚中国的古典音乐和文学,不断向客人作启发式和解释式的介绍,特别乐曲中的语句,如:

蜀道难,蜀道之难难于上青天。
劝君更近一杯酒,西出阳关无故人。

作为美国文化的代表性人物,身材魁梧的海明威和他的新婚娇妻要通过短时间的访问了解中国也非易事,有报道说只听到他不时向人们点头致谢,反复感叹:"中国太奇妙了!""我还要来中国!"

国乐组还进行过卖票演出。1945年4月22日晚7时半,"中央台"国乐组在陪都青年馆举行首次公开国乐演奏会。"中央台"向重庆市社会局呈文云:

查本台致力国乐改进,已属十载,平时以播音灌片工作,未尝公开演奏,兹为响应本年音乐月起见……由本台备函邀请陪都各机关

---

[1] 欧内斯特·米勒·海明威(Ernest Miller Hemingway)(1899—1961),美国记者和作家,被认为是20世纪最著名的小说家之一。

[2]《中央日报》,1940年4月15日。

首长,及有关人员莅临指导外,并拟略售门票,稍事弥补。[①]

由于广播大厦内外的演出增多,除了被警察局注意,也开始被财政局盯上,该局下文指令税捐稽征所,广播大厦的"各种音乐舞蹈已否征税令仰查明"[②]。

在战时的重庆,无论是举办音乐还是卖油条,只要收钱就会有人上门征税,这对抠着钱用的吴道一来说是不能接受的。以前国乐组曾经在广播大厦演出卖过票,经市长贺耀组协调而免税。这次呈文的目的除了报告管理当局外,还是为了说明卖票是因为"投入巨大稍事弥补"而希望免征税,但演出结束还是被辖区的税捐稽征所课走一笔钱。

税捐稽征所属市财政局,吴道一不服屡请报告,把要求"全部豁免"的官司打到了重庆市政府,经过层层疏通,最后由中央银行国库局副局长王守素签字盖章,从国库里退回了国币43031元3角的支票。

这是一个插曲,中央广播电台国乐组在青年宫第一次公开演出顺利举行,票房也不错。节目都是日常播出的,具体如下:

(一)乐队合奏:华夏英雄

(二)新笛独奏:幽思

(三)女高音独唱:甲、红豆词 乙、东风第一枝

(四)合奏:丰湖忆别

(五)琵琶独奏:平沙落雁

(六)混声四重唱:甲、桃源行 乙、亚乐掀巨浪

(七)齐奏:春江花月夜

(八)女高音独唱:甲、浪淘沙 乙、阳关三叠

(九)南胡独奏:甲、祖国之忆 乙、阳光华想曲

(十)男高音独唱:复兴关行

(十一)大合唱:甲、春天之歌 乙、碧血英魂

---

① 中央广播电台文件,民国档案,重庆档案馆。
② 重庆财政局文件,1945年2月8日,民国档案,重庆档案馆。

表16-1　中央广播电台播音节目时间表

（1939年陇蜀时间）

时间	节目内容	备注
2:00	中华之光歌　纪录新闻	XGOA、XGOY联播
3:00	报时　纪录新闻　义勇军进行曲	
4:20	休息	
17:00	国歌　杂曲	
17:30	党义研究(1)　抗战教育(2、4、6)　乐学讲座(3、7)　家庭常说(5)	
17:45	儿童教育	
18:00	报时　儿童歌曲	
18:10	国文教授(1、3、5、6、7)　自修讲座(2、4)	
18:30	敌情论述	周三特别节目 XGOA、XGOY联播
18:40	国乐(1、5)　西乐(2、4、6)　平剧(7)	
19:00	时事谈话或演讲(1、2、4、5、6)　青年讲座(7)	
19:20	歌咏	
19:30	抗战讲座	
19:45	西乐(1、3、5)　国乐(2、4、7)	周六西乐国乐音乐会话剧轮播 XGOA、XGOY联播
20:00	新闻评述	
20:20	平剧(1-5)　军乐(7)	
20:40	预报节目　恭述总裁言论(1、3、5)　国际动态(2、4、7)	
20:55	抗战歌曲	XGOA、XGOY联播
21:00	报时　英语报告	
21:10	杂曲(1、3、7)　西乐(2、5)　平剧(4、6)	
21:30	方言报告：回语(1、2)　蒙(3、4)　韩语(5)　藏语(6、7)	
21:45	军乐　简明新闻	XGOA、XGOY联播
22:00	满江红歌　纪录新闻　总理纪念歌	
23:00	停止	

资料来源　《广播周报》，1939年第183期，第1页。

第十七章 1944年风云

一、国际媒体和记者大际会

自从香港沦陷后,亚洲的新闻中心开始向重庆转移,逐渐成了云集之势。以美国大使馆新闻处为例,其影响几乎超过美国大使馆本身。美国大使馆新闻处先在两路口租房设立办公室,后又征地建房,开工以后才补办手续,部门和雇员也不断增加,最多时中美人员总数达150人。其机构设置是在处长贺步清(Aithui H.Hepkm)之下设有助理处务、中文部、发行部、图书馆、电台、电影队、处长秘书,等等。

美国大使馆新闻处全方位开展对华文化交流服务,包括为本国媒体进行推广提供帮助。美国虽然有强大的广播网和数千万计的收音机,但过去一直紧盯的是本国市场,而不重视对外宣传。美国大使馆新闻处一度出面为美军向"中广处"商借昆明广播电台办理对敌宣传工作,经奉准借用"每日三小时,不取任何代价"。

太平洋战争爆发后,鉴于旧金山和重庆的互为收听条件,美国广播开始直接向中国用户推广自己的节目。一家旧金山电台利用可以被中国收音机接收的优势,在重庆设立了办事处,并于1944年8月12日在给中国无线电收音机装户及听众们散发的宣传函中表示到：

> 美国旧金山广播电台KWID(美国之声)现已将对中国播送的节目加以扩充。每日从下午4点20分到10点止(重庆时间)用厦门语、粤语、国语及英语广播各项节目。我们希望诸位每天听取附着广播节目表上所载各项节目。旧金山广播电台中美职员们曾殚精竭虑设法使节目尽量供给诸位所喜爱的材料，所以他们都急于要知道诸位的建议与批评……我们希望诸位对于所播节目，认为足以满意者，以及有些应当改善的地方，用中文或英文写信给重庆两浮支路美国新闻处转交美国旧金山广播电台……(我们)极欢迎诸位来信，俾能使美国对中国的广播工作，益臻完善。如果诸位的收音机发生障碍，我们愿意派人到诸位那里检视，并且愿意尽可能地为诸位服务。美国旧金山广播电台驻华代表杭勤思[1]E.D.Hawkins 启

抗战时期，重庆的外国记者大体可以分为三类：

第一类是职业性的通讯社或报纸正式派驻的记者，例如美国美联社的慕沙(Spencer Moosa)、英国路透社的赵敏恒(中国人)、法国法新社的马可仕(Jaeques Marcus)、美国合众社的王公达(中国人)、苏联塔斯社的叶夏明(Vladmik Yakshamin)以及美国《纽约时报》的窦奠安(Tilman Durdin)与《洛杉矶时报》的艾力根(Bob Elegant)。

第二类是各通讯社或报纸的职业记者为某一事件或某一时期来华作短期专访的记者，例如瑞士《苏利克日报》的鲍士哈特(Walter Booshardt)、美国《芝加哥时报》的毕启(Keyes Reech)、美国《同报》的史蒂尔(A. T. Steele)、英国路透社的包亨利(Henry Bough)、美国《新闻周刊》的马丁(Peppy Martin)、英国伦敦《泰晤士报》的福尔曼(Harrison Forman)、美国《经济周报》的史戴恩(Gunther Stein)、美国《政治周刊》的艾浦史登(Israel Epstein)、美国《纽约时报》的艾金森(Brooks Atkinson)。

---

[1] 旧金山广播电台启事，民国档案，重庆档案馆。杭勤思，又兼美国驻重庆新闻处副主任职。

第三类是非职业性的自由记者和作家,例如女记者史特朗(Anna Lovis-Strong)、史曼特莱(Agnes Smedley)、苏艾士(Hona Sues)等,还有写《红星照耀下的中国》的美国作家斯诺(Edgar Snow)、美国女作家韩美丽[①](Emile Hahn)、美国记者白修德(Theodore White),以及卫尔司(Nym Wales)、盖因(Mark Gayn)、罗新吉(Lawrence K. RoSinger)、佩弗(Nathaniel Peffer)等。

后来数量越来越庞大,新增加的只能按机构统计,计有:联合工人社,国际新闻社,《纽约时报》,纽约《前锋论坛报》,伦敦《泰晤士报》,《读者文摘》,《时代》、《生活》与《幸福》三杂志,《多伦多星报》,《基督教科学箴言报》,伦敦《每日电讯报》,伦敦《新闻编年报》,伦敦《每日快报》,悉尼《早晨前驱报》,北美报业同盟,ACME,国际新闻摄影社,等等。

英、美各大广播公司也都派出代表常驻重庆,担任联系、采访及广播事宜。特派广播员有英国广播公司的第特拉福特(W.P.C.de Traffd)、美联社兼美国哥伦比亚广播公司的司徒华(Janes L. Stewart,兼美新处副主任),以及美国国家广播公司的福尔曼(Harrison Forman)、他的继任者郭宁,另外还有由全印广播公司派来的观察员卡拉加(D.F.karaka)。最早来到重庆的外国广播员要属美国国家广播公司代表贾古柏(Melvilie J.Jaecby)。

贾古柏先生于1940年4月抵达重庆,曾多次在"国际台"向本国广播重庆遭敌机轰炸的实际情形。他的报道由这家公司通过旧金山信号全网转播,加速了美国对中国抗战的同情与援助。1943年,贾古柏在西南太平洋战区采访时因飞机失事而殒命,消息传来,重庆广播界为中国失去一位良友而悲叹。

有的广播机构,如美国联合广播公司和加拿大的加拿大广播公司没有人派驻重庆,但也多次转播"国际台"的特别节目。太平洋战争爆发后,发自重庆的"中国之声"更成为英、美、印、缅、澳、新(西兰)各国每天必须收听的前线广播。美国两大广播公司驻渝代表曾奉紧急命令,随时广播短篇新闻节目,而由公司转播全美。这种特别节目有时一天有三次,在收音机众多的美国,每次听众不下数千万人。"国际台"在报道中被各国收录和引用重要部分,中

[①] 埃米莉·汉恩(Emily Hahn),中文名字韩美丽(1905—1997),美国女作家,在重庆生活过,著有《宋氏家族》、《我的中国》(China To Me)。

国的宣传当局常被外国记者要求提前向其发布新闻公告。报纸与广播在欧美各国的激烈竞争也出现在重庆。

这些记者和播音员有的向自己的媒体发稿,有的直接利用"国际台"的信号向本国播出节目内容,用自己的视角介绍中国发生的事情,使新闻事件迅速广泛地传播开去。这些节目背后的故事可举一两例。

被美方评为"收录情形良好"[1]的第5号特别节目播出于1944年的5月30日,由来华访问的六位美国传教士所做。"国际台"用汽车把他们接到广播大厦时,防空红球升起来了,接着响起了第一次警报。

1944年已鲜有轰炸,但躲空袭是必须的,而且广播大厦在每次重庆被空袭中都有可能成为重点目标。这几位嘉宾上了年纪,最大的70岁左右。中方人员怕发生不测,准备把他们暂时送回城里躲避。但几位美国老先生都自愿表示要在台里等候,担任"中国之声"顾问的美国国家广播公司代表郭宁也表示赞同,中方只好同意他们一直在广播大厦的防空洞里等待到警报解除。他们最终按时播出节目,完成任务,高兴地离开。

另一例是汤姆斯(Lowell Thomas)先生访问重庆,并于1945年5月30日早晨在"国际台"的节目里向美国人民问好,谈他在重庆的感受。

汤姆斯是NBC的新闻报告员,在美国家喻户晓。他的节目每天在纽约由NBC蓝网台WTZ广播一次,每次15分钟,12年如一日,有不下2000万的美国听众按时收听他的节目。在彭乐善看来,汤姆斯是美国当代最具代表性的新闻播音者,也是美国最著名的广播评论家。

这种"请进来、播出去"的广播对两国人民互交交流、深入了解十分有益,但也有例外,就是前面曾提到的"中广处"与交通部关系的微妙,这种微妙有时会变成恶语相加,互相告状打官司。

美国国家广播公司的代表在一次对本国节目中批评重庆的市内电话情况糟糕,被交通部电信总局译听后认为有"恶意之嫌"[2],局长朱一成[3]亲自致

---

[1] 国际台对外往来电文,全宗号0004案卷号00091,重庆档案馆。

[2] 电信总局函,全宗号0004案卷号00033,重庆档案馆。

[3] 朱一成(1900—1957),江西省兴国县人。毕业于交通大学,后赴美国入哈佛大学获硕士学位。1943年8月任国民政府交通部电信总局局长、交通部顾问。

函同为交通大学的校友吴道一表示不满,冯简在回复朱局长函中也不得不表示"所听内容中确略有不妥之处",需要该代表"以后留意为盼为感"。

各国的记者进入"国际台"播音室多是由国际宣传处推荐的,在出了这件事以后,作为对外宣传掌门人的董显光则希望"国际台"同美国国家广播公司"继续予以合作"。美国国家广播公司也来电对冯简及"国际台"所给予的合作表示"无限感谢之意",并请求准由该公司驻重庆代表继续在"国际台"播送对美节目,但是需要"以后留意"的问题以后又有发生。

第二年的4月,一封依然以"重庆电话"被批评为内容的举报信被中宣部转到了中央统计局。举报信称:

> 重庆国际广播电台时有人藉以传递私人消息及通讯或传外籍人士作损毁我国体之广播,"如4月23日10时30分该台对全美广播时竟以重庆电话之作宣传题材"有"接通一电话须历半小时,通话时须高声喊叫,话音中夹杂音如放机关枪然","此宣传于国体不无攸关"。

中央统计局据此在作了调查以后向中宣部函达:

> 查上述情形本局未覆证未能究其虚实。[①]

查无实证,但美方不能接受中国这种对待批评的态度,美国国家广播公司代表郭宁愤然提出辞职。中方担心因此影响美国各台对中国节目的转播,由冯简亲自上门进行了挽留。

---

① 中央统计局函,全宗号0004案卷号00033,重庆档案馆。

二、重庆消息,美机战略性轰炸日本本土

对重庆来说,1944年最大的新闻要算美军开始对日本本土的大规模轰炸。

这次行动被欢呼为真正的反攻开始。鉴于轰炸日本本土的重要意义,美军把时间选在了美国时间的"联合国日"。由史迪威将军所指挥的盟军中缅印战区美军司令部对行动作了周密计划,事前邀请作为中国对外宣传部门负责人的董显光到重庆嘉陵新村驻地秘密洽商,作好在这项轰动全球的新闻发生以前如何组织外国记者参与,发生以后如何检查和发放新闻电讯及广播的策划。董显光回来又作了秘密的布置。

重庆时间的1944年6月15日夜,被称为"超级空中堡垒"的68架B-29重型轰炸机从印度起飞,在中国西南地区落地加油后,直飞日本九州地区,轰炸了日本的战略基地八幡铁厂,实现了自两年前杜立特B-25报复性空袭东京之后,美军首次对日本的战略性进攻。

> 重庆讯 美国陆军航空队第20轰炸机总队之B-29超级空中堡垒,由伍甫准将指挥,自中国基地出去,于昨夜轰炸日本八幡之帝国制铁炼焦所,完成历史上往返最远之轰炸任务。据初步报告:目标受重大损失,此目标为日本帝国之最大炼钢厂,我机损失两架。[①]

行动成功后,由盟军中缅印战区美军司令部在重庆向全世界发布了上述新闻。重庆侦听的东京广播在第二天早晨的报道中证实了这一消息。日本大本营16日晨8时宣布:

---

① 《美机轰炸日本本土》,载《中央日报》,1944年6月16日。

16日晨2时,敌B-29式机及B-42式机共约20架,自中国方面飞袭九州北部,日空防部队立即予以阻击,击落敌机数架,并将余者击退,日方损失至微。①

美国国家广播公司记者罗伯德(Roy Porter)爬上"空中堡垒",坐在驾驶舱里"溜"了一圈日本本土,全程目睹了轰炸过程。这次轰炸也并非全身而退,所幸他乘的座机没有被击中。罗伯德于返回重庆的第二天在广播大厦向世界详细报告轰炸经过和感受,十几位中外记者在播音室里向他提问。台里也有许多人都在现场,听闻后欢欣鼓舞。

罗伯德在播音室里说:

此次轰炸,全出敌人意外,第一架美机到达日本上空时,未闻警报,亦无飞机迎击,更无高射炮抵御。本人所乘系第三架飞机,该机到达时高射炮与探照灯始发动,其高射炮火力极强,探照灯之设备亦佳,但飞机及探照灯均不能阻止美国飞机有计划之轰炸。此次投弹极为准确,吾人虽不知共损失若干,因吾人不能再飞回探察。然一飞机投弹后,另一飞机即至投弹处投弹摄影,所见所摄均足证明投弹之准确。②

这位美国记者在向中国听众介绍完后,又连续向美国听众报告轰炸日本的情况。在谈到这次轰炸的重要意义时,罗伯德认为:

第一,此系第一次由中国基地直接进袭日本。第二,此系有史以来最长距离的轰炸。这次轰炸中3个国家之贡献最大:第一系美国。此次所用者系美国飞机、美国驾驶员、美国炸弹及美国汽油。然美国虽具此四者,如无中国根据地,决不能完成此次壮举。中国

---

① 东京广播《敌机自中国飞袭九州北部》,载《中央日报》,1944年6月17日。
②《罗伯特广播报告轰炸经过》,载《中央日报》,1944年6月17日。

数十万工人建成空军根据地,即系一大贡献。三,有贡献于此次轰炸者系日本。日本以为吾人不能完成远程轰炸,而吾人竟能轰炸,此种成功,实利其促成之力。

让董显光高兴的除了轰炸本身,要算重庆再次成为这类令盟国人民振奋的重大新闻的发源地。由于"国际台"准备充分、跟进及时,这项新闻的内容和深度报道短时间里被美方连续三次在美国国家广播公司转播。对此,董显光给予了高度赞扬。

他给冯简写信,认为"国际台"在这次对日轰炸的宣传中"发挥了国际广播宣传之最大效果,此项效果为巨额金钱所不易,钦佩之忱,匪可言宣"。他向冯简讲述对外宣传这次轰炸的计划过程,认为:"值兹敌寇在豫中湘北图谋不逞之际,盟邦此一行动更予敌以严重打击,意义源远,自应作适时之宣传。况举世瞩目于重庆,此项新闻之发放关系重大。"①

日本本土被轰炸后不久,东条英机内阁辞职,小矶国昭内阁上台,裕仁天皇莅临第85次临时议会会场接见皇族和议员并向两院议员致训,他和小矶在会上的演说通过东京广播传到了重庆。天皇令全国集中力量,在战局最严重的时机争取胜利。天皇嘱咐各议员:

领导全国人民,重兴正义之愤懑,以反抗敌军。并使全国团结一致,击破敌方无穷之野心,以维持日本皇统之永久繁荣!②

小矶已经认为此一战争实为大和民族之存亡所系,说:

在战争现阶段中,敌人对于日本本土之攻击,必将益见频繁。其规模亦将逐渐扩大。我们应顾及敌人在我本土登陆的可能性。我们确应集中全力,并以炽热之热情,牺牲一切,以保卫我国家。③

---

① 董显光致冯简信,1944年6月17日,全宗号0004案卷号00088,重庆档案馆。
②《天皇莅临日本国会会场》,载《中央日报》,1944年9月8日。
③ 小矶演讲,载《中央日报》,1944年9月8日。

驻重庆的美国新闻社也提供了一条东京广播对盟军有利的消息。纽约(1944年9月)6日电：

> 东京广播昨日称，日本军需省已两次大规模合并国内各人造石油之生产组织，以应"紧急行动中对人造石油生产之迫切需要"。该报称："日本在其早期侵略亚洲东部时(尤以侵据荷属东印度时)，拟获得原油之丰富资源。但最近东京广播显示此种资源之开发利用，已因航轮之极感缺乏而受阻。荷人在荷属印度之焦土政策，亦使日军占领区内之生产大受限制。"①

三、新闻检查

1944年，当局把新闻检查的要求延展到了每天播送各种节目的"中央台"、"国际台"。

所谓战时新闻检查局就是军委会四科。1944年5月，重庆新闻检查局决定派员检查"中央台"和"国际台"广播的原稿，并事前就此事发文到"中广处"，要求协助。

"中广处"到6月6日方回文解释：

> 本处中央电台广播之新闻向系根据中央通讯社及军事委员会发表之消息，自编之讲稿悉皆遵照宣传部之指系，至国际台所播之各种语言新闻，除英语俄语部分由国际宣传处编撰科及外事科分别编写外，皆由该台根据中央社发稿编译各种语言并经慎重审核后方交播音员讲如。②

---

① 东京广播《物资受限》，载《中央日报》，1944年9月8日。
② 中广处毛笔书函件，民国档案，重庆档案馆。

当局对其他党派包括中共报纸的检查始于抗战起。《新华日报》等曾因稿件被查扣提出过多次抗议。为了适应战时体制,抗战爆发后国民党新闻管理机构大幅调整,分战时新闻检查处、图书杂志审查委员会、国民党中宣部三个系统。战时新闻管制严格,管制权由党部移至军方,范围并扩大许多。战时新闻检查处由战前成立的中央检查新闻处转变而来,隶属于军事委员会四科,负责中央层级的新闻检查,加上各省、市设的新闻检查所,重要县、市的新闻检查室,形成了一套严密的战时新闻检查网,就连"党营的中央社稿件也必须送检"①。

但是,已经开战七年后的此时提出对"中央台"、"国际台"的新闻检查显得突然和意外,其背景源于对外国记者的新闻检查。负责此项的国际宣传处通过电讯部门对记者发拍的外国新闻电报进行检查,实现对外国记者稿件的管制。这项制度一直实行到抗战结束也没停止。

一些被查扣的文章只能通过自己或者有人离开中国时才能带出,或者回国后利用带出的笔记重新撰写,这引起外国记者强烈不满。就在提出检查两台原稿的前一个月,在重庆的驻华记者俱乐部以民间法团的正式名义,直接呈请蒋介石,要求放宽新闻电报检查的尺度,又在8月以同样的内容要求,向国民党中宣部部长提出抗议,列举事例证明当局查扣新闻电讯的不当。

抗议无效,对新闻电讯的查扣还在继续下去。既然中共和外国记者的稿件都要检查,那么"三中央"的也要检查才能说得过去,因此也加强了对国内包括"中央系"的检查。重庆新闻检查处派了两位官员前来"中广处"商讨了"检查及联系办法",特别强调对"国际台"外语节目的审查。

新闻检查具有抗战的军事意图和国民党的政治意图,二战结束后各国的新闻检查相继取消,而重庆的新闻检查依然继续进行,引起广泛批评。

中共领导人毛泽东主席应邀赴重庆参加国共和平谈判时,重庆的《大公报》发表过一篇社评,要求当局"立即取消新闻检查"。社评说:"取消检查,开放言论,而使天下大悦,且可大大增进自由民主与和谐气氛。"②

---

① 续伯雄:《及早为同兹立传》,见《在兹集》,台北肖同兹文化基金会筹备会编印1974年版,第256页。
② 社评《政府可以做一件事》,《大公报》,1945年9月1日。

四、"中国之友"马彬和失踪

马彬和失踪了!

这成为1944年重庆新闻界熟悉马彬和的中外人士面对的最伤感的一件事情。

在讲述这个故事前必须先交代另一件事情。

1940年1月,日本与汪伪在上海密约的《日支新关系调整要纲》内容曝光,世人皆知汪精卫等人投敌叛国并准备建立伪政权的图谋。这也是中国抗战最困难的时候,国内各种政治力量迅速分化。马彬和此时以一个外国人身份,提出了加入中国国籍的申请,用最彻底的方式表示对中国抗战的支持。

当局十分欢迎并立刻"特事特办"。2月14日,由市长吴国桢接到申请即批转报内务部[①],内务部部长周钟岳于第二天就签署批准,填写了马彬和的中国国籍许可证。但没有当即把证件交给他,而是要马彬和按要求在"指定《中央日报》和《大公报》两种报由该马彬和附具西文原名登载归化之事"[②]。

当局目的是要最大化地宣传外国人在此情形下加入中国籍的影响,马彬和立即照办。2月22日,读者在上述两张报纸上都读到了"马彬和启事",全文如下:

> 本人原名John Alban Mac Causland,籍隶英国,兹因侨居中国年久,自愿永居是邦,爰于本年一月呈请重庆市政府转呈内政部请求准予入籍,现奉批准本人归化中国,自登报起本人即脱离英籍永为中华民国忠诚公民。[③]

[①] 重庆市政府文件,全宗号0131案卷号00120,重庆档案馆。
[②] 国民政府内务部文件,全宗号0053案卷号00120,重庆档案馆。
[③] 《中央日报》《大公报》,1940年2月22日。

第十七章　1944年风云

热爱中国并加入了中国国籍的英国青年马彬和把自己完全融入到了重庆的生活中,直到距离胜利还有一年左右时间却突然失踪了。

在迟晓、徐钟佩的回忆文章和曾虚白的回忆录中,都从作者的角度讲述了马彬和失踪的故事,而在陆铿的回忆录中,则与彭乐善一起充满对这位"中国之友"的敬佩和怀念。

时至2015年的今日,故事里的男女主人公,一位已经失踪了71年,另一位也于1997年以92岁高龄离世。当年警方和员工四处寻找,在重庆能够想到的地方都找过了,却毫无音讯。人们猜想他是不是离开中国回国了,实际上根本做不到,在战争情况下一个大胡子老外要孤身作长途旅行或者躲藏在什么地方是不可能的。

马彬和在失踪前有请假,又接着辞职,闭门谢客。他是在精神失常的情况下离开住处的。究其原因,是因为一段恋情,当事者和更多的人也许完全没有预料到会是这样的结果。

被形容为"明眸皓齿,堪称美丽"又以"浪漫大胆在文坛上驰名"的美国女作家韩美丽,准备采写宋美龄传记而到了重庆。韩美丽是马彬和的旧识,有朋友请他们俩一起吃饭,两个人他乡遇故知似的,在一番叙旧之余,觉得格外亲热。在曾虚白的讲述中,马彬和步步进入危险的"陷阱",而其严重后果为韩美丽至今所不知。

马彬和生性腼腆,不会面对面谈情说爱,不好意思公然去叩韩美丽的门,但他心头的确爱上了韩美丽,便认认真真写下了求爱的情书托朋友送到韩美丽住的招待所。

使他感到惊喜的,自己竟收到韩美丽更长、更缠绵的回信。于是,他高兴极了,陶醉在情场胜利中,夜以继日地不断写、不断送;使他欢喜若狂的,韩美丽那边也是不断写、不断复。很快,一个多月过去,他们往来的情书积到各有三四十封之多。

终于有一天,两人要见面了,马彬和把自己好好修饰了一番。到了约定的时间,他整装前往两路口,充满幻想地准备去叩情人香闺的门。

接下来的情景让马彬和万万没有想到,韩美丽竟约了满满一屋子的人喝着酒迎接他的到来,并宣告一场情书游戏的圆满成功,还准备当众一封封宣读这些信件。

这个玩笑的确开大了,美好的约会瞬间还原成为游戏和死心眼对活心眼的单相思。同情他的人认为,在残酷的战争环境和遥远的国度里,善良的马彬和追求的爱情不光没有给自己安慰,反而带来悲哀。

马彬和第一时间告诉朋友自己的感受:我不能活了!

在同事的回忆中,有对韩美丽批评的,也有不以为然的,认为马彬和在性格上太固执,说他在工作中凡是经他手译过的东西,都不许人改,因而对韩美丽的表现表示理解,认为韩美丽要爱一个干净的男人。以后也证明了她的确嫁了英国人,她决不会爱这位半中半西的洋中国人。

到此为止,这个故事以一个男人的失恋或者爱错人告终也还不算最糟,但对才智高上并表现得桀骜不羁,性格里却天真单纯的马彬和来说则是一场致命的打击。接下来他离开了"国宣处"和"国际台",先还坚持上了一段时间的课来维持生计,在课堂上他还能口若悬河,还试图讲清楚自己此时的精神世界,并把它归纳在越来越重的怀疑中。他让学生记下他的话:

> 时间和空间都不足信任,经过数十年方能长成高耸入云的大树,假使你每年替它留一影,将这许多照片连接放映,在银幕上是顷刻长大了。同样的,天空飞速划过的流弹,你如果在它进程中摄入镜头,放映时便曾瞧见流弹停住在天空中了。

在大后方国际宣传的"客卿"①中,马彬和与戴麦、马甲可必、爱泼斯坦、司徒华等众多在"国宣处"和"国际台"领过薪俸的外国人不同,他没有西方新闻机构的背景,在信仰和信念支配下只身来到中国为抗战奋斗并加入中国籍。他在声音和文字中只署 Ma Pin-ho 的名字,以彻底汉化自己;他只有国际宣传这一份工作,离开这份工作他便一无所事。对于为什么丢掉"国宣处"的饭

---

① 客卿,中国古代官名。《战国策·秦策三》:"秦昭王召见与语,大说之,拜为客卿。"后亦泛指在本国做官的外国人。在第二次世界大战中,各国广播电台聘请外国人作为本台的播音和评论员成为普遍现象,被中国文章称为广播战中的"客卿"——作者注。

碗,那是因为马彬和的思想已经发生变化,他认为周围充满"阴谋",这个"阴谋"里除了有他爱过的人,还有他曾经的同事和朋友。在他眼里,"国际处"已经成为"制造虚伪的大本营"。

马彬和的精神世界逐渐离现实远去,甚至不读母亲从英国的来信。许多人不忍看着他日渐憔悴和穷困潦倒,从多方面帮助他,但都无济于事。有人建议送马彬和回国,英国大使馆经过一番调查后认为他更疯了,便放弃了救济。

一对住在浮图关的金姓夫妇收留了他。这对夫妇来自汉口,在遭难时受过马彬和的搭救。马彬和还救过一位举目无亲的女孩。他们都关注、关照着他,而马彬和却悄悄离开金家去了城里,独自在陕西路一家叫三江榨菜社的商社楼上住下来。那个地方在重庆的明代古城墙边,人来人往,十分热闹。

不知他离开时是白天还是黑夜,终于有一天,人们再也找不到他,找不到一个执意让人找不着的人了。

真实的故事往往比虚构更加荒诞,更加没有逻辑可言。马彬和的中国之途从上海开始,他在那里结交朋友,办过杂志。他原是一名虔诚的天主教徒,当他失踪后,许多人追述过他的形象和装束。有人说他的长相就像耶稣,有人记得1938年的上海曾有文章描写过马彬和刚来中国时的印象,便把《华美周刊》上发表过的一幅漫画作了文字描述:

瘦长的个子,蓬松的头发,不修边幅的胡子,破旧失时的西服,歪斜的领带,硕大皮鞋,再加上惹人注目的标题:"中国之友!"

第二天,另一家晨报副刊里有一位读者在郑重抗议:

中国之友马彬和,他亲眼看见过不只一次都是穿着宽大的长袍子!

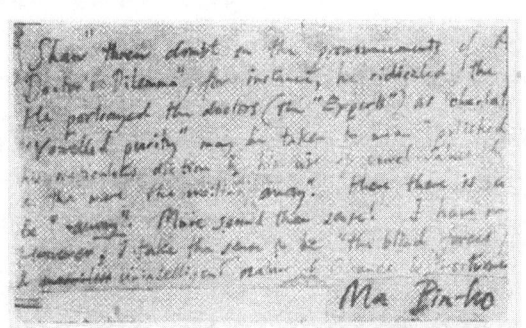

马彬和写在纸条上的手迹(广播周报图片)

第十八章　大国的胜利广播

一、西线报道

　　进入1945年后,盟军在欧洲战场上大踏步前进。这一年的春天,陆铿等人分别代表各自的媒体参加了艾森豪威尔将军为首的盟国远征军总部随军记者行列,在第二次世界大战西线战场上有了"中国之声"记者的报道声音,中国记者的西线报道使欧亚两个战场更紧密地结合在一起。

　　陆铿这年26岁,按他的说法,自己的资历和英文程度都不够资格担此重任,因而请原老报人于右任先生出面托邵力子先生给时任中宣部部长的梁寒操先生写了一封推荐信,结果获得批准。他们从重庆出发,经昆明飞越"驼峰航线"到达加尔各答,再转往开罗,从开罗飞阿尔及尔,再飞马赛,到达巴黎。此时,希特勒大势已去。

　　中国记者飞抵巴黎后,很顺利地在艾森豪威尔总部公共关系处办好了手续,取得了证件,住进了专门接待战地记者的旅馆,然后等到了西线记者即可"进军"柏林的消息!

　　在盟国远征军总部战地记者柏林参访团成员中,中国方面只有代表"中央社"的余捷元、代表《中央日报》的毛树清和代表中央广播系统的陆铿。有人特别给这几位记者取了个名字,叫"三中央采访团",其意思是只有国民党党营的媒体才有代表国家参加这种重大采访活动的机会。陆铿承认:

> 这是一种偶然的巧合,也反映了当时中国的传媒除《大公报》、《新民报》少数民营报纸外,还是国民党中央控制。[1]

在欧洲的采访让陆铿收获颇丰。随后,他把这些收获传达给了中国听众。他得到了一次幸运机会,获得美军许可后于开庭前在监狱里见到了戈林。希特勒已经自杀身亡,戈林是盟国即将审判的第一号战犯。

陆铿写道:

> 当我透过小窗门看戈林时,他正坐在床上,头微微上扬,似乎在回忆什么。我和陪我探看的美国军官脚步很轻,尽可能不惊动他。但他显然已经察觉,刹那间就把眼光直射囚室之门,似乎有心要保持元帅的威仪。仅仅一瞥,即把视线移开,仍然回到他的遐想中去。
>
> 戈林和照片上的他,没有太大的区别。碧眼棕发,态度端庄。胖胖的脸,仍带红润,只是比原来消瘦了一点,肚子倒是小多了。眼睛仍炯炯有神,胡子也刮得光光的。给我印象深刻的是,他向后梳的头发,照样梳得很整齐。身上穿的一件黄色德国空军军官便服,显然已经很旧了。

开审前一天的晚上,公共关系部按各国在盟军总部记者的比例,发国际军事法庭的特别记者证给260名来自各国的记者,当叫到"China"时,突然响起一片掌声,大家的热烈祝贺是出自对中国记者到来的欢迎和对中国的关注,唯一在场的代表《中央日报》等报纸的乐恕人拿到这一席。

陆铿引用了乐恕人对第一天庭审的描述内容进行了报道,这已经是德国投降半年后的事情了。

---

[1] 陆铿:《陆铿回忆与忏悔》,时报文化出版企业有限公司1997年版,第43页。

一九四五年十一月二十日是一个历史的日子。纳粹战犯从这天起在纽伦堡盟国军事法庭上开始受审。希特勒、希姆莱、戈贝尔等畏罪自杀，其余的戈林、赫斯、李宾特洛甫、杜尼兹、巴本等二十人身列战犯名单的全都带上了法庭。

在欧洲的采访中，凭着"盟军记者"的方便，陆铿找到了在比利时布鲁塞尔附近布瑞斯城外的天主教修道院的一位中国修士，他是中国近代屈辱史的经历者和证人，曾经赫赫有名的陆征祥[①]。

1915年，日本向时任中华民国总统的袁世凯提出"二十一条"，代表袁世凯在这一草约上签字的就是曾任北洋内阁总理、巴黎和会中国首席代表、外交总长的陆征祥。"二十一条"的签订引起一场轩然大波，直接引发了中国"外争国权，内惩国贼"的"五四"运动。这也是自甲午战争以来中日关系交恶的又一个记号。

陆征祥娶了一位比利时太太，1928年太太去世后他就进了这家叫圣安德勒的修道院。老人得到了院长许可，陪来访者在花园中散步、漫谈。陆铿记录了陆征祥提起的签订"二十一条"的往事。喜欢中国近代史的朋友不妨慢慢来读这些文字：

> 当时的情形确很仓卒，日本公使回国述职，袁世凯请代向天皇请安。到这位公使再转来北京后，就向袁说："天皇很好，问候大总统。另外带了一点东西来，请看看。"原来就是二十一条约。袁世凯机智地当场没有接受这条约，说请递给外交总长。
>
> 外交总长孙宝琦接到以后，惊慌失措，不知所从要立刻把这难题转交给我，说已得袁同意，请我继任外长。
>
> 记得签字前夕，我告诉袁世凯，从此我陆征祥千秋万世被人唾骂！不过，最重要的第五项各条，我却没有承认，如军器一律限用日

[①] 陆征祥(1872—1949)，字子欣，上海人，毕业于上海广方言馆和同文馆，随清朝驻俄、德、奥、荷四国钦差大臣许景澄在驻俄使馆任翻译，此后即一直在外交界服务，成为中国第一代职业外交家。

本制造,警察中日各半,顾问遍设全国,并要扶助日本佛教传信。至今想来,还觉安慰。至少还保存一点国格。

当时,国人知道我是职业外交家,对日本的国际政治并没有什么牵扯;我虽不敏,但比之大家所称的"亲日四大金刚"——曹汝霖、章宗祥、陆宗舆①、汪荣宝他们四个来,还多少可以稍受原谅!

陆氏讲了签订二十一条简单的经过以后,不无感慨地说:"三十年来我一直为此深深负咎,因此,从不愿和人提起这件事。即使被问到,我也礼貌地拒绝回答。二位先生不远万里而来探候,无以为报,乃简述往事。总归一句话,弱国无外交。"

一位历史旧人,遥远的国度,僻静的角落,不需人关怀,不要人慰问,73岁的陆征祥正在潜心地向着自己的天堂一步一步地走去。当他觉得有话可说的时候,便接受了来自中国广播记者的采访。这种采访体验对中国抗战一代记者来说是前所未有,也会勾起后代人对北洋政府向日本人妥协一事是非功过的评说。

时过境迁的1945年7月26日,中、美、英三国政府领袖对日本公告在波茨坦发表,向日本提出13项条件,"代表余等亿万国民,业经会商,并同意对日本应予以一机会,结束此次战争"②。

8月10日,陆锵等人在罗马听到了日本将无条件投降的消息。

二、蒋介石吁"以德报怨"

1945年8月9日,美国大使馆新闻处获得消息:日本内阁通过瑞士政府,

---

① 陆宗舆曾撰《五十自述》(北京:中华民国十四年刊)自述"二十一条"对日交涉经过,对第五项各条自谓:"疏通顾问军械两条。有此内容。使第五项不能取消。则中国早沦为朝鲜。今幸五号全删。而舆腼然幸存。然惟有此救国必死之心。乃尚有转危为安之日。"(标点为原文)

② 《中央党务周刊》,第七卷第八期。

正式向中国政府转达无条件投降的请求。消息瞬间传到附近的广播大厦。

当晚的值班播音员曾被组长吴祥祜特别提醒:注意重大新闻!

此时的播音员是潘永元和靳迈两个年轻人,重大新闻真的来了,拿到稿件的二人以难以抑制的激动心情开始播报:"各位听众,现在播送重大新闻……日本无条件投降……""中央台"、"国际台"及所有电台都进行了联播,连沦陷区的南京汪伪电台技术员也趁机房没有日本人监管,卡断"大东亚联播",改播由"重庆之蛙"播出重庆方面电台新闻,引起一阵混乱。

歇台子收音台监测到了东京中央第一台用日语和英语播报的日本政府准备接受《波茨坦公告》的报道。内容如下:

> 9日下午,政府举行全体阁员会议,讨论日政府之态度,阁议费时良久,迄10日黎明,始由参与者一致决定,由日政府向美国及其他盟国政府提出接受波茨坦之照会。①

重庆一片欢腾,中国一片欢腾。8月10日的《中央日报》描述了前一天晚上重庆街头上的部分情景:

> 聚焦在新运服务所前面听广播的人群,忽然听到一串英语播讲中断,广播员以中央广播事业管理处的衔名起了头,于是诵读了合众社、中央社的新闻电。接着说:中国苦战八年,终于赢得胜利,赢得和平……现在请听《凯旋还故乡》。爆发在听众头上的,已是一片吼叫的欢声。是后,女高声与男中音的嘹亮雄浑的大合唱在欢呼声里响起来。

8月10日,东京中央第一台广播了日本政府请求投降建议:

> 日本政府本日以下列照会分致瑞士及瑞典政府,托其转致中美

---

① 《中央党务周刊》,第七卷第八期。

英苏四国：日本天皇切望促进世界和平，早日停止战争，俾天下生灵得免因战争之持续而沦于浩劫，日本政府为服从天皇陛下之圣旨起见，已于数星期前请当时仍居中立地位之苏联政府，出面斡旋，俾对诸敌国得恢复和平，不幸此等为促致之努力，业已失败，日本政府为遵从天皇陛下恢复全面和平，希望战争造成之不可方差之痛苦能速告终结起见，日本政府准备接受中、美、英三国政府领袖于1945年7月26日在波茨坦所发表其后经苏联政府赞成之联合宣言所列之条款。①

在日本政府请求投降建议中，承诺接受所有条款，但也留有一项"谅解"，要求投降条件里"不包含任何要求有损天皇陛下为至高统治者之皇权"②。

认为日军投降已成为定局，而国军主力尚在遥远的后方，接收投降瞬间成为蒋介石最为操心的事情。他连续下达了多个军队火速调动的秘密指令后，又通过"中央台"广播下达了两个公开命令。

第一个命令给何应钦和国军，命令：各战区均应派遣主力部队挺进，负责解除敌军武装，等等。③

第二个命令是下达给中共领导的八路军、新四军等部队的④，要求"所有该集团军所属部队，应就原地驻防待命"。内容如下：

延安第十八集团军朱总司令、彭副总司令钧鉴：现在敌国已宣告正式向四大盟国投降。本委员长经电令各部队一律听候本会命令，根据盟邦协议，执行受降之一切决定，所有该集团军所属部队，应原地驻防待命。其在各战区作战地境内之部队并应接受各该战区司令长官之管辖。各部勿再擅自行动为要。除分令外，希即严饬所部一体遵照。

---

① 《中央党务周刊》，第七卷第八期。
② 《中央党务周刊》，第七卷第八期。
③ 《中央日报》，1945年8月12日。
④ 《中央日报》，1945年8月13日。

此时，新华广播电台因为真空管缺乏已经停播多时，延安对重庆的广播也在时时侦听中，中共中央主席毛泽东据此向蒋介石回电。①延安新华广播的工作人员傅英豪回忆道：

> ……日本无条件投降。我们在延安听到了国民党的电台广播，立即想到我们也要想办法把广播电台办起来。我们用500瓦的文字广播发射机，加上语音调幅就成功了。那天试播，没有播音员，也没有广播稿，我和唐旦就把当天《解放日报》上发表的朱德总司令向敌占区进军的命令反复宣读了几遍。②

第二天，美国国务卿贝尔纳斯代表四国政府对日本的此项要求声明立场如下：

---

① 中共领导人毛泽东主席在收听"中央台"广播后，通过朱德于8月13日致电蒋介石委员长，认为"日本侵略者尚未实行投降，而应该加紧作战"，电文如下：

我们从重庆广播电台收到中央社两个消息，一个是你给我们的命令，一个是你给各战区将士的命令。在你给我们的命令上说："所有该集团军所属部队，应就原地驻防待命。"此外，还有不许向敌人收缴枪械一类的话。你给各战区将士的命令，据中央社重庆十一日电是这样说的："最高统帅部今日电令各战区将士加紧作战努力，一切依照既定军事计划与命令积极推进，勿稍松懈。"我们认为这两个命令是互相矛盾的。照前一个命令，"驻防待命"，不进攻了，不打仗了。现在日本侵略者尚未实行投降，而且每时每刻都在杀中国人，都在同中国军队作战，都在同苏联、美国、英国的军队作战，苏美英的军队也在每时每刻同日本侵略者作战，为什么你叫我们不要打了呢？照后一个命令，我们认为是很好的。"加紧作战，积极推进，勿稍松懈"，这才像个样子。可惜你只把这个命令发给你的嫡系军队，不是发给我们，而发给我们的另是一套。朱德在8月10日下了一个命令给中国各解放区的一切抗日军队，正是"加紧作战"的意思。再有一点，叫他们在"加紧作战"时，必须命令日本侵略者投降过来，将敌、伪军的武装等件收缴过来。难道这样不是很好的吗？无疑这是很好的，无疑这是符合于中华民族的利益的。可是"驻防待命"一说，确与民族利益不符合。我们认为这个命令你是下错了，并且错得很厉害，使我们不得不向你表示：坚决地拒绝这个命令。因为你给我们的这个命令，不但不公道，而且违背中华民族的民族利益，仅仅有利于日本侵略者和背叛祖国的汉奸们。

毛泽东在8月16日给蒋介石的电文中又讲道："8月15日，我已下令给敌军统帅冈村宁茨，叫他率部投降，但这只限于解放区军队作战的范围内，并不干涉其他区域。我的这些命令，我认为是非常合理、非常符合中国和同盟国的共同利益的。"（毛泽东：《第十八集团军总司令给蒋介石的两个电报》《毛泽东选集》第四卷，人民出版社1991年6月版，第1141页。）

② 傅英豪：《创建延安新华广播的回忆》，载高极明主编：《难忘岁月》，中国国际广播出版社2001年版，第5页。

自投降之时刻起日本天皇及日本政府统治国家之权力,即须听从盟国最高统帅之命令,最高统帅将采取其认为适当之权力,实施投降条款,日本天皇必须授权并保证日本及日本帝国大本营能签字于必须之投降条款。[1]

8月11日晚7时,呼号为XGOO的伪上海国际广播电台一反惯例,舍去其"大东亚进行曲",而先奏中国国民政府国歌,随即播送新闻称:"日本政府接受波茨坦公告照会中美英苏。"《中央日报》说:"消息初出现于沪,人民窃窃私语,旋即成为群众公开讨论之话题,及此项消息被证实后,迅即掀起全市狂欢浪潮,并发生了袭击日本人的事件。"[2]

8月15日早晨,东京广播协会所有电台开始向国内外反复预告"天皇陛下将向全国颁布诏书,我们受命转播他的御音",不断告诫提醒"请国内每一人士切勿放弃听取日皇亲自广播之机会"。同时,东京所有晨报都延迟到中午以后出版,以"俾刊载日皇之播词"。

重庆时间早晨7时,"中央台"和"国际台"奉命公布由瑞士政府转达到中国外交部的日本接受无条件投降的原文,美、英、苏三国也同时公布。原文如下:

关于日本政府8月10日照会接受波茨坦宣言各项规定及美国贝尔纳斯国务卿8月11日以中美英苏四国政府名义答复事,日本政府谓通知四国政府如下:

一　关于日本接受波茨坦宣言之各项规定,天皇陛下业已颁布勅令。

二　天皇陛下准备授权并保证日本政府及日本大本营,签订实行波茨坦宣言各项规定之必需条件。天皇陛下准备让日本所有海陆空军当局及各地受其管辖之所有部队,停止积极行动,交出军械,

---

[1]《中央党务周刊》,第七卷第八期。
[2]《中央日报》,1945年8月12日。

并颁发盟军统帅部所需执行上述条件之各项命令。①

蒋介石听完广播后,开始准备从德安里委员长官邸出发前往广播大厦。他将在这里宣读已经写好的胜利广播的演讲稿。他的面容和着装被整理得一尘不染。

重庆的天气依然炎热而单调,播音室里的温度最高可超过38摄氏度。每年的这几天,重庆的灌木丛中会开一种属夜来香类的小白花,其清香沁人心脾。有人在1945年的8月15日早晨把一束这样的花插进放在"国际台"话筒前的瓶子里。技术员何金伦把这个话筒,连同上面"XGOY"几个字母擦拭得锃亮,烧开水的黄久清把开水凉得不冷不热后送进播音室,并备好干净透明的玻璃杯。

与往日不同的是,今天所有设施都被侍卫室人员重新检查了一遍,开水还被一位着少校衔的军人喝了几口。

重庆时间1945年的8月15日上午9时,蒋介石一身戎装坐在"国际台"的话筒前,他看到花或闻到了花香,显得心情很好。接下来,他对着全国军民同胞们和全世界爱好和平的人士们及播音室里满屋子的记者,发表了他著名的抗战胜利广播演讲,他讲道:

> 我们的"正义必然胜过强权"的真理,终于得到了它最后的证明,这亦就是表示了我们国民革命历史使命的成功。我们中国在黑暗和绝望的时期中,八年奋斗的信念,今天才得到了实现。我们对于显现在我们面前的世界和平,要感谢我们全国抗战以来忠勇牺牲的军民先烈,要感谢我们为正义和平而共同作战的盟友,尤须感谢我们国父辛苦艰难领导我们革命正确的途径,使我们得有今日胜利的一天,而全世界的基督徒更要一致感谢公正而仁慈的上帝。
>
> 如果这一次战争是人类历史上最后一次的战争,那麼我们同胞们虽然曾经受了忍痛到无可形容的残酷与凌辱,然而我们相信我们

---

① 《中央党务周刊》,第七卷第八期。

大家决不会计较这个代价的大小和收获的迟早的。我们中国人民在黑暗和绝望的时代，都秉持我们民族一贯的忠勇仁爱，伟大坚忍的传统精神，深知一切为正义和人道而奋斗的牺牲，必能得到应得的报偿。全世界因战争而联合起来的民族，相互之间所发生的尊重与信念，这就是此次战争给我们的最大报偿。我说到这里，又想到基督宝训上所说的"待人如己"与"要爱敌人"两句话，实在令我发生无限的感想。

我中国同胞们必知"不念旧恶"及"与人为善"为我民族传统至高至贵的德性。我们一贯声言，只认日本黩武的军阀为敌，不以日本的人民为敌；今天敌军已被我们盟邦共同打倒了，我们当然要严密责成他忠实执行所有的投降条款，但是我们并不要报复，更不可对敌国无辜人民加以污辱，我们只有对他们为他的纳粹军阀所愚弄所驱迫而表示怜悯，使他们能自拔于错误与罪恶。要知道如果以暴行答复敌人从前的暴行，以奴辱来答复他们从前错误的优越感，则冤冤相报，永无终止，决不是我们仁义之师的目的。这是我们每一个军民同胞今天所应该特别注意的。

战争确实停止以后的和平，必将昭示我们，正有艰巨的工作，要我们以战时同样的痛苦，和比战时更巨大的力量，去改造，去建设。或许在某一个时期，遇到某一种问题，会使我们觉得比战时，更加艰苦，更加困难，随时随地可以临到我们的头上。我说这句话，首先想到了一件最难的工作，就是那些法西斯纳粹军阀国家受过错误领导的人们，我们怎样能使他们不只是承认他自己的错误和失败，并且也能心悦诚服的接受我们的三民主义，承认公平正义的竞争，较之他们武力掠夺与强权恐怖的竞争，更合乎真理和人道要求的一点，这就是我们中国与联盟国今后一件最艰巨的工作。我确实相信全世界永久和平是建筑在人类平等自由的民主精神和博爱互助的合作基础之上，我们要向民主与合作的大道上迈进，来共同拥护全世界永久的和平。①

从蒋走进播音室到他念完稿件离开，美国记者白修德、贾安娜观察得特别仔细，后来他们描述道：

> 室内很热，二十多个人都流汗了，只有委员长象觉着凉快。他略为动动他的玳瑁边眼镜，斜睨一下放在他面前桌上的红茶（原文），再慢慢地转过来对着麦可风，用他清晰而高亢的声音对人民说，胜利已经赢得了。他讲话的当儿，屋外的播音机便把消息传出来；群众认得那辆引人注目的汽车，开始集中在石屋（广播大厦）的外边。他可以听到微弱的欢呼的声音。
>
> 蒋在十分钟内便讲完了。一刹那间，他的稳静的外貌象给什么刺了一下，疲劳与乏力在胜利的时刻突围而出，把真人毕露。但这种心境一来便又溜走了。于是他便步出广播室，经过人群时微笑着不时点头，然后迅速赶回家中。②

1945年8月15日上午9时起，蒋介石在广播大厦向中国军民发表了10分钟的胜利广播演讲，话筒上的"XGOY"标志为国际广播电台呼号（FIFE图片）

写这段话的两位记者应该也挤进了直播室并跟了出来。蒋介石作完抗战胜利的演讲离开时，电台的工作人员夹道欢送，其中还有抱在大人怀里

---

① 蒋介石胜利广播演讲词，载《中央党务周刊》，第七卷第八期。
② 白修德、贾安娜：《重庆——风云际会的焦点》，选自《中国抗日战争时期大后方文学书系·外国人士作品》，重庆出版社1989年版，第272页。白修德（1915—1986），本名西奥多·H.怀特（Theodore Harold White）美国新闻记者、历史学家和小说家，曾作为《时代》周刊记者在抗战时期访华，在"国宣处"任过职。他在访问延安后写出的《中国的惊雷》及1942年亲临中国河南灾区对饥荒的报道都产生过重要影响。

的孩子。他微笑着,拍着手很高兴地从大楼的斜坡上走下来。他穿着严严实实的军装,与电台员工的夏装形成鲜明对比。有人拍下了这个情景留作纪念。

演讲内容在第二天重庆所有的报纸上都予以了登载,《中央日报》的标题是《蒋主席胜利之日播讲——正义终胜过强权》,《新华日报》的标题是《蒋主席发表广播词》。

这个演讲对战后解决中日关系问题起到了重要的影响,其中"我们并不要报复,我们只有对他们为他的纳粹军阀所愚弄所驱迫而表示怜悯,使他们能自拔于错误与罪恶"的表达引起长时期的争议,许多年后国民党人士还在对它进行解读。张群写道:

作完胜利广播演讲的蒋介石走出广播大厦,在院内向欢庆打败日本侵略者的"中央台"、"国际台"员工致意(FIFE图片)

> (蒋介石)坚决主张战后日本政府体制,依据日本国民自由表示之意志以决定之。因而战后仍得以保持日本的天皇制度,日本乃得免于失去这一传统的重心,而使旧有的社会与政治结构不致趋于瓦解。
>
> 在这个演说中,蒋公回顾八年之间中国人所遭受的痛苦与牺牲,希望这是世界最后的一次战争,因而禁止对施予报复,强调人道——"不念旧恶"及"与人为善"。这也就是以后大家所称为"以德报怨"的政策,在为中华民国对于战败国——日本——处理政策的基本信念。[①]

"以德报怨"说并非蒋介石的一时之意。1943年11月随蒋介石出行开罗会议的黄仁霖曾写道:

[①] 张群:《我与日本七十年》,中日关系研究会1981年版,第96页。

在开罗会议上，蒋主席为了日本应运仍维持皇室和天皇制度奋起力争。他的宽宏大度和博爱精神，即使对于敌人亦表现得清晰无遗。这种精神可在他的自动提出免除日本一切的战争损失赔偿；以及抗日胜利之后，迅速遣返战时俘虏和平民回归日本二事，获得证明。①

在日本方面，曾向大本营"请求继续作战"的日本驻中国派遣军总司令冈村宁茨在战后写道，这个演讲与当时苏联斯大林之"讨还日俄战争之仇"②的声明比较，应该说中国之豪迈宽容，无以复加。③

许多日本人对蒋介石的"以德报怨"感激涕零，但战后逃脱了战争罪惩罚的冈村宁茨及一些军人则认为中国打不过日本，日本在中国的占领军百战百胜而无一败，认为日本陆军并未在战场上失败，系服从天皇之命令而投降者。蒋介石的"以德报怨"广播，正好证明"日军并非战败，中国军亦非胜利"④。

对日本军人的这种说辞，苏联迅速在莫斯科广播电台的时评中予以驳斥，并分析原因称：

此言实属无稽！苏军在一切战场上均曾以压力迫使日军投降，日本军阀盖藉此造成一种印象，以保持其在日本人民间之未来势力。⑤

三、东京中央第一台的投降声音

重庆全神贯注侦听着东京广播，东京和南京对盟国广播也是如此。

---

① 《黄仁霖回忆录》，传记文学出版社1984年版，第132页。
② 斯大林演讲见本章最后一节。
③ 〔日〕稻叶正夫编：《冈村宁茨回忆录》，天津政协编译委员会译，中华书局1981年版，第33页。
④ 〔日〕稻叶正夫编：《冈村宁茨回忆录》，天津政协编译委员会译，中华书局1981年版，第56页。
⑤ 《中央日报》，1945年8月24日。

回到8月10日，在南京的日本驻华派遣军向高级干部传达了从欧洲、重庆等地无线电广播中择录的三则消息：

一　杜鲁门就日本要求投降，正与英、苏、中三国联系中；
二　日本皇室是独裁政治的根源，可能以天皇退位结束战局；
三　日本通过瑞士、瑞典政府，向美、英、苏、中各国政府提出，如允许维持天皇制度，则接受波茨坦宣言。

而当天晚上，驻华派遣军接到大本营的1378号命令：

一　大本营企图在完成对美主要作战同时，为摧毁苏联的野心，重新开始全面作战。击破该方面苏军以维护国体，保卫皇土；
二　关东军总司令官应将主要作战针对苏联，就地击破来攻之敌，保卫朝鲜。[1]

这段时间东京广播的新闻内容以报道天皇和内阁的动向为主，言论则开始向日本国民"吹风"。8月12日东京广播：

今日上午十一时日皇在宫接见外相东条，外相曾向日皇报告其所管辖事项。[2]

同一天，东京中央第一台广播播出《朝日新闻》的社论，对日本国民称："古来历史有消长，国家亦有消长，日本现在正遭遇重大之难局，日本国民不问有无军职或官职，务须正视现实，一切惟天皇之命令是从。"

这天下午，东京的另一家电台同盟社广播也用与东京各报社社论一致的观点告诫日本人：

---

[1]〔日〕稻叶正夫编：《冈村宁茨回忆录》，天津政协编译委员会译，中华书局1981年版，第24页。
[2]《中央日报》，1945年8月13日。

大东亚战争之最黑暗时刻业已降临,人民应以最大之镇定态度,应付国家最恶劣之危机……全国今日所应为者,为静候日皇之命令。全体人民必须尽力遵从"圣意",唯有如此,始能挽救国家。还有报纸社论称:"日本必须以勇敢精神面对现实",讨论战事实属"无用",讨论过去战事及我们推动地区有如计算一死去儿童的年龄同样无用,目前唯一要做的事,应想出如何对付此真正事实。①

同内阁接受波茨坦照会的态度不一样,在天皇的诏书广播之前,在军部之下的日本驻中国派遣军并没有打算放下武器,并反映出与内阁矛盾的公开化。8月12日早晨,新加坡广播电台报道,日陆相阿南致日军之文告,勉其进行"圣战到底",并且广播中国派遣军司令部致所属三部之文告谓:苏联之参战,已使大局更见复杂。

就在这一天,日本驻中国派遣军冈村宁次总司令根据大本营1378号命令向全军下达训示:

本官决意率吾百战百胜皇军之最精锐部队,抱全军玉碎之决心,誓将骄敌击灭,以挽狂澜于既倒。

全军将士勿为敌之和平宣传攻势所迷惑,全军应愈加精诚团结,再现大楠公"臣一人在,圣运可保无虑"之忠诚及必胜信念,和时宗公之壮烈斗志,克服万难,一心一意为击灭骄敌而奋斗。②

8月14日中午,冈村宁次接到大本营第1380号电:

一　大本营企图在完成对美国主要作战同时,为摧毁苏联的野心,重新开始全面作战,击溃苏军以维护国体保卫皇土。

二　中国派遣军总司令官,应就地击溃来攻之敌,以期对苏、

---

① 《中央日报》,1945年8月13日。
② [日]稻叶正夫编:《冈村宁次回忆录》,天津政协编译委员会译,中华书局1981年版,第25页。

美、中进行持久战,并为帝国本土的全军作战作出贡献。[1]

日本驻华军队都使用比重庆时间早两个小时的东京时间。东京时间下午16时,冈村宁茨还通过参谋总长发出上奏电报,"违背圣意"而"请求天皇批准继续作战"[2]。

夜晚,宋美龄到广播大厦在"国际台"也作了一个对美国的"胜利广播",感谢美国人民对中国八年长期抗战中的"深刻同情与始终如一的了解",以及"能力所及,莫不迅速给我们物质方面的援助"。最后,宋美龄在广播里讲了这么一段话:

> 现在我们正在决策的十字路口,时间不允许我们再行蹉跎,错失机会,否则恐将悔之莫及的了。[3]

同一个夜晚,日本大本营陆军部次长紧急通知:"天皇陛下将于15日12时亲自广播,应谨拜闻。"冈村宁茨自知大势已去,别无他策,表示同意。

8月15日上午东京时间10时10分,重庆时间8时10分,冈村宁茨终于接到"大臣"和"总长"的密电:

> 鉴于内外形势及战局之转变,如今日不收拾战局,必将陷于国体破坏、民族灭亡之绝境。敌所提出帝国最后之政体应依日本国民自由意志决定之条款,不应视作有损帝国之国体。此际应忍痛予以接受,以冀国家之存在并缓解臣民之艰辛。[4]

二战结束时亚洲两个最重要的讲话几乎是在同一时间里广播的。8月15日,东京时间12时,重庆时间的10时,也就是蒋介石"胜利广播"结束后仅

---

[1] 〔日〕稻叶正夫编:《冈村宁茨回忆录》,天津政协编译委员会译,中华书局1981年版,第26页。
[2] 〔日〕稻叶正夫编:《冈村宁茨回忆录》,天津政协编译委员会译,中华书局1981年版,第26页。
[3] 《宋美龄自述》,台海出版社2014年版,第108页。
[4] 〔日〕稻叶正夫编:《冈村宁茨回忆录》,天津政协编译委员会译,中华书局1981年版,第29页。

50分钟,东京广播和日本全国广播,以至中国的南京、长春、台湾和世界上许多广播里终于出现了裕仁天皇的声音。此处全文采用"中央社"译文:

我忠良之臣民乎!

吾人于深切考虑世界一般以及今日之我帝国之实际情况之下,已决定以非常措施解决当前情势,吾人已命令我政府向中美英苏四国政府致送照会,谓我帝国接受彼等联合宣言之条款,为一切国家之共同繁荣与快乐以及我国臣民之安全与福利而奋斗,乃我帝国列祖列宗所流传之神圣义务,亦为吾人衷心关切者。吾人对美英宣战,确系诚心希望保证日本之自卫以及东亚之安定,吾人并未思及妨害其他国家之主权或扩张领土。

然目前战争已将及四载,虽则吾人已尽最大努力——陆海军之英勇作战,我国家公仆之辛勤赐勉以及我一亿民众之尽心竭力,战局之发展却未必于日本有利,世界之一般情势更均与日本之利益相违,况"敌"人已开始使用一种最残酷之新炸弹,其造成损害之威力,的确难以估计。如吾人继续作战,则其结果不仅为日本全国之最后崩溃与消灭,人类文明亦将完全灭绝,在此种情况之下,吾人将何以挽救亿万臣民,在我帝国列祖列宗之灵前更何以自义,此即吾人所以下令接受四国联合宣言条款之理由也。

吾人在东亚之各盟国,曾不断与帝国合作解放东亚,吾人对于彼等惟有表示最深切之遗憾,吾人每一念及在疆场殉身之将士及其他人员在岗位上殉职以及死于非命者,以及彼等之孤儿寡妇,诚不禁五内如焚,伤者及饱受战争涂毒者,以及丧失其家庭与生计之福利者,乃吾人深切悬念之问题。

此后我国行将遭遇之国难与痛苦,必极重大,吾人深知汝等臣民之内心情绪,然由于时间与命运之逼迫,吾人已决定忍受所有不能忍受者,为后代子孙之全盘和平开辟途径,吾人既然保全帝国之机构,即我与我忠良之臣民永远共处,倚赖汝等之真诚,汝等应节制任何感情之勃发,盖此举可能产生不必要之纠纷,亦应防止任何阋墙之争,以免造成混乱,令汝等误入歧途,失去举世之信心。愿我全国世世代代继续为一家,坚定其对于神圣土地不可毁灭之信心,牢记其责任之重负,以及未来之漫长途程,团结汝等之全部力量,致力于未来之建设,开辟真正之途径,养成高贵之精神,以决心从事工作,俾能增进帝国固有之光荣,并与世界之进步并驾齐驱。①

天皇广播后,铃木贯太郎总理大臣代表内阁在广播里发表文告宣布辞职,称:

  吾人除遵从天皇陛下圣意,以非常措施结束此一事态之外,别无他途可循。②

这天上午,刚听完蒋介石广播的大部分中国人在欢庆胜利而无暇顾及或听不懂天皇的此"重要广播",而日本驻中国派遣军在南京的总司令部全体人员,则面向东方,按遥拜式队形于广场东面集合,拜听广播诏书。"这对百战百胜的中国派遣来说,真是晴天霹雳",日本人"悲极无泪",有的突然听到天皇的广播后"大为震惊,目瞪口呆,不知所措"。

昨天还在电示大本营要继续战斗的总司令冈村宁茨即席向全军将士下达了"谨遵诏命"的指令:

  蒙亲赐敕语,忧及圣虑诚惶诚恐,不知所措。
  值兹圣战中途,而逢建国以来从未曾有的最恶事态,实无限悲痛,然事已至此,本职惟谨遵圣喻,以慰圣怀。
  派遣军将士切勿削弱斗志,应愈益严肃军纪,坚持团结,根据唯一方针,分别为完成新任务而迈进。③

---

① 中央社据东京广播译文,日皇敕书,载《中央日报》,1945年8月17日。
② 铃木文告,《中央日报》,1945年8月17日。
③ 〔日〕稻叶正夫编:《冈村宁茨回忆录》,天津政协编译委员会译,中华书局1981年版,第30页。

"接受彼等联合宣言之条款"的表达被视为投降诏书,日军未让前线部队全面收听天皇广播,有不少人还以为"圣谕广播"是让他们更加努力进行奋战。重庆全文录制和记录了天皇的诏书,刻成唱片,翻译成多种语言反复播出。"中央台"还找来一位日本战俘,让他用日语播出诏书。这位被迫进播音室的战俘顾虑重重,显然心情不好,勉强念完。

天皇诏书代表了日本对发动侵略战争的整体失败的承认,从根本上解除了日本政界、军界和国民继续战争的意志和武器。南京伪政府于第二天下午即告自行解散,进入过渡期的南京伪"中央台"降低了功率并只留下日语广播。

四、向日军和沦陷区发布命令通告

此时"中央台"、"国际台"广播再次体现出军事和行政作用,开始播出各种命令通告(甚至还为飞往东南沿海的运输飞机进行广播导航)——这成为第一要务。

在8月15日外交部接获日本"投降照会"后,蒋介石即于当日立电令驻南京的日军最高指挥官冈村宁茨,指示其投降应遵守的原则,共六项:

南京日军驻华最高指挥官冈村宁茨将军:

一、日本政府已宣布无条件投降;

二、该指挥官应即通令所属日军停止一切军事行动,并派代表至玉山(指江西玉山机场,后有变更)接受中国陆军总司令何应钦将军之命令;

三、军事行动停止后,日军可暂保有其武装及装备,保持其现有态势,并维持其所在地之秩序及交通,听候中国陆军总司令何应钦将军之命令;

四、所有之飞机及船舰应停留现在地点,但长江内之舰船,应集中宜昌、沙市；

五、不得破坏任何设备及物资；

六、以上各项命令之执行，该指挥官所属官员均应负个人之责任，并迅速答复为要！①

这些电文都是由委员长侍卫室在发布之日直接交到广播大厦"中央台"的传音科和增音室让播音员用中文和日文反复播出，由于是公开播出，命令成了通告。

蒋介石的通告出自侍卫室一处。侍卫室共分三个处，其中二处分管秘书，主任是陈布雷；三处分管党务，由陈果夫掌管。但通告绕过了两大文吏机关而直接出自一处，一处分管军事，也是事务最繁忙、职权最大的处，其先后主任都具有高层军阶，分别是钱大钧上将、林焕中将、张治中上将等，②可见其不同寻常。此时的广播已经成为指挥者向全国和敌伪下达军事、行政命令的特殊工具，同时播出这个通告的还有国军政治部所属的军中广播电台。8月17日，蒋介石通过侍从室再次给"中广处"下令，说"北平等地听不清楚'中央台'声音，要求由国际电台播出，并且要求再连播五天"③。到了8月19日，排在播出备忘单上画了圈的通告已经成了多个：

（一）委员长令。（二）宋行政院长令，内容如下：敌寇业已投降，政府复员在即，在中央推进部队尚未到达以前，所有曾经陷敌区域内之交通工具、工矿及工厂设备，不论其为公营私营、一律不准迁移破坏，所有员工，亦应一律安心工作，不得离去，违者军法从事。④
（三）中央广播事业管理处通告。（四）中宣部新闻处通告。（五）电信总局通告。

---

① 《中央日报》，1945年8月16日。
② 王正元：《侍卫室在重庆的概况》，选自《重庆文史资料》，重庆出版社2002年版，第199页。
③ 委员长训令，全宗号0004案卷号00033，重庆档案馆。
④ 宋子文令，载《新蜀报》，1945年8月19日。

听了天皇广播后的冈村宁茨终于也听到了重庆广播,接到了蒋介石的电令,并于8月17日下午复电蒋介石:

8月15日赐电敬悉,遵令执行。①

此时,重庆的报纸上已经开始连续登载北平、南京、上海文化界、新闻界汉奸的名单,震慑力极大。8月19日,"中广处"在播出"本处通告"后终于收到了曾经的敌方南京发来的"白旗"电文:

中央广播事业管理处均鉴:删(15)日晚奉到中央电台广播报告嘱与均鉴呼喊联络,惟本台现在日军方管理之下,中国语广播本周自筱(17)日起为日人改用日本语广播之周率即由660千周改为1000千周,为仅五百瓦以致无法扩达,现正进行交涉中至机件尚无损碍,工作照常,谨免报告。南京中央广播电台黄燧叩②

黄燧的回电给即将开始的接收提供了联系。乘美军运输机到芷江见证了日军向中国军队投降的仪式后,8月30日"中央台"工程师叶桂馨以京沪地区广播电台接收专员的身份飞达南京,同行的有一名美国空军无线电工程师。

七年零八个月前,在炮火中受命为南京台台长的叶桂馨终于回到故乡复命。他毕业于南京中央大学工学院,家就住在江东门的铁塔下。在重庆时期,他的履历表上一直写着这个家庭地址。当年日军兵临城下,"中央台"撤出江东门时的情景,他还历历在目。

等待他们的是南京伪"中央台"台长黄燧和常务理事代理理事长日本人内山清。在询悉了南京电台的一般情况后,叶桂馨一行去廖家巷二号查看500瓦中波机和播音室,然后到了江东门查看原"中央台"的机件。同事们关

---

① 《中央日报》,1945年8月18日。
② 黄燧电文,民国档案,重庆档案馆。

注的德国制造的发射机和柴油发电机早就被日本人搬走,曾经的家园是一片劫后余生的景象。现在只留下一台日本人制造的300瓦中波机,宿舍被拆一空,试验室楼房只剩下一个空架,厂房和天线铁塔还大致完好,而所有档案都在接收人员到达前被焚毁。

9月1日,"中广处"所属的南京广播电台利用日伪留下的设备和人员正式恢复播出,以此为标志,"中广处"全面进入接收和还都阶段。冯简担任了接收特派员,董毓秀前往东北,何柏身去武汉,林忠、林柏中则去台湾,总干事黄念祖率人到北平,华中、华南、华东各地都安排了人马。"中广处"几乎所有干事和工程技术人员陆续被派往全国。①

在抗战胜利后的还都复员中,国民政府曾要求各机关写文为重庆市志回顾抗战岁月,阅读这些史存,多是寥寥数语,感慨万千,被普遍用到的词是"轰炸"。

回到南京后的吴道一曾经在"中央台"上发表演讲,对大后方时期广播在抗战中的表现高度评价:

> 广播分担了抗战的沉重职责,分担了随抗战而来的困苦艰辛。抗战八年,历经无数次的危殆震撼,伤筋动骨,然而广播事业始终支撑了全民作战的勇气。无情的揭发敌人的阴谋诡计,积极的粉碎敌人的谣言攻势,对世界友邦发出"中国之声",充分尽到政府喉舌的作用。

---

① "接收工作结束后,国民党中广处、中央台变得十分强大。包括中央台、国际台在内,中广处已经拥有了广播器材修造所3家,唱片制造厂1家,广播电台36座,分布在南京、上海、镇江、徐州、杭州、台湾、福州、厦门、广州、重庆、昆明、贵阳、汉口、长沙、开封、南昌、归绥、太原、西安、大同、运城、太原、包头、兰州、北平、天津、济南、青岛、保定、石家庄、唐山、张家口、长春、沈阳、吉林、锦州、鞍山、抚顺等地,包括中波和短波发射机72台,总功率42万5千余瓦,每天播音时间累计超过293小时。"苏:《过去一年传音工作》,载《广播周报》,1946年第2期,第13页。吴道一认为:"全国任何地方的听众不愁收不到播音了。"

这些接收来的日伪资产的所有权后来顺利"转帐"为国民党党营事业,其依据为1946年3月在国防最高委员会第185次会议中,陈果夫提出一项临时提案在会议上获得通过,内容以国民党在战时领导抗战损失惨重为由,要求国家赔偿其损失金额,提出"本党所办之新闻事业、出版、电影、广播事业,依法接收之敌伪产业由主管机关接收,拟请准以各该机关战时损失由党部并案向政府结算转帐"。《国防最高委员会第185次会议常务会议速纪录》,国民党史馆藏,1946年3月。资料来源:林平:《战后初年台湾广播事业之接收与重建(1945—1947)》,《台湾学研究》第8期,2009年12月。

吴道一在这次演讲中也讲到了轰炸,说:

> 广播事业的从业人员奋斗牺牲,屹立不摇的精神,即使与前方的战士相比,也并无逊色!几年间,敌人飞机在后方各大城市滥施轰炸,广播工作人员依然镇定如恒,日夜工作,从未稍挫。①

五、东京降约,苏美扬言"报复"

战争到了结束阶段,董显光督促冯简迅速前往日本,一探东京中央第一台大本营的究竟,并报道日本向盟国投降的盟下之约等。第二次世界大战的最后一幕大戏将在东京上演,此为"甚观大势,似确需要"。冯简报请了一支四人小组,由他亲自率队准备启程去日本及中国的东北地区。

但在美军控制下,能搭上美军运输机去日本的人太少。抗战胜利后的返乡复员人潮迅速展开,已经把国内任何交通工具都塞得满满的,即使董显光通融总裁以军事委员会委员长特派员的名义也无济于事,"中央台"、"国际台"的代表无奈陷在几近瘫痪的国内交通里。

20万美军从横须贺登上日本领土占领东京,军事接管了东京广播电台,至此,虽然东京广播仍在使用尚未被取缔的同盟社稿件,但已经被美国人所控制和利用。美国国家广播公司记者慕莱尔在昔日的敌人东京中央第一台播音室第一次向世界进行广播。他要马上回答美国听众的问题:东京广播的英语女播音员是什么样的人?如果是美国人,她们是否是叛国?

这些被称为"东京玫瑰"的女播音员曾经通过电波告诉太平洋战场上的美军士兵:"你们已经战败,而娇妻则在家里红杏出墙。""东京玫瑰"在几年时间里成功地用美国土音让驻扎在太平洋地区和中国的几十万美国军人对她们产生兴趣,在荒岛丛林或太平洋上的寂寞中,每每收听,以资取乐,播放的

---

① 吴道一:《胜利还都与我国广播事业》(1946年5月5日),载《广播周报》,1946年复刊第1期。

美国乡土音乐受到特别欢迎。这也是美军亟待在中国领土上建立广播电台压制对方电波的重要原因。

慕莱尔大概已经采访了"东京玫瑰"中的一位,但碰了钉子。他对听众说:"'东京玫瑰'是一个无法形容的小女人,此时她正在旁边注视着我呢!"

早在日本内阁准备求和的8月11日,东京中央第一台的英文广播一度停止播出。8月20日,东京中央第一台又冒出这些女人的声音,恢复播出的"东京玫瑰"的节目改成了"美日友好"的内容,目的显然是让美国人减轻对日本的仇恨。

在记者的报道中,"东京玫瑰"中有美籍日人、加籍日人。四名"东京玫瑰"集体接受了盟国记者的采访,只有一位叫户栗郁子的承认了自己是美国人的身份。她主持的节目除新闻评述外,还有音乐节目,三年来一直从事这种被指责为"企图败坏美军士气"的宣传工作,被美国媒体评为东方的"哈哈博士"[①]。但她面对记者的提问称从来不相信日本能够得到胜利,只是对广播颇有兴趣,所以从事这项工作,不认为自己的工作有负祖国。

户栗郁子,1916年出生在洛杉矶,毕业于加利福尼亚大学,父亲在芝加哥经营百货商店。现在双亲要她回美国去,她再三表白"自己是一个忠实的美国人"。美第八军的宪兵对包括户栗郁子在内的"东京玫瑰"实行了逮捕并展开调查。[②]

东京时间1945年9月2日上午10时30分,有美国、中国、英国、苏联、澳大利亚、加拿大、法国、荷兰、新西兰(签字顺序)代表参与的日本降书签字典礼在横须贺的美军"密苏里号"主力舰上举行。麦克阿瑟元帅在日本投降仪式上让日本天皇、日本政府及日本帝国大本营的代表首先签字,接着"代表全球民族之大部分"签字后又让与日各交战国代表签字,然后麦克阿瑟发表

[①] 指英国人Lord Haw Haw("哈哈爵士")于二战中在德国宣传部为纳粹工作,以牛津标准口音在柏林电台进行广播。刚开始广播时只谈英国人的性格、德国人的生活、法国人的浪漫,偶尔夹杂一些笑话或故事,几乎所有的英国人都成了"哈哈爵士"的忠实听众。德国向波兰发起进攻后,"哈哈爵士"开始严厉攻击英国的传统政治和政策,诅咒大英帝国的没落,并巧妙地挑拨英国人民与政府之间的关系。

[②] 1949年,旧金山一个联邦陪审团裁定户栗郁子叛国罪名成立,判处她10年监禁和1万美元罚款。服刑6年零2个月后,户栗郁子获得假释提前出狱,在芝加哥市北部经营一家礼品商店。为恢复美国国籍,20世纪70年代,户栗郁子曾致信当时的美国总统杰拉尔德·福特。1977年1月19日,户栗郁子获得大赦,国籍也得到恢复。

演说,长叹:

> 吾人当祈祷全球现将恢复和平,上帝其永佑之![1]

全世界20个国家的280多名记者云集在甲板上报道日本投降特大新闻。当时在舰上采访的有三名中国记者,分别是《大公报》记者黎秀石和朱启平,"中央社"记者曾恩波。当时最重要的报道方法就是"密苏里号"主力舰联结全世界的多国语言的现场广播。现场播音报道称:

> 日本降书要点如下:
> 1. 我们奉政府和帝国大本营之命,并代表他们,接受波茨坦宣言中的各条款;
> 2. 我们向诸盟国宣布日帝国大本营所有军队和不论何地受日本控制的所有武装部队的无条件投降;
> 3. 吾人命令所有日军及日本人民停止敌对行动,及保持所有船只,飞机,军用及民用财产,并避免其损失,服从盟国最高可能提出之一切要求,或日政府各机关、盟国统帅指示下扬提出之一切要求;[2]
> ……
> 这些内容已于上午在美舰密苏里号签字。

这天在重庆的许多收音机都即时接收到了美军控制下东京广播传来的日语和英语广播的信号。一位日本播音员称:

> 投降条件正式签字后,日本就将正式遵守波茨坦宣言,它的法律的约束力和日本的宪法相等,在盟军占领期间日本政府和人民都

---

[1] 中央社"密苏里号"主力舰上合众电,载《大公报》,1945年9月3日。
[2] 中央社华盛顿2日路透电,载《大公报》,1945年9月2日。

应当一律遵守。①

格林威治时间是一天中最早的时间。就在1945年9月2日的格林威治时间零时三十分,"密苏里号"降约签订之前,苏联人民委员会委员长斯大林针对日本正式投降发表广播演讲,罗斯福去世后继任美国总统杜鲁门的演讲则在签约现场宣读了日本降书后于白宫发表的。

莫斯科广播电台和美国三大广播网及世界上大部分电台分别转播了他们的讲话。人们用几种语言把翻译后的广播内容登载在报纸上、记录在文献里,把其精神应用在战后秩序中。

斯大林说:

> 日本于1904年日俄战争时,即已开始侵略吾国,日俄战争时,俄军之失败,使吾国人民内心留下一悲痛之记忆,永远不忘,此为我国历史上一大污点。日本现已自认失败,并签字作无条件投降,此即表示库页岛将回归苏联,今后此等地区再不能由日本用为隔离苏联与海洋之联系,并被滥用于进攻吾国远东领土之用。吾人终能取得顺利结束战争之胜利,余愿同吾国亲爱之同胞祝贺;苏、美、中、英今已对日获得胜利,敬祝四国之军人无上光荣,战后愿吾国兴隆繁昌!②

杜鲁门称:

> 今日为吾人永志不忘之报复日,今日停泊于东京湾之米苏里主力舰上一方小小美国之地点,令吾全国忆及珍珠港之另一处美国土地。
>
> 自珍珠港开始之对于人类文化之重大威胁,目前可谓已经停

---

① 中央社美新闻处电,据东京广播,载《新华日报》,1945年9月3日。
② 斯大林演说词,载《大公报》,1945年9月3日。

止,吾等今能直抵东京,实经过一条长长的流血之道路,吾将永不忘珍珠港之耻,日本军阀亦永不应忘米苏里日。日本军阀之罪行,亦永无法补救或遗忘。彼等今后毁坏及残杀人类之武力必被解除,吾等业已永别之故罗斯福总统,为卓越之领袖,民主之保卫者,世界和平与合作之建筑师,吾人应对之深致感谢,对于此战争中勇敢之盟国,吾等亦应感谢;感谢抗战之人士;感谢彼自身力量虽不足抗敌,然仍能使抗战之火焰燃烧于人民心中之国家;感谢对于具有优势之敌人竟起而迎击,守土抗战,直至各联合国能共同接济以武器与兵力以战胜万恶之敌人之国家。此次胜利非仅为军事胜利,实为自由对于专制之胜利。①

斯大林强调收回领土,杜鲁门感叹美国的主权终于停泊到了日本的东京湾。与蒋介石的"以德报怨"态度不同,两位领袖在"胜利广播"中都立誓要对"悲痛之记忆,永远不忘",强调"今日为吾人永志不忘之报复日","毁坏及残杀人类之武力必被解除"。

---

① 杜鲁门演说词,载《大公报》,1945年9月3日。

后　记

　　这本书的出版源于二战和抗战结束70周年后人们站在更高的视野里对各个方面和种种细节的审视和思考，内容涉及抗战时期广播领域的诸多方面。这是一段有很多人参与的历史。这段历史距离今天越来越远，需要讨论的地方很多，周勇和黄晓东两位先生对书稿的意见让我十分受益。

　　我在旧广播大厦工作过，曾经抬起头来就可以和谁就书中的内容说上几句。一些抗战时期过来的前辈曾经朴实地站在我面前，音容笑貌，印象深刻。但当两年前，我真准备写这本书需要得到他们赐教的时候，四周空空，仿佛在一夜间这些忘年同事多不在了。

　　回顾历史的努力总是在遗憾中前行，与别的史学著作一样，这本书最困难部分是搜集资料，包括口头的和文字的，因为是广播，还希望找到声音的遗存。

　　我得到现了在许多同事的帮助。他们为我寻找人物线索和联系方式，订购书籍，替书稿绘图列表。我重新上路去找，找到邹志荣老人，这是熟悉书中人和事还健在的前辈之一。他给我谈了从前歇台子收音台的设备型号和防空洞存在的问题，意犹未尽。

　　再就是去找这些前辈们的孩子，我分别找过何龙鼎、黄茂强、程鸿礼几位先生，都退休了，聊至黄昏。

　　我去了重庆和南京一家一家的档案馆和图书馆，反复地去，和不少管理人员熟悉。我曾经拜访位于台北松江路的"中广陈列馆"，台湾广播界的黄健宏和郑恒全两位先生为我提供了帮助。

  书稿成了书,在与读者见面之际,谨向以上的人们致谢,向重庆出版社诸君致谢。